KB260472

한국IT산업의 멸망

소비자만 몰랐던 업계의 음모와 진실
그들이 감추려 한 블랙박스가 열린다

한국 IT산업의 멸망

김인성 지음

북하우스

나의 전부

미선

그리고

온누리, 벼리, 빛내리

진보는
IT에 있다

안타깝게도 누구나 믿고 의지할 '성공의 비밀' 따위는 없습니다.
특히 그 기술과 제품의 내재적인 성공비결을 찾는 행위는 철저하게 무의미한 일일 뿐입니다.
굳이 성공비결을 찾으라면 아마 단 한 가지 '운이 좋았다'일 것입니다
세상의 모든 기술과 제품이 성공할 수 있었던 유일한 이유는
운 좋게 그 시기에 그 기술이 필요해서였습니다.

IT의 성공비결은 없다

구글의 성공비결

트위터가 열어주는 인류의 미래

소셜 네트워크의 혁명을 이끄는 페이스북

애플의 아이폰이 바꾼 세상

또다시 세상이 시끄럽습니다. 마케터들은 연일 새 세상이 열렸다고 떠듭니다. 인기 있는 인터넷 서비스에 대한 찬양과 성공 신화를 담은 책들이 연일 쏟아져나옵니다. 제품에 스토리를 부여하고 CEO의 개인사는 신화가 됩니다. 고집불통의 독재자 스티브 잡스, 검색의 개념을 바꾼 구글의 천재 창업자 래리 페이지와 세르게이 브린, 거대한 소셜 네트워크를 이룩한 마크 주커버그의 숨겨진 욕망에 대한 영화도 만들어졌습니다. 뭔가 이슈를 만들어야 생존할 수 있는 마케터들의 노력에 의해 선두를 차지하고 있는 제품과 서비스는 점점 더 확고한 점유율을 가지게 됩니다. 이야깃거리에 굶주린 대중들은 신화가 된 제품과 서비스에 몰리기 마련입니다.

IT를 바라보는 시각은 이렇게 성공한 자들의 비결에 집중되는 경향이 있습니다. 어떤 이는 그들이 기존의 관행을 역행하여 성공했으며, 지침으로 삼을 만한 숨겨진 아홉 가지 규칙을 발견했다고 주장합니다. 사람들의 욕구를 정확히 파고들어 성공할 수 있었던 세 가지 비결은 사용편의성, 우수한 디자인, 개방성으로 요약할 수 있다고 말하는 자들도 나타났습니다. 좀더 용감한 마케터는 그 모든 것은 결국 한 가지로 귀결된다고 주장합니다. 한 가지 비결, 이 한 가지만 따라하면 우리도 그들처럼 성공할 수 있다는 것입니다. 그 말에 솔깃해져 귀를 기울여보지만 결국 하나 마나 한 소리에 불과하다는 것을 깨닫게 됩니다. 어쩌면 이런 주장들이 영감을 줄 수도 있겠지만 현실로 돌아온 우리에게 가르침이 되는 것은 아무것도 없습니다.

제품과 서비스의 성공이 지속되어 사람들의 행동양식을 바꿀 정도가 되면 인문학자들은 그것들의 의미와 영향을 분석하기 시작합니다. 신인류의 탄생을 주장하거나, 인간의 본성에 내재된 소통의 욕구에 대한 진지한 분석이 행해집니다. 자기표현욕구를 정확히 꿰뚫은 페이스북의 놀라운 혜안에 감탄하며 이런 서비스가 성공할 수밖에 없는 학문적 근거를 제시합니다.

그러나 안타깝게도 누구나 믿고 의지할 '성공의 비밀' 따위는 없습니다. 특히 그 기술과 제품의 내재적인 성공비결을 찾는 행위는 철저하게 무의미한 일일 뿐입니다. 굳이 성공비결을 찾으라면 아마 단 한 가지 '운이 좋았다'일 것입니다. 세상의 모든 기술과 제품이 성공할 수 있었던 유일한 이유는 운 좋게 그 시기에 그 기술이 필요해서였습니다.

물론 같은 시기의 경쟁 제품들보다 완벽한 성능, 낮은 가격, 뛰어난 사용편리성 등 내재적 가치가 더 크다면 성공할 가능성이 높을 수도 있습니다. 하지만 세상을 지배하는 것들 중 대부분은 성능이 뛰어나지도 않고 가격이 싸지도 않습니다. 오히려 형편없는 제품들이 더 많은 인기를 누리기도 합니다. 인간 사회가 공정하지 않듯이 제품 또한 마찬가지입니다.

왜 그들이 성공할 수 있었는지 좀더 따져본다면 사람들이 좋아할 서비스를 제일 먼저 시작했고 널리 퍼질 때까지 버틸 수 있었던 자금을 확보했기 때문이라는 것을 알 수 있습니다. 새로운 기술들은 처음 세상에 나오면서 자신들이 만병통치약이라고 주장합니다. 이 신기술이 여태까지 있었던 문제들을 전부 해결해줄 수 있다며 모든 분야에서 이전의 기술을 쓸어버릴 것처럼 행세합니다. 하지만 오랜 시간이 지나도 살아남은 기술들은 자신들이 각광받는 출시 초반의 짧은 기간을 이용해 잘할 수 있는 특화된 영역을 찾았던 것들뿐입니다.

비슷한 시기의 비슷한 서비스들과 경쟁하면서 살아남을 수 있었던 것은 대개의 경우 잔인하고 냉정한 정책을 썼기 때문입니다. 시장의 지배적인 업체가 되기 위해서는 사기와 협잡 같은 불법적인 방법을 동원하거나 경우에 따라서는 범죄를 통해 경쟁 업체를 도태시켜야 합니다. 자신을 다시 애플로 불러준 사람을 곧바로 몰아내고 대표이사 자리에 취임한 스티브 잡스, 아직 만들지도 못한 제품이 곧 나올 것처럼 거짓말하며 시간을 벌어온 마이크로소프트(이하 MS), CPU 공급 중단 협박과 리베이트라는 당근으로 경쟁 CPU 제조업체 AMD를 압살하려 했던 인텔, 국산품 애용은 애국행위란 믿음으로 수십 년 동안 낮은 성능의 제품을 더 비싼 가격으로 사준 한국 국민을 무시하는 국내 기업들…… 그들의 악행에 눈감고 성공의 비결을 이야기하는 행위가 어떻게 보면 참으로 미련해 보이기도 합니다.

알고 보면 여태까지 유행했던 수많은 인터넷 서비스들이 약속했던 미래는 결코 온 적이 없습니다. 그저 업체들의 마케팅에 소비자들이 놀아났을 뿐이었습니다. 그렇다고 이 모든 것들을 외면할 수도 없습니다. 대세가 되고 있는 제품과 서비스는 분명히 우리에게 영향을 미치며 미래를 열어가고 있기 때문입니다. 때문에 일방적인 찬양을 배제하고, 내재적 가능성에 관한 무의미한 관심을 접고, 그들의 영향력을 키울 뿐인 대세론을 지양하고, 소비자로서 또다시 이용당하지 않으면서도 우리들의 생존을 추구할 수 있는 대응 전략이 필요합니다. 여기서 우리는 다시 원래의 질문으로 돌아옵니다. "새로운 제품과 서비스의 가능성과 의미는 무엇이고 우리는 무엇에 주목해야 하는가?"

무엇이 세상을 변화시키는가

엔지니어들은 스스로를 여러 단계로 규정합니다. "나는 제품 가격은 모른다"라는 말을 자랑스럽게 합니다. 가격을 이야기하는 것은 영업맨들이 할 일일 뿐 엔지니어의 영역은 아니라는 생각을 하기 때문입니다. 소프트웨어 엔지니어들은 "나는 하드웨어는 모른다"라는 말을 거리낌 없이 합니다. "나는 윈도우는 모른다"라고 말하는 개발자도 있습니다. 개발 툴을 깔고 프로그래밍은 하겠지만 윈도우를 설치하고 튜닝하는 하찮은 일은 한 적이 없다는 소리입니다.

소프트웨어 엔지니어들 사이에도 위계가 있습니다. "나는 베이직은 모른다"라거나 "나는 스크립트 언어는 모른다"라는 말은 고급 언어는 알지만 저급 언어는 관심이 없다는 의미가 섞여 있습니다. 그런 자들 중에서 최고는 "나는 자바는 모른다"라고 말한 프로그래밍 언어 개발자입니다. 언어를 설계하고 만들기는 하지만 특정 언어를 쓰는 기술자는 아니라는 선언입니다. 그러나 결국 이들을 지배하는 것은 자기를 한정하지 않고 모든 분야에 대해 관심을 가지는 자들이었습니다. 서버를 직접 사서 설치하고 튜닝을 한 후 필요한 프로그램을 만드는 엔지니어가 사람들이 원하는 새로운 서비스를 만들어낼 수 있습니다.

인문학자와 사회과학자들도 마찬가지입니다. 그들은 IT 현장의 목소리에는 별 관심이 없어 보입니다. "나는 트위터의 사회적 의미에는 관심이 있지만 트위터를 쓰는 행위는 하지 않겠다"라고 생각합니다. IT 분야가 어려운 것이 아님에도 그들은 이 하찮은 분야를 진지하게 탐구할 마음이 없습니다. 공부하지 않는 그들에게는 그저 마케터들이 만들어낸 구호들만 들립니다. 'TGiF' '소셜커머스' '스마트워크' '트라이버전스'…… 그들은 실제 현장에서 일어나고 있는 사건과 동떨어진 마케터들의 상업적 분석만 가지고 논의를 진행합니다. 그리하여 그들의 논의는 점점 현실과 분리되어 허황된 공상으로 변질됩니다.

그들은 대개 새로운 기술에 대해 비판적입니다. 스마트폰으로 낯선 이들과 문자메시지를 통해 대화하는 것은 제대로 된 인간적 소통이 아니라고 주장합니다. 필요에 따라 일방적으로 관계를 맺고 끊을 수 있는 말초적인 방식은 상대방의 단점까지 포용하는 진정한 인간관계 형성을 방해한다고 주장합니다. 그들은 때로는 새로운 기술을 비판하고 때로는 신세계를 열어줄 열쇠라고 주장하지만 사실 어느 쪽이든 그 모든 주장들은 그저 공허한 외침에 불과합니다. 그들의 우려와는 달리 세상은 매트릭스도 아니며 인간에 대한 로봇의 공격 따위도 일어나지 않습니다.

세상은 인문사회학의 종말을 이야기합니다. 그들은 더 이상 사회를 변화시킬 이데올로기를 만들어내지 못하고 있습니다. 이 시대를 살아가는 사람들의 미래에 대한 전망을 주지 못하고 있습니다. 세계는 이제 신자유주의의 물결 속에서 아무런 대안을 찾지 못한 채 정처 없는 항해를 계속하고 있습니다.

인문사회학이 해야 할 일은 이데올로기가 사라진 사회에 새로운 희망을 가질 수 있는 전망을 보여주는 것입니다. 그러나 따지고 보면 인문사회학은 그런 선구적인 일을 한 적이 없습니다. 그들은 산업혁명의 충격을 받고 나서야 새로운 경제 이론으로 그 의미를 설명할 수 있었을 뿐입니다. 진화론이라는 이론이 나온 다음에야 그들은 이것을 가지고 인간 사회에 대한 분석을 하기 시작했습니다. 물론 그들은 진화론에 대한 제대로 된 이해 없이 그저 적자생존이라는 잘못된 논리만을 사회에 적용하고 말았습니다. 진화론은 아직도 제대로 이해되지 않고 있습니다. 자연과학자들이 정교한 관찰 결과에 따른 과학적 이론을 만들어주어야 이 게으른 인문사회학자들은 그럴듯한 논리를 개발하기 시작했던 것입니다.

아인슈타인의 상대성이론, 양자역학의 불확정성의 원리를 어깨 너머로 듣고 세상은 불확정적이라는 형이상학적 주장을 늘어놓았지만 그것은 세상을 제대로 설명하지 못하는 그저 멋지게만 들리는 무의미한 소음에 불과했습니다. 산업혁명 이후의 세상을 설명하기 위해 나온 주류 경제학과 마르크시즘 또한 스스로를 과학이며 법칙이라고 주장했지만 그 어느 것도 인간 세상을 더 낫게 만들지는 못했습니다. 하지만 아직도 진화론은 그 힘을 잃지 않고 점점 더 위력을 발휘하고 있습니다. 물리학 또한 발전하여 우주의 비밀을 파헤치고 있으나 양자역학 이후의 이론은 너무 어려워 인문학자들은 그것을 가져다 쓰지도 못하는 실정입니다.

정치에서의 진보도 사회를 변화시키기엔 역부족입니다. 특히 한국 사회에서 진보는 반자본주의, 좌익, 친북, 종북으로 매도되어 아무런 힘을 가지지 못합니다. 자신을 부자로 만들어줄 수 있다면 정치가의 도덕성도 문제 삼지 않을 정도로 타락해버린 국민들, 공정한 룰을 지키기보다는 자신의 욕망만을 극단적으로 추구하는 국민들 앞에서 진보가 설 자리는 없습니다.

사회의 부조리에 목소리를 내야 하는 젊은 학생들은 이제 뭉칠 줄 모릅니다. 선배들은 이들이 조직을 일으켜 싸워주기를 바라지만 그럴 가망은 전혀 없습니다. 시민단체의 목소리는 들리지 않고 이미 기성세대가 되어버린 중년들은 더 이상 자기희생을 할 능력도 여유도 없습니다. 진보세력은 국민을 설득하지 못하고 불의를 바로잡을 힘을 만들지 못하고 있습니다. 어두운 앞날만 기다리고 있는 듯합니다.

I T 가　세 상 을　이 끈 다

이제 새로운 변화의 계기는 정보기술 분야에서 시작됩니다. 사람들은 인터넷으로 서로 연결되어 있으며 스마트폰으로 24시간 상호소통이 가능해졌습니다. 수동적으로 정보를 받아들이기만 하던 바보상자 TV는 좀더 똑똑해지기 위해 스마트TV로 진화하고 있습니다. 가히 신인류의 탄생 현장이라고 말할 수 있습니다. 세상을 바꾸는 것은 진보주의자들의 목소리가 아니라 잘 만든 한 개의 스마트폰, 사람들의 관심을 끌어모을 수 있는 새로운 인터넷 서비스라고 말할 수 있습니다. 인간은 결코 정지하려고 하지 않습니다. 끝없이 앞으로 나아가려는 열정은 이제 IT 분야에 집중되어 있습니다. 새로운 세상은 IT 분야의 엔지니어들이 만들고 있지만 어떤 미래가 기다리고 있는지 아무도 알 수 없습니다. 그저 오늘의 치열한 경쟁을 뚫고 살아남을 수 있는 뛰어난 기술을 추구하고 있을 뿐입니다. 인터넷, 검색, 소셜 네트워크, 스마트폰, 스마트TV, 가상현실, 3D 영상, 전기 자동차…… 오랫동안 인간이 꿈꾸었던 모든 것이 너무나 빠르게 현실이 되고 있습니다. 이제는 IT 산업이 사회의 진보를 이끌고 있는 것입니다.

인터넷 실명제와 검열 문제를 해결하기 위해서 언론의 자유 쟁취라는 정치 논리로 접근해서는 또다시 실패할 수밖에 없습니다. 진보진영을 좌익이라고 불온시하는 사회분위기로 인해 진보주의자들이 아무리 프라이버시 보호가 중요하다고 떠들어도 귀담아듣는 사람이 없습니다. 이제 이런 문제는 IT 분야의 당위성으로 풀어야 합니다. 기발한 아이디어, 창의적인 발상, 뛰어난 제품이 세상을 하루아침에 바꾸어놓는 IT 분야에서는 개인의 창의력을 최우선 가치로 삼을 수밖에 없습니다. 앞으로 창의력 증진에 방해가 되는 정책과 규제는 당연히 철폐되어야 하고 폐쇄적인 기업과 단체도 도태되어야 합니다. 언론의 자유, 실명제 폐지는 진보만의 문제라기보다는 우리나라 전체의 운명이 걸린 절체절명의 생존 문제입니다. 이런 구시대적인 규제가 남아 있는 한 우리나라 기업들은 인터넷을 통해 세계로 진출할 수 없습니다. 사회는 IT를 위해 바뀌고 있습니다. 진보적인 논리는 IT에서 나옵니다. 진보는 이제 IT에 있습니다.

하지만 IT로 인해 촉발된 사회의 진보와 미래에 대해서 어느 누구도 그것을 정의할 수 있는 언어를 가지고 있지 못합니다. 저는 한 엔지니어로서 지금은 단지 현상에 대한 충실한 관찰이 최우선 과제라고 믿습니다. 인문학자들, 사회과학자들, 정치가들, 정부와 기업의 정책 입안자들, 그 외 사회의 모든 구성원들은 치열한 경쟁이 벌어지고 있는 IT 현장의 목소리에 귀를 기울이고, 그 속에서 한국의 역할에 대해 관심을 가지고 도와주려는 노력을 기울여야 합니다. 그것이 한국을 진보하게 만드는 새로운 희망의 씨앗이기 때문입니다.

진보는 무엇일까요? 희망은 어디에 있을까요? 그것은 열린 인터넷 서비스, 제대로 만든 스마트폰, 전 세계를 대상으로 하는 스마트TV 속에 있다고 감히 말할 수 있습니다.

하지만 안타깝게도 진보의 열쇠를 IT가 쥐고 있다는 사실을 한국의 많은 사람들은 깨닫지 못한 것 같습니다. 그래서 저는 이 책의 제목을 '한국 IT산업의 멸망'이라고 지었습니다. 현재 한국의 IT산업은 과거의 영광에 취한 채 갈 길을 잃은 배처럼 표류하고 있습니다.

한때의 민주화 시절, 수구세력들이 거덜 낸 한국 경제를 살리기 위한 방편으로 제시된 벤처 지원책 덕분에 꽃피었던 한국의 IT산업은 사회가 보수화되면서 힘을 잃어버렸습니다. 더 이상 전 세계를 놀라게 할 아이디어가 나오지 않고 있습니다. 그 공백을 외국 세력의 거센 도전이 메우고 있습니다. 정부는 아무런 대안이나 전망 없이 거대 업체들에게 끌려다니면서 그들의 이익을 위해 봉사하고 있습니다. 민주화를 역행하고 있는 사회 분위기처럼 한국의 IT산업 또한 점점 나락으로 떨어지고 있습니다. 아날로그 시대를 호령하던 일본을 제치고 한국이 디지털 시대를 주도하고 있지만 그 속사정을 들여다보면 한국은 이미 이루어놓은 성과를 까먹으며 버티고 있는 형국입니다. 현장에서 일하는 사람들의 안타까운 목소리는 일부 제조 업체들의 승리에 도취된 팡

파르에 묻혀 전혀 들리지 않습니다.

한국 IT산업의 암울한 현실을 변화시키기 위해 이 책에서는 크게 인터넷과 모바일 그리고 TV의 미래에 대한 전망과 대안을 담았습니다. 미래의 모습을 알기 위해서 과거의 역사도 간략히 되돌아봅니다. 이 책은 또한 IT 분야의 현실에 대한 현장의 목소리를 담았습니다. IT 분야에서 거론되는 거의 대부분의 기술과 제품에 대한 언급을 찾을 수 있을 것입니다.

인터넷 분야에서는 한국적 인터넷의 문제점, 세계화하지 못하는 한국 포털의 문제와 개선 방향, 정부와 사회가 나아가야 할 방향에 대해 이야기했고 모바일 분야에서는 격렬해지는 이동통신 시장의 기술 전쟁과 대응 방안, 애플의 의미와 배울 점에 대해서 언급했습니다. 미래를 예측하기 힘든 스마트TV 분야에서는 기술의 경향과 한국의 현실에 대해 진단을 했습니다.

IT가 다시금 화두가 된 이 시대, 부족한 저의 발제가 한국 사회로 하여금 진보의 실마리를 찾게 만드는 한 계기가 될 수 있다면 이 책의 목적은 달성된 것이라고 믿습니다.

chapter 01

한국 인터넷을
규정하는 키워드
: 촌스러움

열린 시장에서 승부하기 위해서 필요한 것은 글로벌한 정책입니다.
각종 규제를 철폐하고 전 세계에 통용되는 방식을 선택할 수 있도록
하는 것이 가장 기본적인 요구사항입니다.
그러나 ICT, 특히 인터넷을 이해하지 못하는 정책 입안자들,
언론의 자유를 두려워하는 권력자들 그리고 규제 안에서 이익을 보는
몇몇 국내 상위권 업체들이 한국 인터넷 사업의 미래를 막고 있습니다.

이 책의 제목과 프롤로그에서는 산업 전반을 지칭하는 말로 현재 통용되는 'IT(Information Technology)'를 사용했습니다.
하지만 본문에서는 정보통신기술의 정식 명칭으로 'IT' 대신 'ICT(Information & Communication Technology)'를 사용합니다. 'IT'라는 단어는 '정보 기술'만을 의미하는 것이므로 이동통신 서비스가 산업을 주도하는 현재의 상황에 적합하지 않다고 생각하기 때문입니다.

배 타 적 이 너 서 클 , 그 들 만 의 생 존 전 략

스킨다이빙을 아시나요? 숨대롱이라고도 부르는 스노클을 물고 발에
는 오리발을 낀 채 바닷속을 구경하는 것 말입니다. 5미터 이상의 깊은
바다로 내려가 물고기와 어울리며 눈앞의 산호를 한번 관찰해보면 거
추장스러운 공기통을 메고 깊은 바다로 들어가는 스쿠버다이빙보다
이것을 더 선호하게 됩니다.

  하지만 일상에 얽매여 바쁘게 살다보면 이런 즐거움을 누릴 시간이
나지 않습니다. 그래서 잠수풀을 찾게 됩니다. 대회를 유치할 목적으
로 지어진 수영장들은 대개 다이빙 경기용 잠수풀이 있습니다. 저뿐만
아니라 아들과 딸도 자격증을 만들었기 때문에 주말이면 함께 잠실 올
림픽공원 안에 있는 잠수풀에 스킨다이빙을 하러 가곤 했습니다.

  잠수풀이 서울에만 있는 것은 아닙니다. 몇 년 전 다른 도시에서 살

았을 때 아이들과 함께 스킨다이빙을 하러 간 적이 있습니다. 하지만 관리인이 허락을 하지 않아 잠수풀에 들어갈 수 없었습니다. 다이버 강사 자격증 소지자를 동반하지 않으면 풀에 들어갈 수 없다는 규정이 있다는 것이었습니다.

서울에서는 스킨다이버 자격증이나 스쿠버다이버 초급 자격증이 있으면 잠수풀에 들어갈 수 있었습니다. 자격증은 다이버가 안전을 위해서 필요한 교육을 받았다는 증명서였고 잠수풀에 들어가도 좋다는 허가증이었지만 그 지역의 잠수풀 관리자들은 자체적으로 또 다른 요구 사항을 추가했던 것입니다. 이것은 운전면허증이 있더라도 조수석에 안전요원을 태워야 차를 몰고 도로에 나올 수 있게 하겠다는 것과 마찬가지였습니다.

물론 그들이 새로운 규칙을 추가한 데에는 다양한 이유가 있을 것입니다. 우선 다이버의 안전을 위해서 그렇게 했을 수 있습니다. 안전을 위해서라면 얼마든지 엄격한 규정을 더해도 뭐라 할 사람은 없습니다. 부주의하게 운영하다가 잠수풀에서 사람이 빠져 죽는 사고가 생기는 것보다는, 스킨다이빙을 못 하게 하는 한이 있더라도 규정을 어긴 사람들을 들어가지 못하게 하는 것이 더 나은 선택일 것입니다.

이런 강화된 규칙은 그들이 책임질 일도 줄여줍니다. 잠수풀에 들어가본 적도 없는 공무원들 입장에서는 수영장에 추가로 안전요원을 배치하는 비용도 줄일 수 있고 사고 감시 책임을 근처 스쿠버다이빙 전문점에 맡길 수 있기 때문에 일석이조의 효과가 있습니다. 추가된 규정은 또한 지역 경제 활성화에도 기여합니다. 이 정책 때문에 다이버들이 주변 다이빙 업체들을 찾아가서 강사 자격증을 가진 사람을 구해야 하니까요. 여름 한철 장사인 다이빙 업체들은 잠수풀의 강화된 규정 덕택에 안정적인 수익을 얻을 수 있게 됩니다.

주말을 즐기기 위해 장비를 챙겨들고 수영장에 갔던 저는 이 상황을 어떻게 해결할지 난감했습니다. 서울 잠수풀의 규정을 근거로 들며 입장하게 해달라고 요구하는 것은 아무런 소용이 없었습니다. "서울이 그렇게 자유롭다면 거기 가서 스킨다이빙을 하지 왜 여기 와서 시끄럽게 구느냐?"라거나 "지금 지방이라고 무시하는 거냐?"라는 소리를 들을 뿐이었습니다. 그렇다고 근처 다이빙 전문점에 가봤자, 비용이 많이 드는 스쿠버다이빙도 아니고 스킨다이빙을 하는데 안전요원으로 함께 올 사람을 구하는 것은 쉽지 않아 보였습니다. 결국 저는 30분 이상 그들과 승강이하다가 그냥 집으로 돌아올 수밖에 없었습니다.

나중에 회사 사람에게 이 이야기를 했더니 그런 문제가 있었으면 진작에 연락하지 그랬냐는 대답을 들었습니다. 아는 사람 중에 그 수영장을 관리하는 공무원과 친한 사람이 있다며 다음에 이야기하면 그냥 들어갈 수 있게 알아봐주겠다고 했습니다. 저는 이런 특혜가 오히려 부담스러워 그곳에 사는 동안 스킨다이빙을 포기하고 살았습니다.

살아보니 그들은 이런 방식으로 자신들의 세계를 구축하고 있었습니다. 우선 갖은 핑계를 대어 일반적으로 통용되는 규칙에 그들만의 규칙을 추가하고 그 규칙에 의해 이익을 보는 구조를 만들어냅니다. 외부인들은 불이익을 감수하고 추가된 규칙에 따를 수밖에 없고 그렇지 못하면 아예 수영장에 가는 것을 포기해야 합니다. 대신 그들과 연결고리를 찾은 자들은 특혜를 받아 무사통과될 뿐만 아니라 새로운 규정은커녕 기본적인 규칙조차 지키지 않아도 됩니다.

다른 도시에 가게 되면 그 지역 사람들을 무시하지 말라는 말을 많이 하지만 그것은 사실 그곳에선 어떻게 하더라도 그들을 이길 수 없다는 말의 다른 표현이었음을 깨닫게 됩니다. 서울 촌놈들은 그들을 절대로 얕볼 수 없었던 것입니다. 이 책 뒤에서 보게 되겠지만 이 말은 많은 경우에 적용되는 진리와 같은 명제입니다.

규정에 대해서 그들에게 논리적으로 따지는 것은 문제 해결에 아무런 도움이 되지 못합니다. 법에 호소하여 재판에 이기더라도 또 다른 방법을 강구하여 문턱을 높입니다. 언론에 알리거나 인터넷을 통해 공론화하는 것은 자살행위에 가깝습니다. 이런 사소한 문제 때문에 평판이 나빠지고 문제를 일으키는 인물로 낙인 찍혀 결국 그 지역을 떠날 때까지 철저하게 따돌림을 받게 됩니다. 불이익을 감수하고 엄격한 규칙에 따르거나 그들과 함께 부정의 연합에 참여해야 합니다. 함께 더러워지고 함께 이익을 공유하는 것, 이 이너 서클inner circle은 따뜻하지만 결국 함께 망해가는 길입니다.

대도시에 살다가 소도시로 이사 갔을 때 부딪히는 이 현실은 바로 '촌스러움' 그 자체 입니다. 이것은 후진성과는 또 다른 차원의 문제입니다. 아무리 발전하더라도 이런 폐쇄성은 전혀 바뀌지 않으니까요. 새로움이나 보편적인 상식을 뭉개버리고 그 지역에 한정된 특수성만이 강조되는 이 답답한 촌스러움은 논리로 해결할 수 없는 맹목적인 정서입니다. 손님으로 머무는 동안에는 한없이 너그러웠던 사람들이 함께 살려고 하는 순간 상상을 초월할 만큼 배타적인 존재들로 변해버립니다. 그때부터 말도 안 되는 요구사항을 들이밀고 억지 주장을 하며 텃세를 부립니다.

이런 태도는 어쩌면 우리들이 선택해야만 했던 생존전략이었는지도 모릅니다. 적어도 경제 분야에서는 여태까지 성공적이었다고 말할 수 있습니다. 정부 주도의 계획경제와, 그 어떤 나라보다도 폐쇄적인 무역장벽 그리고 유전자 깊숙이 각인된 국산품 애용 정신은 최단기간에 우리나라를 선진국 대열에 올려놓았습니다. 반대로 수많은 규제와 특수한 요구조건은 외국 기업들이 한국에서 사업을 하는 것을 불가능하게 만들었습니다. 제조업과 서비스업뿐만 아니라 인터넷 분야도 마찬가지입니다. 외국에서 인기 있는 서비스들이 유독 한국에서는 힘을 못 쓰고 있습니다.

고전하고 있는 회사들 폐쇄적인 한국 시장에 도전했지만 힘을 못 쓰고 있는 업체들. 이미 손을 털고 철수한 곳도 있고 아직도 고군분투 중인 곳도 있지만 미래를 낙관할 수 없는 업체들이 대부분입니다.

야후는 진작에 국내 포털에 밀려버렸고 검색 시장의 최강자인 구글도 점유율을 높이는 데 애를 먹고 있습니다. 구글은 단순함이라는 원칙까지 어겨가며 첫 페이지에 다양한 정보를 넣는 한국식 페이지를 만들

기도 했지만 그 역시 성공하지 못했습니다. 소셜 네트워크 서비스인 마이스페이스는 실패했고 현재 위력을 떨치고 있는 페이스북도 해외에서의 높은 인기에 비해 한국에서는 아직 찻잔 속의 태풍 수준입니다.

한국 ICT의 짧았던 전성기

외환위기라는 직격탄을 맞아 보수 쪽에서 제 목소리를 내지 못하던 잠시 동안 우리 사회에 개방적이고 자유로운 분위기가 형성되었던 것이 우리나라가 인터넷 강국으로 올라설 수 있게 된 결정적 계기였습니다. 일자리를 잃은 20, 30대들이 스스로 벤처기업을 창업하여 사업 아이템을 강구했습니다. 좁은 국토에 아파트가 주거 형태의 반이 넘어 단기간에 전국적인 초고속 네트워크가 형성될 수 있었던 특이한 물적 조건이 그들을 인터넷 사업에 뛰어들도록 부추겼습니다.

수많은 이권과 제약이 있던 전통 산업과 달리 규제가 아직 만들어지지 않은 새로운 인터넷 환경에서 그들의 상상력은 날개를 얻었고 참신한 아이디어가 현실화되면서 전 세계를 놀라게 한 서비스들이 속속 등장했습니다. 지금 전 세계 인터넷을 지배하고 있는 모든 서비스들은 10년 전에 이미 한국에서 다 나왔던 것들입니다.

추억 속의 인터넷 업체들 한때 인터넷에 파란을 일으켰지만 이젠 사라져버렸거나 작은

사이트로 연명하고 있는 업체들. 그러나 그들의 아이디어는 또 다른 서비스로 발전하여 여전히 위력을 떨치고 있습니다.

무료 전화를 쓸 수 있도록 해준 다이얼패드, 채팅 문화를 선도했던 스카이러브, 소셜 네트워크의 성공 신화를 썼던 아이러브스쿨도 있었습니다. 이들은 지금 위력을 떨치고 있는 싸이월드의 원조라고 할 수 있습니다. 검색, 전자상거래, 온라인 게임과 게시판 문화 그리고 채팅과 메신저까지, 우리나라는 말 그대로 최첨단 아이디어 뱅크였습니다.

우리나라 사람들의 급한 성질 덕분에 밤중에도 물건을 살 수 있는 쇼핑몰이 발전했고 사회의 부조리를 고발하는 공론의 장이 활성화되었으며 초고속 인터넷은 온라인 실시간 방송이 가능함을 증명해주었습니다. 연일 갱신되는 최대 동시접속자 수를 자랑하던 온라인 게임의 운영 경험이 우리나라를 온라인 게임 강국으로 우뚝 설 수 있게 해주었습니다. 스타크래프트로 상징되는 게임 리그와 프로게이머가 생겨났고 그것이 다시 외국으로 전파되고 있습니다.

오랜 세월 축적해온 아날로그 기술을 아까워하며 주저하는 동안 시류에 뒤처져버린 일본과는 달리 과감하게 디지털에 투자한 한국의 하드웨어 산업도 눈부시게 발전했고 얼리어답터들의 호기심은 한국을 최첨단 디지털 제품의 테스트장으로 바꾸어놓았습니다. 이 모든 것은 영원할 것 같았고 우리는 자부심을 가지고 인터넷을 사용해왔습니다.

그러나 어느 순간 모든 것이 변해버렸습니다. 짧은 기간의 자유로운 분위기는 규제를 강화하는 움직임으로 인해 사라져버리고 말았습니다. 그들은 인터넷의 언론 자유를 방종으로 보고 실명제를 통해 사용자들의 입에 재갈을 물렸습니다. 마음에 들지 않는 글은 마음대로 삭제할 수 있는 권한을 가지기 위해 법까지 제정했습니다. 인터넷의 개방성을 역행하는 한국의 각종 규제에 순응하는 기업만이 살아남을 수 있었고 성공한 업체일수록 그들의 집중 감시 대상으로 전락했습니다. 실시간 검색어가 조작되기 시작했으며 어느 날 아무런 예고도 없이 게시글이 삭제되는 일이 비일비재해졌고 불의에 항거하기는커녕 생존을 위해서 권력에 적극 협조하고 있는 포털들은 사용자들에게 증오의 대상이 되어갔습니다.

이렇게 존재 이유가 의심스러운 각종 규제가 만들어지면서 인터넷조차 점차 촌스러워지기 시작했습니다. MS의 웹 브라우저에서만 가능한 결제 시스템, 그 자체가 바이러스보다 더 극악하게 사용자들을 괴롭히는 보안 프로그램, 아무런 의미 없이 비용만 들게 하는 공인인증서까지 만들어졌습니다. 이들은 인터넷 전자상거래를 한국만의 방식으로만 가능하도록 제한함으로써 기술 수출의 길까지 막아버렸습니다. 또한 외국에서 한국 인터넷 쇼핑몰을 사용할 수 없게 되었을 뿐만 아니라 한국 사용자들의 일상적인 컴퓨터 사용을 방해하는 소모적인 환경을 만들고 말았습니다.

경제가 회복되면서 사회가 다시 보수화되었고 인터넷 환경 또한 더 이상 새로운 서비스가 나오기 힘든 상황으로 바뀌게 되었습니다. 국내 성공 사례를 기반으로 외국으로 진출을 시도했던 업체들이 줄줄이 실패하고 돌아오면서 그나마 남아 있는 국내시장만이라도 독점하려는 태도를 취하기 시작했습니다. 재벌들이 그러했듯이 포털들은 사용자 수를 무기로 각종 서비스를 자기들 사이트 안으로 끌어들였습니다. 인수와 합병은 시너지를 내기보다는 경쟁 서비스를 죽이는 용도로 활용되었습니다. 최종적으로 방문자 수 상위에 랭크된 몇몇 포털들이 국내 인터넷 시장을 독점하면서 이익을 싹쓸이해가는 구조가 고착되었습니다. 얼마 되지 않는 국내 사용자들을 대상으로 하는 전문 사이트들은 회사 운영비도 벌지 못한 채 가망 없는 적자 경영을 계속하고 있습니다.

얼핏 생각하면 개방적인 인터넷에서 국내 기업을 보호하기 위해서는 철저한 규제를 할 필요가 있는 것처럼 보일 수도 있습니다. 세계적인 검색 점유율을 자랑하는 구글에 맞서기 위해서는 그들이 도저히 따를 수 없는 제한사항을 만드는 것이 최선인지도 모릅니다. 페이스북과 트위터의 공격을 막고 국내 소셜 네트워크 서비스를 활성화하기 위해서 뭔가 획기적인 장벽을 강구할 필요성이 있을 것입니다. 이런 노력을 통해서 여태까지 국내시장을 노크했던 업체들처럼 아마 TGiF^{Twitter, Google, iPhone, Facebook}도 힘을 빼놓을 수 있을 것입니다.

하지만 국내시장을 보호하기 위한 폐쇄적인 정책을 인터넷에까지 연장하는 것이 우리에게 이익이 되는지는 다시 생각해봐야 할 필요가 있습니다. 국내시장과 해외시장이 구별되는 제조업과는 달리 인터넷은 열린 시장이기 때문입니다. 인터넷에는 국경이 없으며 궁극적으로는 국내 서비스와 해외 서비스의 구별도 불가능합니다. 국내 토종 서비스가 성공한 후에 그 서비스를 외국에 수출하는 것이 아니라 아예 처음부터 글로벌한 서비스를 구축해야 성공 가능성이 높아집니다. 인터넷 사업은 각국에 서버를 구축해서 서비스를 수출하는 것이 아니라 한국의 서버에 그 나라 언어지원을 추가만 하면 수출이 되는 완벽히 열린 시장이기 때문입니다.

열린 시장에서 승부하기 위해서 필요한 것은 글로벌한 정책입니다. 여기에는 한국적인 특수성이 자리할 곳이 없습니다. 각종 규제를 철폐하고 전 세계에 통용되는 방식을 선택할 수 있도록 하는 것이 가장 기본적인 요구사항입니다. 그러나 ICT 특히 인터넷을 이해하지 못하는 정책 입안자들, 언론의 자유를 두려워하는 권력자들 그리고 규제 안에서 이익을 보는 몇몇 국내 상위권 업체들이 한국 인터넷 사업의 미래를 막고 있습니다.

외국 인터넷에서는 당연하게 여겨지고 있는 언론 자유, 특정 기업이나 서비스에 특혜를 주어서는 안 된다는 망 중립성 정책, 개인의 사생활을 보호해야 한다는 프라이버시 보호법 등은 한국 인터넷 현실에서 깡그리 무시되고 있습니다. 다시 한 번 한국의 촌스러움이 문제가 되는 순간입니다. 선진국들이 진지하게 고민하는 표현의 자유 문제를 한국에서 주장하다보면 뭔가 비현실적이라는 느낌을 받게 됩니다. 정부가 전 국민의 지문을 채취하는 나라이며 실명이 아니면 인터넷에서 글 한 줄 쓸 수 없는 현실에서 인터넷의 언론 자유를 거론하는 것은 비웃음 사기에 딱 좋은 일입니다.

규제를 통해 구축된 한국의 인터넷 사업 현장에서 발생하는 문제는 인맥과 혈연으로 뭉친 이너 서클 안에서 처리됩니다. 각종 규제를 활용하여 시장을 지배한 업체와 권력의 요구사항에 순응하는 기업들에 특혜를 주고, 원칙을 지키겠다고 주장하는 업체는 여러 방법으로 손을 보는 방식을 사용합니다. 이런 현실에서 개인의 이메일을 열어 보겠다는 권력기관에 항거하는 인터넷 업체가 있다면 사장의 순진함 때문에 회사가 어려움에 처할 것이라고 비난받게 될 것입니다.

개인의 자유와 정부의 권한에 대해 고민하며, 이런 논쟁적인 문제를 인터넷 현실에 적용하여 전 세계가 따를 수 있는 원칙을 세워나가고 있는 외국 업체들과는 달리 한국의 기업들은 우리 사회의 투쟁을 통해 확립된 규칙조차도 무시하고 있습니다. 포털은 그저 좋은 게 좋은 거라고 여기며 기업의 항의를 받으면 아무런 고민 없이 비리를 고발하는 게시글을 삭제해버립니다. 이 말할 수 없는 촌스러움 때문에 우리나라 인터넷 업체는 세계를 주도할 수 없게 되었고 자신들의 아이디어를 세계적인 서비스로 키워낼 가능성도 죽여버렸습니다.

앞으로 나아가고자 하는 의지가 꺾이는 순간 퇴보하는 길로 접어들 수밖에 없습니다. 세계로 진출할 가능성이 사라진 후 국내 사용자만을 상대로 하는 무한 경쟁으로 돌입하게 되자 역으로 외국 기업들의 도전이 시작되었습니다. 이제 국내시장을 수성하겠다는 의지만으로는 아무것도 지킬 수 없습니다. 우리가 구현했던 아이디어들을 채용한 외국의 서비스들이 개방과 자유를 무기로 우리를 위협하고 있습니다. 국내 업체들은 지금 새로운 패러다임으로 무장한 소프트웨어와 하드웨어를 바탕으로 완전히 다른 미래를 만들겠다고 나서는 외국 업체들에 끌려다니며 갈피를 잡지 못하고 있습니다.

IT839 전략 노무현 정부에서 신 성장 동력으로 추진하던 ICT 핵심 사업들. 무리한 계획도 있었으나 대체적으로 미래를 앞서 내다본 정책들이었습니다. 그러나 지금은 아무도 이 사업을 이야기하고 있지 않습니다. 이름을 달리하더라도 계속 추진되어야 할 사업들이 방향을 잃고 표류하고 있습니다.

한국은 전통적으로 정부 주도의 산업 정책을 써왔습니다. 좁은 국내 시장에 대한 대규모 투자를 이끌어내기 위해서는 몇몇 업체에 일정 기간 동안 독점권을 주고 기반시설에 대한 투자를 하게 만들어 산업을 발전시키는 정책을 사용해야 했습니다. 이렇게 외형을 키운 업체는 국내 경험을 바탕으로 획득한 기술을 수출에 활용하게 됩니다. 상대적으로 작은 규모의 한국에서 세계적인 기업들이 나올 수 있었던 이유가 여기에 있습니다.

이를 위해서는 정부와 기업이 미래를 정확히 예측하는 능력이 필요했고 국내 산업 발전을 위해서 제한된 자원을 어떻게 효율적으로 분배할 것인지에 대한 정확한 판단력이 요구되었습니다. 기업들은 정부와 약속한 투자를 실시해야 하고 기술 개발에 전력하여 앞선 기술력을 확보해야 합니다. 여태까지 비효율적인 부분도 있었지만 상당한 성과가 있었음을 부인할 수 없습니다.

그러나 정부가 바뀐 후 이 모든 것이 제대로 돌아가고 있지 않습니다. 정보통신부가 사라지면서 ICT에 대한 청사진을 잃어버렸습니다. 신 성장 동력으로 추구하던 IT839 정책이 폐기되었을 뿐만 아니라 다른 대안을 찾으려는 노력도 하지 않고 있습니다. 정부는 하루하루 기업들의 요구에 끌려다니기에만 급급할 뿐 아무런 계획을 세우지 못하고 있습니다. 기업들은 이전 정부와 했던 투자와 기술 개발 약속을 무시하고 자기 이익을 극대화할 수 있는 일에만 매달리고 있습니다.

냄비 속의 개구리, 한국 ICT산업

사회도 이상해졌습니다. 이런 현실을 비판하는 사람들을 용납하지 못하고 반기업적 인물로 낙인 찍는 분위기로 바뀌었습니다. 건전한 비판을 정치적으로 불온한 주장으로 몰아가는 바람에 더 이상 생산적인 논의가 진행되지 않고 있습니다. 독점을 통해 일등을 유지하는 인터넷 기업이 비난받기보다는 칭찬받는 사회가 되었고 규제 일변도의 인터넷 환경과 폐쇄적인 인터넷 사용방식을 개선하라는 요구는 재판에서조차 패하고 말았습니다.

그러나 세상은 우리가 제자리에 머물러 있는 것을 한순간도 허용하지 않았습니다. 우리가 주춤하는 사이 외국의 거센 도전이 시작되고 있습니다. 변화의 바람은 외부에서 불어왔습니다. 놀랍게도 오랫동안 우리 스스로 바꾸지 못했던 MS 윈도우 편향의 인터넷 환경이 아이폰 하나 때문에 단숨에 바뀌는 기적이 일어났습니다.

그러나 아직도 우리는 제정신을 차리지 못하고 있습니다. 아이폰의 도입 과정을 지켜보면 여전히 우리 사회의 폐쇄성이 건재함을 느끼게 됩니다. 어떻게 보면 아이폰의 도입은 이너 서클의 문제 해결 방식을 보여주는 또 다른 예일지도 모릅니다. 여태까지 공고하게 지켜졌던 규제들이 KT의 아이폰 도입을 위해서 차례로 철폐되었다는 주장이 틀린 것은 아니라는 생각이 듭니다. 때문에 아이폰이 이룬 성과는 예외적인 일이라고 생각해야 할지도 모릅니다. 아이폰을 기준으로 생각하다가 는 사회에서 왕따가 될지도 모릅니다. 아무리 아이폰이 인기가 있더라 도 사회에서는 아직 이런 외제 스마트폰의 장점을 거론하는 것은 매국 행위로 받아들입니다. 아이폰을 도입했다는 이유로 KT마저도 오랫동 안 삼성에게 푸대접을 받아야 할 정도였습니다.

우리가 중국만큼 인구가 많거나 미국처럼 세계를 지배하는 나라라 면 각종 규제를 그대로 두어도 상관 없습니다. 다른 나라들이 우리의 거대 시장을 보고 이런 규제를 적극적으로 수용할 것이니까요. 하지만 강대국도 아니고 인구가 적어 구매능력조차 낮은 한국에서는 이런 정 책을 계속할 수 없습니다. 활용할 것이라고는 인력밖에 없는 수출 주 도형 국가에서 이렇게 촌스러운 행위를 계속하는 것은 공멸하는 길일 뿐입니다. 더 이상 값싼 노동력과 장시간의 근로를 바탕으로 한 수출 정책을 고수할 수도 없습니다. 우리에게 남은 것은 창의력뿐입니다.

우리가 취해야 할 선택은 명확합니다. 인터넷 서비스의 국제화를 막는 각종 규제를 철폐하고 언론 자유를 보장해야 합니다. 특정 운영체제 편향의 폐쇄적인 결제 시스템을 개선하여 외국에서 우리나라 쇼핑몰을 편하게 이용할 수 있도록 해야 합니다. 외국에서 우리나라 인터넷 서비스를 자유롭게 이용할 수 있도록 실명제를 폐지해야 합니다. 또한 새로운 서비스가 나타나서 세계적인 서비스로 성장할 수 있는 환경을 조성해야 합니다.

이런 주장을 불온시하고 좌익으로 매도해서는 안 됩니다. 한국적 상황을 잘 모르고 떠드는 순진한 주장이라고 치부해서도 안 됩니다. 인터넷에서의 언론 자유는 정치적인 토론 거리가 아닙니다. 그것은 진보냐 보수냐 하는 이념조차 초월한 현실에 부닥친 생존의 문제입니다. 하루빨리 이 문제가 해결되지 않는다면 이런 논의를 할 수 있는 여유조차 사라지고 말 것입니다. 어느새 우리나라가 인터넷 후진국이 되어 화려했던 옛날을 추억하게 되기를 원치 않는다면 모든 국민들이 이 문제를 고민하고 해결책을 찾아야 할 것입니다.

그러나 우리들은 불 위에 올려진 냄비 속의 개구리와 같습니다. 물이 점점 따뜻해지고 있지만 아직 뜨겁지는 않기 때문에 별로 걱정할 필요가 없는 것처럼 생각합니다. 여기저기서 미래를 걱정하는 말들이 떠돌고 있지만 나와는 상관없어 보입니다. 포털들도 수익을 내고 있고 날마다 많은 콘텐츠가 쌓여가고 있기 때문에 외국의 새로운 서비스가 국내에 도입되더라도 별 타격은 없을 것 같습니다. 쇼핑몰에서 물건을 구매할 때 쓸데없는 프로그램을 다운받으라고 해서 귀찮기는 하지만 이젠 익숙해져서 별로 어려움을 모르고 잘 사용하고 있습니다. 그러나 우리가 이렇게 일상에 매몰되어 문제의식을 느끼지 못하고 있을 때 어느 날 갑자기 모든 것이 바뀌어버릴 것입니다.

우리나라 인터넷에 도대체 무슨 문제가 있는지 알아보기 위해서는 한국 사회의 모든 모순이 집결된 곳, 인터넷을 규제하려는 시도가 가장 성공적으로 이루어진 곳, 업체들의 이권을 위해서 사용자를 옭아매고 있는 바로 그곳을 살펴보아야 할 필요가 있습니다. 그곳은 바로 촌스러운 한국적 인터넷의 결정체인 전자상거래 현장입니다.

한국 전자상거래의
극악한 현실

MS의 액티브 엑스 방식은 원칙을 무시하고 인터넷에서 다운로드한 프로그램이
컴퓨터를 마음대로 조작할 수 있도록 허용했습니다.
이 방식은 웹 프로그램에 무한한 자유를 허락한 대신 컴퓨터를 바이러스 소굴로 만들고 말았습니다.
사용자들을 은행 거래와 전자상거래를 할 때 언제나 액티브 엑스 다운로드에 대해서
허용 버튼을 누르라고 강요당했기 때문에 이와 아무런 관련이 없는 사이트에서도
액티브 엑스 다운로드를 거부감 없이 허용하게 되었습니다.

보안에 관한 논의는 수많은 가능성에 대한 복잡한 이해가 필요합니다. 하지만 이런 부분을 파고들다 보면 글이 어려워지고 논점이 사라질 수 있기 때문에 가능한 한 전문적인 부분은 거론하지 않습니다. 또한 독자의 이해를 위해서 전문용어 사용을 줄이고 되도록 뜻에 맞는 일반 단어로 바꿔 사용합니다.

사용자 인증을 향한 험난한 길

컴퓨터로 은행 거래를 하기 위해서는 MS의 윈도우 운영체제가 깔린 컴퓨터가 필요합니다. 웹 브라우저로는 MS의 인터넷 익스플로러가 있어야 합니다. 물론 그전에 은행에 가서 인터넷으로 거래를 하겠다고 서류를 작성하고 은행 보안카드를 받아온 다음 공인인증서를 만들어야 합니다. 은행에 다녀온 후에 바쁘다고 잊어버리고 있다가는 은행에 다시 가야 할 수도 있습니다. 공인인증서를 만들 수 있는 기한이 있기 때문입니다. 저는 여러 번 이런 실수를 반복한 후에야 겨우 공인인증서를 만들 수 있었습니다.

회사 거래라면 일회용 비밀번호OTP, One Time Password를 만들어주는 비밀번호 생성기도 추가로 필요할 것입니다. 이 모든 것이 다 준비되었다면 드디어 은행 거래를 컴퓨터로 편리하게 할 수 있습니다. 그러나 막상 인터넷뱅킹을 위해 은행 사이트에 들어가보면 거기서 편리함을 느끼기는 힘들어 보입니다.

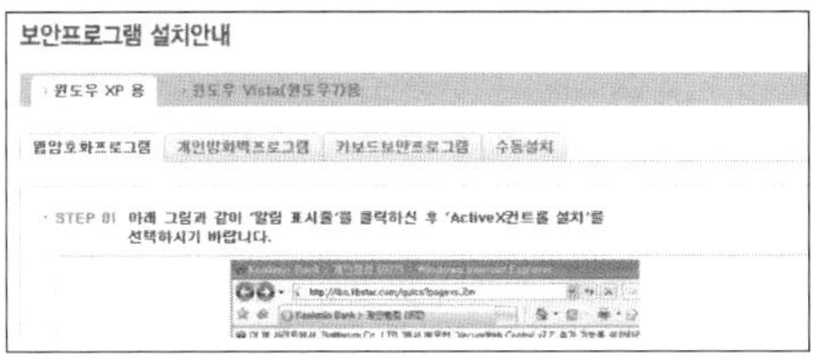

자체 보안 프로그램 각 은행은 자기들만의 보안 프로그램을 사용합니다. 인터넷뱅킹을 하려면 각각의 은행이 제공하는 프로그램을 다운로드해야 합니다.

우선 무차별적인 프로그램 다운로드를 강요당합니다. 여기에는 선택의 여지가 없습니다. 그들이 컴퓨터에 설치하기를 원하는 프로그램을 모두 다 깔지 않으면 거래를 진행할 수가 없습니다.

이론적으로 말해서 웹 주소를 잘못 쳐서 엉뚱한 사이트에 들어갔는데 그곳이 이렇게 실수로 들어오는 사용자들을 대상으로 하는 악성 사이트일 수도 있습니다. 악성 사이트의 첫 페이지를 우리가 가려고 했던 은행 사이트와 유사하게 만들어놓고 바이러스 프로그램을 설치하라고 강요하더라도 아무 대책 없이 하라는 대로 할 수밖에 없습니다.

액티브 엑스 ActiveX 액티브 엑스는 웹 프로그램이 컴퓨터 데이터에 접근할 수 있도록 허용합니다. 이 컴퓨터

데이터 비보호 모드는 컴퓨터를 보안 위험에 빠뜨립니다. 보안에 필요한 프로그램이 보안을 위협하는 모순된 상황을 만들어내고 있습니다.

컴퓨터 데이터는 인터넷으로부터 보호받아야 합니다. 때문에 웹 브라우저는 인터넷에서 다운로드한 기능 확장 프로그램이 컴퓨터 데이터에 접근하지 못하도록 막아주어야 합니다. 이것이 가장 기본적인 보안 대책입니다. 하지만 MS의 액티브 엑스 방식은 이 원칙을 무시하고 인터넷에서 다운로드한 프로그램이 컴퓨터를 마음대로 조작할 수 있도록 허용했습니다. 이 방식은 웹 프로그램에 무한한 자유를 허락한 대신 컴퓨터를 바이러스 소굴로 만들고 말았습니다. 사용자들은 은행 거래와 전자상거래를 할 때 언제나 액티브 엑스 다운로드에 대해서 허용 버튼을 누르라고 강요당했기 때문에 이와 아무런 관련이 없는 사이트에서도 액티브 엑스 다운로드를 거부감 없이 허용하게 되었습니다. 그래서 이 허점을 틈탄 악성 코드들이 오늘도 컴퓨터를 가득 채우고 있습니다.

보안 모듈 다운로드 어느 은행을 가든 언제나 알 수 없는 프로그램이 새롭게 다운로드됩니다. 이것들이 무엇이고 왜 다운로드해야 하는지는 전혀 알 수 없지만 수많은 문제를 일으키고 컴퓨터를 느리게 만든다는 것은 확실합니다.

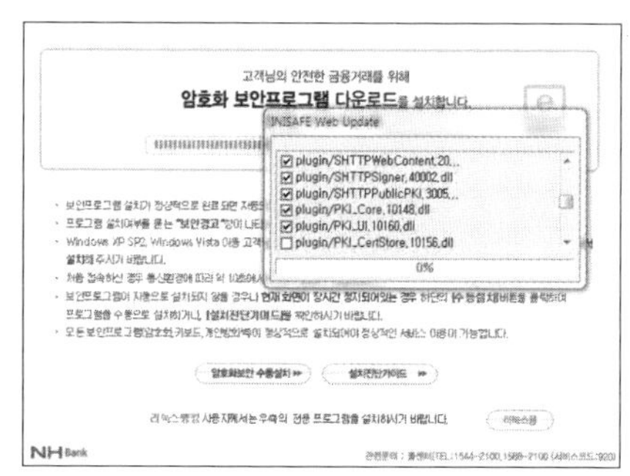

업체들마다 다른 프로그램을 쓰는 것이 보안상 더 안전하다는 주장이 있습니다. 범용 프로그램보다 사용자 수가 적기 때문에 해킹 표적이 될 가능성이 낮다는 논리입니다. 해커 입장에서도 같은 노력을 들여야 한다면 특수한 방식보다는 많은 사람이 쓰는 기술을 표적으로 해야 더 큰 수익을 낼 수 있을 것입니다. 그래서인지 은행들은 저마다 다른 보안업체의 각기 다른 프로그램을 사용합니다.

문제는 이렇게 각기 다른 소프트웨어를 사용하면 검증이 힘들게 된다는 데 있습니다. 현실적으로 이들 프로그램 모두를 샅샅이 조사할 수 있는 여건이 되지 않습니다. 개별 은행은 이런 부분까지 자체적으로 조사할 여력이 없습니다. 전문가 집단이 제대로 감시할 방법도 없습니다. 업체에서 보안 모듈에 무슨 기능을 넣었는지 아무도 알 수가 없게 됩니다. 결국 보안업체의 양심을 믿을 수밖에 없는 상황이 되었습니다.

그러나 그들은 그다지 양심적으로 행동하지 않았습니다. 보안 프로그램에 특정 업체를 위한 악성 코드를 넣어 배포하기도 했습니다. 지금도 항상 메모리에 상주해 있지만 도대체 그것들이 무엇을 하고 있는지 아무도 알 수 없는 상태입니다. 보안 모듈이 가장 악질적인 바이러스와 같은 행동을 하고 있는 것입니다.

키보드 감시 프로그램 인터넷에서 다운로드한 프로그램이 운영체제의 권한인 키보드 입력 루틴을 감시합니다. 메모리에 정보를 가로채려는 바이러스 프로그램이 존재하는지도 조사합니다. 이 작업들은 시

스템에 대한 완전한 접근 권한을 획득하지 않으면 불가능합니다. 또한 이 프로그램은 사용

ClientKeeper KeyPro 모듈이 KeyPro를 사용하는 다른 웹사이트에서도 동작하도록 설정하시겠습니까?

해당 모듈을 신뢰하시는 경우에 "예"를 선택하시면 됩니다.
"예"를 선택하시면 KeyPro를 사용하는 다른 웹사이트에서도 실행가능합니다.
"아니오"를 선택하시면 각 사이트별로 해당 모듈의 실행여부를 결정하게 됩니다.

예(Y)   아니요(N)

자의 허락을 받지도 않고 수시로 자신들의 사이트에서 뭔가를 내려받으며 또 컴퓨터의 데이터를 전송합니다. 바로 이것이 정확하게 바이러스가 작동하는 방식입니다.

은행을 이용하려면 이뿐만 아니라 원하지도 않는 방화벽 프로그램을 다운로드해서 설치해야 하고 인터넷 안전 감시 프로그램도 설치해야 합니다. 일부 프로그램은 설치하지 않아도 상관없지만 다운받으라는 안내문이 프로그램을 설치할 때까지 계속해서 나타나기 때문에 귀찮아서라도 그냥 설치하게 됩니다.

사실 현재와 같은 상황이라면 그들이 원하는 것은 모두 설치해야 안전을 보장받을 수 있습니다. 액티브 엑스 방식의 프로그램을 무조건 다운로드하도록 하는 바람에 컴퓨터에는 내가 모르는 사이에 해킹 프로그램, 악성 코드, 바이러스, 악의적인 키보드 가로채기 프로그램이 상주해 있을 가능성이 높기 때문입니다. 악순환은 악순환을 낳아 시간이 갈수록 더 많은 프로그램을 설치하고 나서야 최소한의 안전을 확보할 수 있게 되었습니다.

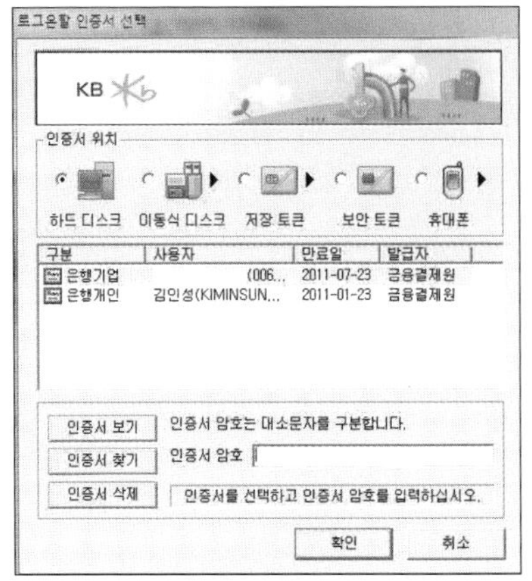

공인인증서 여태까지의 모든 작업은 바로 이 공인인증서를 사용하여 나를 증명하기 위한 기초 작업이었습니다.

지켜지지 못하는 사용자 개인정보

인터넷 초기에 안전한 전자상거래 시스템이 마련되지 않았을 때는 우리나라에서 독자적으로 보안 시스템을 만들었습니다. 공인인증서를 사용하면 안전하게 인터넷뱅킹과 전자상거래를 할 수 있다고 주장합니다.

공인인증서 파일 공인인증서는 하드디스크의 공개된 디렉터리에 보관됩니다. USB 메모리에 넣어도 마찬가지 방식으로 저장됩니다.

그러나 수많은 장점을 가지고 있다고 선전하는 공인인증서는 하드 디스크에 일반 파일 형태로 저장되어 있습니다. 인터넷뱅킹의 인감도장 역할을 하는 공인인증서를 누구나 쉽게 복사해갈 수 있다는 뜻입니다. 이들 파일에는 최소한의 안전장치도 되어 있지 않습니다. 컴퓨터마다 고유한 번호를 사용하여 암호화하지도 않았습니다. 특정 사용자만 접근할 수 있는 디렉터리에 보관하지도 않았고 하다 못해 여러 곳에 분산 저장하여 복사하기 어렵게 해놓지도 않았습니다. 아무나 컴퓨터에 접근하여 그냥 복사해가면 그만입니다. 만약 컴퓨터가 해킹당했다면 바이러스가 인터넷을 통해 디렉터리를 통째로 전송해버릴 수도 있습니다.

어떤 방식이든 일단 복사된 인증서는 원본과 동일한 효력을 발휘합니다. 이런 현실로 볼 때 공인인증서는 나를 증명하는 용도로 사용할 수 없습니다. 외국의 보안 방식에 비해 한국의 공인인증서 방식이 우수하다는 근거로 제시되는 장점들은 인증서가 이렇게 허술하게 관리되고 있기 때문에 결코 장점으로 내세울 수 없습니다.

그동안 알려지지 않은 많은 보안 사고가 있었지만 업체들은 기술적으로 해결하기보다는 피해 당사자들에게 보상을 해주고 입을 막음으로써 공인인증서가 안전하다는 미신을 지켜왔습니다. 그리하여 이런 어처구니 없는 보안 방식이 10년이 넘도록 유지될 수 있었습니다.

가능하면 남들과 다른 방법으로 보안 조치를 취하는 것이 좋다는 그들의 생각은 옳았던 것인지도 모르겠습니다. 이렇게 복잡하게 보안 장치를 설정하자 해커들은 개별 사용자들에 대한 공격보다는 서버에 대한 공격에 주력했기 때문입니다. 그리하여 그들은 인터넷 업체의 서버에서 사용자들의 개인정보가 들어 있는 데이터를 빼내는 데 성공했습니다. 거기에는 각 사용자의 이름과 주소뿐만 아니라 주민등록번호, 계좌번호, 카드번호 그리고 비밀번호까지 모두 들어 있었습니다.

보안을 위해서 개인들에게 엄격한 기준을 지키도록 요구하고 수많은 프로그램을 다운로드하게 만들던 서비스 업체들은 정작 내부적으로 사용자들의 개인정보를 너무도 허술하게 관리하고 있었습니다. 또한 놀랍게도 해킹당한 업체들은 재판에서 무죄 선고를 받아냈습니다. ICT에 대한 판사들의 무지와, 비싼 만큼 능력을 발휘한 변호사 그리고 책임을 피해가려는 교묘한 억지 논리가 이 마법 같은 일을 가능하게 만들었습니다. 따라서 천만 명 이상의 개인정보를 해킹당한 대표적인 전자상거래 업체 옥션은 피해를 입은 사용자들에게 한 푼도 지급할 필요가 없게 되었습니다. 인터넷 업체는 이제 '통상적인 보안 조치를 했다'라는 것을 증명할 수만 있으면 개인정보 유출에 대해 아무런 책임을 지지 않아도 됩니다. 물론 이런 판결과는 상관없이 여태까지 대부분의 회사에서는 직원들이 사용자 개인정보에 접근하는 데 아무런 제한이 없었고 지금도 보안 관리는 허술하기 짝이 없는 상태입니다.

많은 사람들은 인터넷 사이트 비밀번호와 공인인증서 비밀번호가 같습니다. 좀더 조심성이 있는 사람이라고 해도 몇 개의 비밀번호를 돌려가며 쓰기 마련입니다. 몇몇 거대 인터넷 사이트가 해킹당한 현실에 비추어볼 때 우리들의 비밀번호는 모두 공개되어 있다고 생각하는 것이 옳을 것입니다.

악성 프로그램이 무차별로 수집해온 공인인증서를 보고 사용자 이름을 알아낸 뒤 해킹한 개인정보 파일을 찾으면 그 사용자의 공인인증서 비밀번호를 찾을 수 있습니다. 또한 개인정보 파일에는 우리의 카드번호와 유효기간까지 다 들어 있습니다. 해커들이 이것들을 가지고 전자상거래를 하기로 마음먹는다면 우리들의 신용카드를 지켜줄 것은 이제 플라스틱으로 된 보안카드밖에 없습니다.

사실 이런 논의는 무의미합니다. 아무리 현재 보안 시스템의 문제와 표준화 문제 등에 대해 기술적인 논의를 하더라도 아무도 이런 이야기를 귀담아 들어주지 않습니다. 이런 이야기를 계속하고 있으면 현실을 모르고 떠드는 순진한 사람으로 취급당합니다. 한국의 보안산업은 사용자의 안전을 위해서 존재한다기보다는 관련 업계의 이익을 위한 것이기 때문입니다.

사용자들이 편리하게 거래를 할 수 있으면서도 안전한 방법, 보안 표준을 정립하여 어느 업체의 프로그램이든 한 가지만 사용해서 모든 상거래를 할 수 있도록 만들기, 가이드라인을 지킨 업체들을 공개하여 감시 단체들이 어렵지 않게 그들의 프로그램을 조사할 수 있도록 만들기, 사용자들이 보안 프로그램을 선택할 수 있도록 하여 보안업체들의 경쟁을 유도하기 같은 상식적인 일들을 기대할 수 없습니다.

카드 결제 시스템 카드업계는 직접 매장에서 거래할 때의 보안에 대해서는 전혀 대책을 세워놓지 않았습니다. 카드를 제

시한 사람이 카드 소유자인지 확인하지 않으며 비밀번호조차 물어보지 않습니다. 카드 용지에 펜으로 직접 기입하는 사인에 비해 화면에 입력하는 사인은 변별력이 전혀 없음에도 불구하고 아무런 추가 조치도 강구하지 않았습니다. 인터넷 거래와 달리 직접 거래 시에는 안전 조치에 비용이 들기 때문에 오히려 보안 사항을 줄이는 방향으로 진행되고 있습니다.

보안은 공포를 조성한 후 안심을 파는 행위입니다. 안전할 수만 있다면 이중 삼중의 안전 장치를 더하는 것에 반대하는 사람은 없습니다. 그러나 아무리 추가적인 보안 장치를 설치하더라도 완벽한 안전이란 불가능합니다.

은행은 전화로 온라인 송금을 강요하는 보이스피싱 사기에 대한 대책을 전혀 강구하지 않았습니다. 기껏해야 현금인출기 화면에 경고문을 보여주는 것뿐이고 비용이 드는 일은 하지 않고 있습니다. 보안업체들도 이런 문제에 대해 관심을 가지지 않습니다. 소위 '비용 대비 편익' 면에서 보면 사전에 대책을 수립하는 것보다는 보이스피싱을 방치한 후 사고가 났을 때 뒷수습을 하는 편이 손해가 덜하기 때문입니다.

하지만 컴퓨터 거래는 다릅니다. 프로그램을 다운로드하게 만들고 사용자 컴퓨터에 복잡한 절차를 강요하더라도 은행 측에 비용이 발생하지는 않습니다. 복잡할수록 사고가 날 가능성이 낮아지기 때문에 점점 더 까다로운 절차를 추가하는 악순환이 반복되어왔습니다.

이런 절차가 아무리 귀찮아도 보안에 도움이 된다면 크게 문제 삼을 일은 아닙니다. 하지만 문제는 다른 데 있었습니다. 우선 사용이 편리하면서도 결코 안정성이 떨어지지 않는 표준적인 방식이 존재하고 있다는 사실을 사용자들이 알게 되었다는 것입니다. 그 방식을 사용하면 쉽고 편안하게 전자상거래를 할 수 있으며 어떤 컴퓨터, 어떤 운영체제, 어떤 브라우저를 쓰더라도 같은 방식으로 결제를 할 수 있었습니다. 나중에 거론하겠지만 사실 이것은 외국의 스마트폰인 아이폰이 도입되면서 사용자들이 깨닫게 된 사실입니다.

전 세계 보안은 안전보증용, 한국 보안은 국민감시용

보안이란 안전을 확인하는 행위입니다. 개인들은 신용카드, 보안카드 그리고 비밀번호를 안전하게 지킬 수 있습니다. 믿을 수 없는 것은 인터넷 사이트들입니다. 때문에 국제 표준 보안 방식은 인터넷 사이트들이 자신의 안전을 증명하는 것을 최우선으로 합니다. 보안 관련 기관들도 각 사이트들이 보안 규정을 준수하는지 감시하는 데 주력합니다. 안전하다고 알려진 표준 보안 방식을 미리 내장한 웹 브라우저, 사이트의 안전을 검증하는 제3의 인증 기관 그리고 안전을 위해 노력하는 업체들이 공조함으로써 사용자는 인터넷을 안심하고 쓸 수 있게 됩니다.

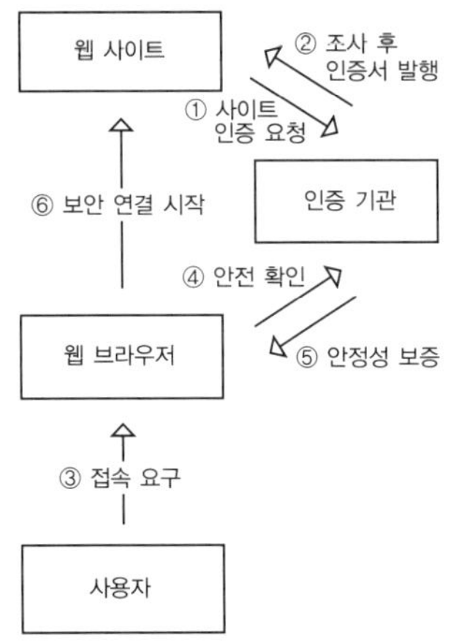

표준 보안 방식 안전 전송 규약(SSL 혹은 TLS라 불림)을 사용하기 위해서는 각 사이트가 제 3의 인증 기관에 미리 등록을 하여 안전을 검증 받아야 합니다. 사용자가 웹사이트에 보안 접속을 시도하면 웹브라우저는 미리 지정된 인증 기관에서 발행된 인증서를 통해 그 사이트가 안전한지 체크를 하여 이상이 없음이 확인이 되어야 안전 전송 규약을 허용합니다. 이 과정은 약속된 절차에 따라 진행되기 때문에 추가 소프트웨어를 다운 받을 필요가 없어 보안에 문제가 생기지 않습니다. 표준 보안 방식은 편리하며 안전할 뿐만 아니라 어떤 플랫폼, 어떤 프로그램에서도 쓸 수 있는 장점이 있습니다.

이와 달리 한국의 보안 방식은 '인터넷 사이트는 안전하다' 라고 일단 가정을 합니다. 은행과 쇼핑몰이 의심하는 것은 사용자들입니다. 그들은 자기들만의 보안 연결 프로그램, 방화벽 소프트웨어, 키보드 해킹 방지 프로그램, 바이러스 백신 등을 다운받게 한 다음 사용자들의 컴퓨터를 조사합니다. 이것도 모자라 공인인증서까지 요구합니다. 한국의 보안은 사이트의 안전은 보장하지 못하지만 사용자들의 컴퓨터를 감시하는 데는 과도한 집착을 보이고 있습니다.

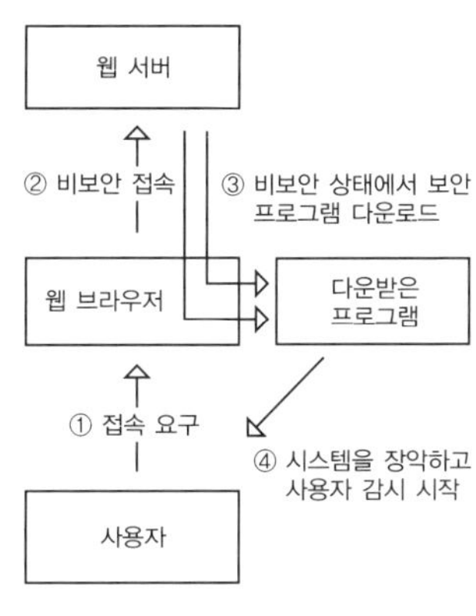

한국의 보안 방식 보안 프로그램을 다운받는 순간에 대한 보안이 전혀 되어 있지 않습니다. 사용자들은 그 사이트가 안전한지 여부를 알아서 판단해야 합니다. 다운받은 프로그램도 해당 사이트의 안전을 보증하는 것이 아니라 사용자가 의심스러운지 아닌지 검사하는 것들뿐입니다. 한국의 보안 연결에는 '보안' 이 없습니다.

한국의 보안은 가부장적인 사회구조와 매우 흡사합니다. 상급 기관, 힘 있는 단체는 성역으로 존재하고 힘없는 개인들은 이들 앞에서 벌거벗고 모든 것을 내보여야 합니다. 은행, 증권사 등 금융 사이트, 게임과 쇼핑몰 등은 자신들이 안전한지 여부를 그냥 믿으라고 말합니다. 안전하다는 것을 증명할 의무도 없습니다. 해킹을 당해도 처벌받지 않습니다. 때문에 금융사들은 매년 보안 예산을 삭감해왔고 보안 관리는 여러 단계의 하청을 거친 업체의 비정규직들이 담당하고 있습니다. 이런 현실로 미루어볼 때 최근의 해킹 사건들은 언제 발생해도 전혀 이상할 것이 없었던 일이었습니다.

보안을 사용자를 감시하기 위한 방편으로 악용하고, 그 과정에서 사이트 자체의 안전은 무조건 믿으라고 강요함으로써 사용자들은 방문하는 사이트의 보안에 무감각해졌습니다. 때문에 한국의 PC들이 쉽게 '좀비PC' 가 되었고, 한국의 인터넷은 외국 해커들의 손쉬운 돈벌이 대상으로 전락했습니다. 이를 해결하기 위해서는 사용자를 감시하는 데 골몰할 것이 아니라 사이트의 안전을 보장하는 데 더 주력하는 방향으로 보안의 개념이 달라져야 합니다.

사용하기 편한 전자상거래 방식의 세계 표준

한국의 공인인증서 방식과 세계 표준으로 사용되는 안전 전송 규약 중 어느 것이 더 보안상 안전한지에 대해서는 많은 논란이 있습니다.

표준 방식은 안전 전송 규약으로 데이터를 암호화하여 전송 단계의 안전을 보장하며 로그인 과정에서 비밀번호를 요구하고 카드 결제 시에 카드 비밀번호를 요구합니다. 은행 거래를 위해서는 일회용 비밀번호 생성기를 추가로 사용합니다.

해커가 남의 카드를 사용하기 위해서는 사용자의 로그인 아이디, 비밀번호, 카드 비밀번호를 알아내면 됩니다. 물론 해킹을 당했더라도 온라인 쇼핑몰에서 결제 정보를 메일과 휴대폰에 전송한다면 사용자가 물건이 배송되기 전에 상황을 바로잡을 기회를 얻을 수 있습니다.

해커가 은행 계좌를 탈취하려면 추가로 일회용 비밀번호 생성기를 훔쳐야 합니다. 일회용 비밀번호는 현시점에서 안전한 방식이기 때문에 실제로 훔치지 않는다면 계속해서 바뀌는 비밀번호를 알아낼 방법은 없습니다.

표준 방식에서 비밀번호 관리 책임은 사용자에게 있습니다. 보안을 위해서 사용자의 보안에 구멍을 뚫는 행위를 하지 않으므로 은행은 거래 과정에 발생하는 문제에 책임질 일이 없습니다. 사용자의 컴퓨터에 해킹 프로그램이 깔려 있어 비밀번호를 탈취해갈 가능성이 있지만 이를 막기 위해 사용자가 직접 널리 쓰이는 백신 프로그램과 운영체제 내장 방화벽을 활성화해야 합니다. 일반적으로 대부분의 컴퓨터에는 백신 프로그램이 깔려 있기 때문에 큰 문제없이 전자상거래를 할 수 있습니다. 만약 일회용 비밀번호를 사용한다면 거의 대부분의 컴퓨터에서 안심하고 거래를 할 수 있습니다.

표준 방식에서 사용되는 안전 전송 규약은 웹 브라우저에 내장되어 있고 서버 쪽에도 필요한 모든 설정이 미리 확립되어 있으므로 사용자가 프로그램을 내려받거나 추가적인 프로그램을 실행할 필요가 없습니다. 전자상거래도 은행 거래도 일반적인 웹 페이지와 큰 차이 없이 편리하게 사용할 수 있습니다.

표준 결제 방식 MS의 인터넷 익스플로러가 아니라도 거래를 할 수 있습니다. 추가로 다운로드하는 프로그램은 전혀 없습니다. 안전 전송 규약으로 연결된 상태에서 서버에 미리 저장되어 있는 내 카드 정보를 사용하여 비밀번호만으로 편하게 결제를 할 수 있습니다.

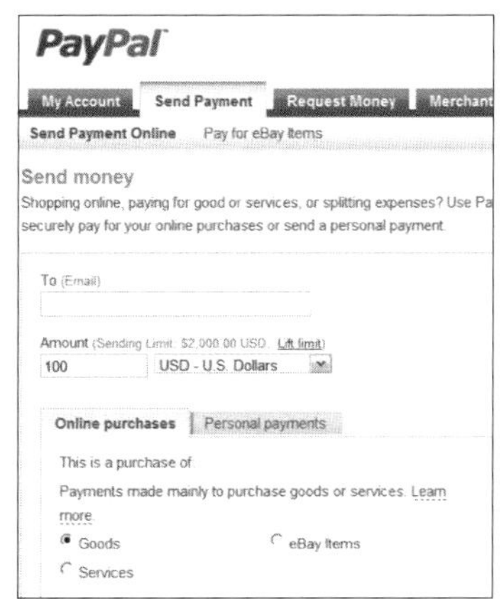

한국의 관료와 보안업체의 관계자 들은 이 방식이 위험하다고 말합니다. 비밀번호만으로 어떻게 안전을 보장할 수 있냐고 불안감을 조성합니다. 자신들의 보안 대책은 외국의 해커가 알지 못하는 한국의 고유한 방식이기 때문에 안전하다고 주장합니다. 그러면서 보안을 위한다는 핑계로 가장 심각하게 보안을 해치는 방법을 사용합니다. 무차별적인 프로그램 다운로드는 오히려 보안 문제를 일으킬 수 있지만 자신들의 프로그램에 전권을 부여하면 나머지 악성 프로그램을 막을 수 있다고 말합니다. 이 허점을 틈타 컴퓨터를 어지럽히는 프로그램을 막기 위해서 또다시 수많은 프로그램을 내려받도록 강요합니다.

일회용 비밀번호를 사용한다면 키보드 보안 프로그램이 필요 없습니다. 공인인증서를 사용하더라도 표준적인 안전 전송 규약을 사용할 수 있습니다. 따라서 안전을 위한 프로그램을 다운로드할 필요가 없습니다. 표준을 지킨다면 운영체제에 내장된 방화벽을 무시하고 성능이 의심스럽고 내부적으로 어떤 일을 하는지도 확실하지 않은 또 다른 방화벽 프로그램을 다운로드할 필요도 없습니다.

그러나 그들은 결코 이런 개선을 할 의지가 없습니다. 마케팅적인 의미밖에 없는 논리를 내세우며 현 체제를 유지하려고 안간힘을 쓰고 있습니다. 수많은 업체와 위원회 들의 이권이 얽혀 있는 너무나도 공고한 체계라서 결코 무너질 것 같지 않았습니다. 그러나 바람은 다른 곳에서 불어왔습니다. 아이폰이 도입되고 스마트폰 사용자가 많아지면서 그들의 구매력을 무시하지 못하게 되자 은행과 쇼핑몰이 앞다투어 전자상거래 방식을 개선하기 시작했습니다.

처음에 그들은 각 스마트폰에 맞는 전용 프로그램을 만들었으나 곧 표준을 지키는 한 가지 방식을 구현하는 것이 가장 비용을 적게 들이면서도 가장 많은 플랫폼을 지원할 수 있는 방법임을 깨달았습니다. 표준을 지키기만 하면 지금 사용 중인 모든 플랫폼뿐만 아니라 앞으로 나올 어떤 플랫폼에서도 곧바로 전자상거래를 할 수 있었던 것입니다. 업체들은 조용히 위원회에 반기를 들었습니다. 그리고 어느 날 사용자의 편의성을 위해 혁신적으로 결제 방식을 바꾸었다고 선언한 은행이 나타났습니다.

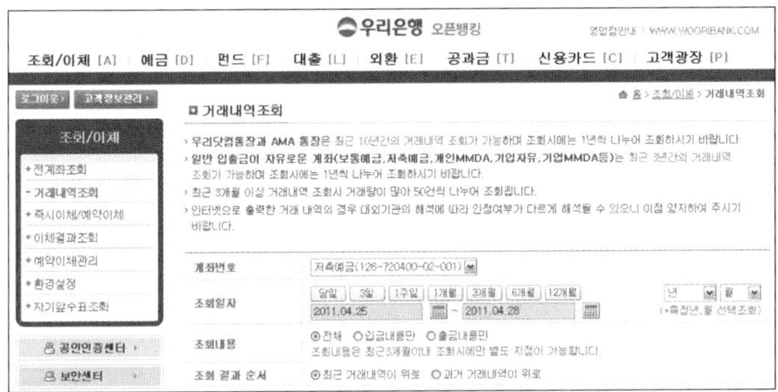

우리은행의 표준 안전거래 방식　우리은행은 국내 은행 최초로 표준 방식을 사용하여 은행 거래가 가능하도록 서비스를 개편했습니다. ICT 업계에서 10년 이상 개선을 요구하고, 법에 호소하고, 논리적으로 그 이유를 설명했지만 요지부동이었던 현실이 아이폰 하나 때문에 이렇게 혁신적으로 바뀌었습니다. 아이폰에 대한 이야기는 나중에 상술할 예정이므로 지금은 그저 한국에서도 이렇게 편하고 깔끔한 은행 거래가 가능하다는 감동적인 사실을 만끽하시면 됩니다.

그러나 아직 보안업체의 공격은 끝나지 않았습니다. 그들은 표준 방식을 지키면서도 좀더 안전한 기술을 고민하기보다는 기존의 방식을 표준 방식에 추가로 끼워넣는 묘안을 찾기에 바빴습니다. 우리은행의 표준 안전거래 방식에도 지긋지긋한 사설 방화벽과 인터넷 안전검사 소프트웨어가 따라옵니다. 물론 다운받지 않아도 되고 다운받았더라도 설치하지 않으면 되지만 잘 모르는 사람들은 또다시 그것들을 설치할 것이기 때문에 이전과 별로 차이가 나지 않는다고 생각할지도 모릅니다.

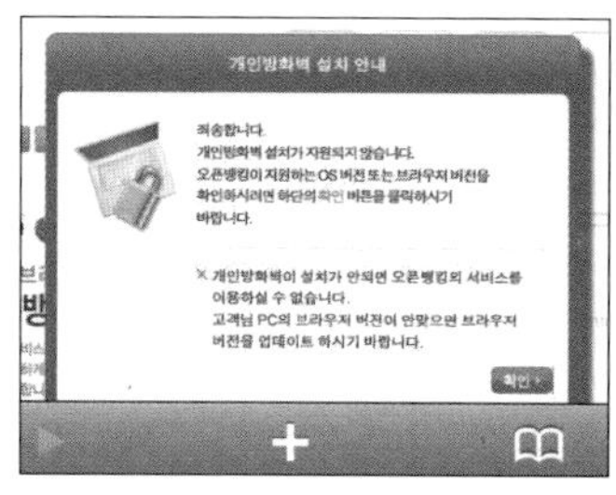

또다시 끼어든 보안업체 표준 방식은 어디서나 사용할 수 있습니다. 특정 스마트폰을 위해서 전용의 프로그램을 만들 필요가 없습니다. 하지만 보안업체가 끼어들어 또 다른 전용 프로그램을 다운로드하라고 강요하는 바람에 일부 환경에서만 동작하는 반쪽짜리 방식으로 전락했습니다. 보안업체가 한국 전자상거래의 활성화를 막는 주범임을 상징적으로 보여주는 화면입니다.

그들은 스마트폰에도 자신들의 기존 방식을 고수하기를 원했습니다. 스마트폰에 키보드 보안 소프트웨어를 설치해야 전자상거래를 할 수 있게 만들겠다고 주장하고 있습니다. 자체적인 관리를 하고 있는 아이폰에서는 이 소프트웨어가 거부당했습니다. 응용 소프트웨어가 시스템을 검사하고 키보드 입력 루틴을 감시하겠다고 나서는 행위는 한마디로 코미디와 같습니다.

　그러나 소프트웨어 허용 여부를 관리를 하지 않는 안드로이드 스마트폰에는 전용 프로그램이 설치될 가능성이 높습니다. 그들은 관리가 되지 않고 무엇이든 자유롭게 설치할 수 있는 안드로이드 스마트폰은 보안 위협이 있다고 공포를 조성하면서 결국 보안 프로그램을 사용하도록 만들려고 합니다. 이권으로 맺어진 업체와 위원회 들은 또다시 촌스러운 발상을 옹호하며 자신들의 이익을 위해 스마트폰 사용 환경을 지옥으로 몰고 가려고 하고 있습니다.

스마트폰에 끼어든 공인인증서　웹 브라우저에 내장된 표준 안전거래 방식을 무시하고 전용 프로그램이 자체적인 프로토콜로 거래를 중계합니다. 스마트폰에 설치된 인증서는 공인인증서 비밀번호를 다시 입력해야 하는 불편함만 가중시킬 뿐 아무런 장점이 없습니다. 서버에서 휴대폰 번호만 확인하면 사용자 확인이 가능하기 때문입니다.

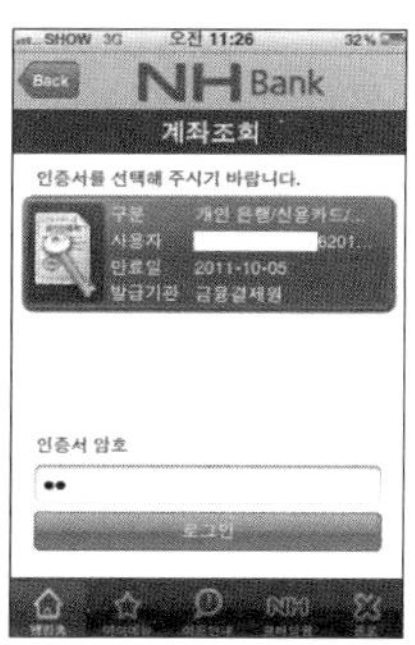

　스마트폰 전용 프로그램 방식은 스마트폰마다 따로 프로그램을 개발해야 하기 때문에 비용의 낭비일 뿐만 아니라 그들이 지원하지 않는 스마트폰 사용자들은 소외받게 됩니다. 또한 스마트폰 버전마다 지원 여부가 다르기 때문에 사용자는 혼란을 겪을 수밖에 없습니다. 이 방식은 결국 지배적인 점유율을 가진 일부 스마트폰만을 지원하게 될 것이며 그것이 다시 이권이 되어 은행과 전자상거래 업체들이 보안업체에 종속되는 결과를 낳습니다. 이권을 가진 자들이 원하는 가장 이상적인 환경이지만 표준을 지키는 방식으로 사용자가 몰리게 되면 결국 폐기될 방법입니다. 개발 비용을 이중으로 부담해야 하고 보안업체에 종속되며 사용자들이 늘어날 가능성도 없는 이런 방식은 결코 선택하지 말 것을 관계자들에게 강력히 권고합니다.

한국 전자상거래의 진정한 문제

우리나라는 수출 주도형 산업 국가입니다. 제조업 분야에서는 좋은 제품을 잘 만들어서 수출하면 그만이었습니다. 기업이 발전하여 수출까지 할 능력을 기르기 위해서는 우선 안정적인 내수시장이 필요했기 때문에 까다로운 무역장벽을 만들어왔습니다. 양담배를 피우면 잡혀가던 시절의 기억이 남아 아직도 외제차를 모는 사람들에 대한 경멸이 존재합니다. 맹목적인 국산품 애용과 외제에 대한 적대감이 당연시되면서 인터넷도 한국식으로 변해왔습니다.

하지만 인터넷은 기본적으로 국가의 경계가 없습니다. 수출 주도형 국가라면 당연히 인터넷에서도 수출을 활성화할 수 있도록 노력해야 합니다. 하지만 국내 쇼핑몰은 철저하게 내수에 맞추어져 있습니다. 초기에는 보안이 확립되지 않은 인터넷 특성상 우리나라만의 방식이 필요했을 수도 있지만 표준이 확립된 후에도 보안업체의 이익을 위해서 그 방식은 개선되지 않았습니다. 가뜩이나 회원 가입에 주민등록번호를 요구하는 불합리한 관행이 유지되고 있었는데 여기에 인터넷의 표현 자유에 재갈을 물리기 위해서 실명제까지 도입함으로써 외국에서 인터넷으로 국내 제품을 구입하는 일은 불가능하게 되었습니다.

우리들은 간단한 게시판 가입을 할 때에도 업체가 원할 경우 아무런 저항 없이 주민등록번호를 포함한 모든 개인정보를 넘겨줍니다. 국가가 국민들의 지문을 관리하는 나라에서 그깟 주민등록번호가 무슨 대수겠습니까? 하지만 국제적으로 볼 때 이것은 말이 안 되는 일입니다.

하지만 우리는 아무도 이것이 심각한 일이라고 생각하지 않습니다. 개인정보 보호란 것은 그저 듣기 좋은 구호에 불과할 뿐입니다. 실명제가 표현의 자유를 침해하고 언론의 자유를 죽이는 일이란 것에 동의하는 사회적 상식도 부재합니다. 문제의 개선을 요구하는 목소리는 정치적으로 해석됩니다.

외국의 전자상거래 필요한 책을 구하기 위해 인터넷을 뒤지다보면 영국의 인터넷 서점까지 흘러들어갈 수도 있습니다. 그들은 표준 안전거래 방식을 사용하기 때문에 이전에 아무런 거래 관계가 없어도 카드번호와 비밀번호만으로 책을 구입할 수 있도록 허용합니다. 이런 거래 방식에 대한 수많은 우려가 있을 수도 있지만 외국에서는 큰 문제 없이 이런 전자상거래가 이루어지고 있는 것이 엄연한 현실입니다.

　수출장려금을 지급하고 해마다 수출 실적을 기준으로 수출탑까지 세워주는 나라에서 어떻게 인터넷을 이렇게 폐쇄적으로 만들고 있는지 이해가 되지 않습니다. 인터넷 전자상거래의 국제화에 대해 많은 고민이 필요합니다. 우선 우리에게 경쟁력이 있는 문화 콘텐츠 판매에 대해 생각해볼 수 있습니다.

　세계인들이 감동받는 한류 콘텐츠가 담긴 책과 DVD를 우리나라 쇼핑몰에서 전 세계에 팔아야 합니다. 텔레비전 드라마 동영상을 외국에서도 유료로 다운받을 수 있도록 한다면 최소한 지금의 10배 이상의 매출이 가능할 것입니다. 불법 다운로드로 인해 죽어가고 있는 한국 영화의 2차 시장인 DVD와 블루레이 판매는 인터넷에서 활로를 찾을 수 있습니다. 그 외에도 경쟁력 있는 의류 제품, 한국의 전자 제품을 전 세계인들이 한국의 쇼핑몰에서 구입할 수 있도록 개선할 수도 있습니다. 찾아보면 우리가 팔 수 있는 것은 엄청나게 많을 것이고 인터넷이 판매 규모를 키워줄 수 있습니다.

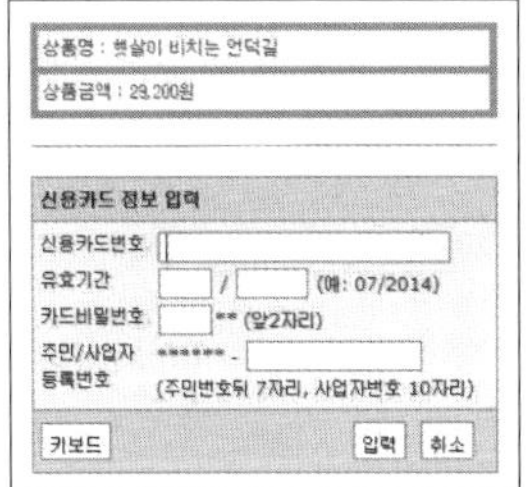

표준을 지키는 쇼핑몰　국내 업체 일부도 해외 거주자에 한해서 표준 안전거래 방식을 지원합니다. 사용할 수 있는 카드에 제한이 있고 거의 대부분의 화면에서 외국어

를 지원하지 않는 문제가 있지만 한국 제품을 구입하는 외국인이 많아지면 점차 개선될 여지가 많습니다.

표준을 지키는 국내 인터넷 쇼핑몰은 해외 거주자에게 실명 인증을 요구하지 않고 공인인증서도 요구하지 않습니다. 신원이 불명확하고 거래의 위험이 높은 해외 거주자에게는 이런 간편한 방식을 제공하면서도 왜 내국인에게는 이 방식을 지원하지 않는지 이해할 수 없습니다. 이 모든 차별은 몇몇 보안업체의 이익을 위한 것이라고 생각할 수밖에 없습니다. 넓고 넓은 해외시장을 바로 곁에 두고 있음에도 불구하고 보안업체의 이익 때문에 국내 산업이 굶어죽고 있습니다. 하루빨리 이 문제가 해결되어야 합니다. 이것만이 우리의 인터넷을 살릴 수 있는 유일한 방법입니다.

인터넷 전자상거래 문제를 해결하려면

한국의 현실을 생각해보면 사실 이렇게 한가롭게 논쟁을 벌일 시간조차 없습니다. 국내 산업을 키우기 위해서는 인터넷 시장을 활성화하는 것이 최우선 과제입니다. 하루빨리 MS 윈도우와 인터넷 익스플로러 그리고 액티브 엑스 방식에 의존적인 전자상거래 방식을 폐지하고 국제 표준을 도입해야 합니다. 국제 표준에 문제가 있다면 그것을 개선하는 방안을 찾으면 됩니다. 그렇게 된다면 오히려 우리나라의 보안업체들이 기술 수출을 할 수 있게 될 것입니다.

보안업체가 허용하는 일부 플랫폼에 한정하여 전자상거래의 자유를 허용하는 방법도 폐지되어야 합니다. 표준을 지키고 어떤 플랫폼에서라도 거래를 할 수 있도록 만들어야 합니다. 보안업체가 또 다른 제한 사항을 추가하도록 만들어서는 안 됩니다. 보안업체에 종속된다면 이 모든 개선사항이 결국 쓸모없게 될 것입니다.

공인인증서도 폐지되어야 합니다. 공인인증서의 용도를 구분하여 복잡하게 만든 다음, 특수 용도의 인증서란 명목으로 사용자에게 돈을 받고 파는 행위도 중단되어야 합니다. 스마트폰에까지 공인인증서를 밀어넣는 행위도 막아야 합니다. 보안업체가 살 길은 표준을 수용하고 개선점을 찾아내는 것밖에 없습니다. 세상의 모든 플랫폼에서 전자상거래가 가능한 세상이 오려는 이 시점에 시대를 역행하는 규제를 만들려고 시도해서는 안 됩니다.

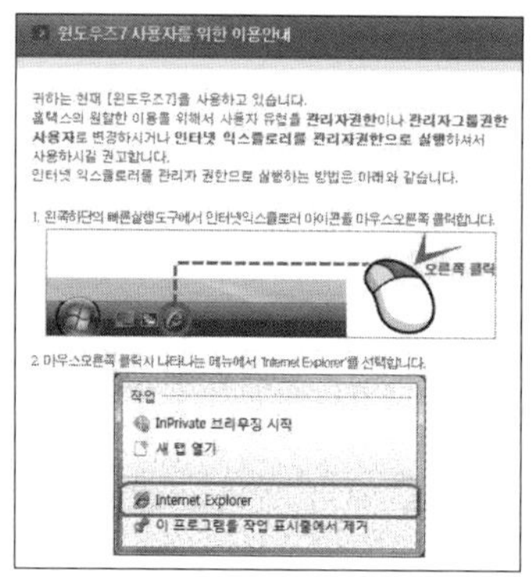

비표준의 극치 보안 문제를 개선하려는 기업들의 노력에도 불구하고 정부 기관은 오히려 시대를 역행하는 방식을 고수하고 있습니다. 국세청에서는 개선된 윈도우의 보안 기능을 죽이고 특정 업체의 응용 프로그램이 시스템을 장악하도록 허용하라고 사용자들에게 요구하고 있습니다. 이런 안이한 문제 해결 방식은 더욱더 큰 보안 사고를 일으킬 가능성만 높일 뿐입니다.

표준 안전거래 방식으로 해외 구매자들이 한국의 사이트에 접근하게 되면 매출 규모가 성장하면서 영어뿐만 아니라 여러 나라의 언어 페이지를 만들 여력이 생길 것입니다. 이것은 다시 새로운 일자리를 창출할 것이고 내수 시장을 활성화하는 데 기여할 것입니다. 다국어지원 쇼핑몰 개발과 운영 노하우는 기술 수출도 가능하게 만들 것입니다.

표준 안전거래 방식은 스마트폰에서도 쉽게 제품 구입이 가능하게 만듦으로써 내수 시장도 성장시킬 것입니다. 수많은 프로그램을 다운받아야 가능했던 구매 절차가 간소화된다면 컴퓨터를 잘 다루지 못하는 사람들도 더 많은 제품 구매에 나서게 될 것입니다.

이것은 사실 이미 대세가 된 흐름입니다. 이젠 누가 앞서서 실천하여 조기에 더 많은 구매자를 확보하느냐 하는 싸움일 뿐입니다. 관계자분들은 하루빨리 이런 현실을 깨닫고 사용자를 불편하게 만들어 구매 의욕을 떨어뜨리고 있는 불편한 시스템을 개선시킬 것을 권고합니다.

세계 최대 전자상거래 업체 아마존은 오랫동안 표준 안전거래 방식으로 전 세계에 제품을 팔아왔습니다. 그들이 할 수 있다면 우리도 할 수 있습니다.

아직 늦지 않았습니다. 국내 온라인 쇼핑몰의 경험을 바탕으로 국제화에 나선다면 승산이 있습니다. 보안업체가 표준을 고민하고 위원회가 규제보다는 활성화를 위해서 노력한다면 창의적인 우리나라 국민들은 또 한 번 세상을 놀라게 만들 수 있을 것입니다. 촌스러운 한국의 인터넷 상황을 개선한다면 우리는 도약할 수 있습니다. 저는 전 세계를 상대로 하는 세계 최대 규모의 인터넷 전자상거래 사이트가 한국에서 출현하기를 간절히 기원하고 있습니다.

그러나 아직도 현실은 요지부동입니다. 닥쳐온 위기에 대한 대책은 보이지 않습니다. 현재 한국의 인터넷을 위협하는 것은 무엇일까요? 한때 구글의 침공을 걱정했으나 이제 더 거대한 것이 몰려오고 있습니다. 페이스북과 트위터로 상징되는 것, 전 세계 인터넷의 패러다임을 바꾸고 있는 소셜 네트워크 서비스가 그것입니다. 우리가 스스로 인터넷을 혁신하지 않으면 외국의 서비스가 다 휩쓸어버릴 것입니다. 흐름을 타고 또 한 번 도약할지 파도에 휩쓸려 수면 아래로 사라질지는 전적으로 우리의 선택에 달려 있습니다. 이 흐름에 동참하기 위해서는 우선 소셜 네트워크가 무엇인지 그 역사와 의미를 알아볼 필요가 있습니다.

chapter 03

인터넷 진화의 역사와 소셜 네트워크

앞으로 어떤 식으로 발전하든 소셜 네트워크는 데이터 이동성을
바탕으로 한 열린 서비스 정책으로 갈 것이고 그에 따라 새로운 서비스는 기존의 인프라를
그대로 활용하는 것이 가능하므로 아이디어 하나만으로도 대형 사이트를
능가하는 수익을 얻는 것이 불가능하지 않은 세상이 오게 될 것입니다.

개인용 컴퓨터의 탄생

태초에 IBM이 있었습니다. 70년대가 끝나기 전 그들은 컴퓨터 분야에 필요한 모든 연구 개발을 끝냈습니다. 지금 우리가 사용하고 있는 대부분의 기술을 생각해내고 실제로 구현했으며 특허로 안전 장치까지 마련해놓았습니다. 메인 프레임이라고 부르는 거대한 컴퓨터는 그들의 모든 노하우가 집약된 기술의 결정체였습니다.

컴퓨터 업계의 맹주 지금도 IBM은 크고 안정적이며 비싼 메인 프레임 시장을 독점하고 있으며 중형 컴퓨터 시장에서도 독보적인 위치를 차지하고 있고 막강한 성능의 고성능 워크스테이션도 생산하고 있습니다. 80년대 후반에 방만한 경영으로

위기를 맞았으나 개인용 컴퓨터(이하 PC, Personal Computer) 시장을 포기하면서까지 강력한 구조조정을 단행해 토털 서비스 업체로 자리매김하면서 여전히 컴퓨터 업계의 맹주로 군림하고 있습니다. 기반기술 연구에 대한 IBM의 아낌없는 지원 정책으로 볼 때 그들은 미래에도 컴퓨터 분야를 주도할 것으로 예상됩니다.

메인 프레임은 온도와 습도가 조절되는 전용 공간에 모셔져 있었고 가운을 입은 전문 관리자들만 접근할 수 있었습니다. 사용자들은 키보드와 모니터만으로 이루어진 단말기에 앉아 필요한 업무를 수행했습니다. 단말기는 키보드와 화면 제어 같은 간단한 기능만 수행할 뿐이었고 모든 처리는 중앙 컴퓨터에서 이루어졌습니다. 관리자와 사용자의 권한은 엄격히 구별되어 있었습니다. 허용된 작업만 가능했던 사용자와는 달리 관리자들은 거대한 컴퓨터의 소프트웨어는 물론 하드웨어 내부까지 마음대로 들여다볼 수 있었습니다.

압도적인 성능, 위압적일 정도로 거대한 크기 그리고 비싼 가격의 메인 프레임을 앞세운 그들의 제국은 영원할 것 같았습니다. 하지만 해커들은 그렇게 생각하지 않았습니다. 관리자가 없는 한밤중에 중앙 컴퓨터를 해킹하던 해커들은 '모든 사람이 자신만의 컴퓨터를 가지는' 미래를 꿈꾸었습니다.

기술이 발전하면서 부품 가격이 저렴해지고 크기도 작아지자 결국 해커들은 자신들의 꿈을 현실로 만들 수 있게 되었습니다. 70년대에 직접 컴퓨터를 조립하던 해커들 중에서 기술적으로 뛰어나고 상업적으로도 성공한 자들이 나타났습니다. 그중 가장 두각을 나타낸 두 사람이 있었는데 바로 스티브 워즈니악과 스티브 잡스였습니다.

그들이 만든 PC는 업계에 혁명적인 변화를 가져왔습니다. 기업의 전산실에서 중요한 업무에만 사용할 수 있는 물건이라고 생각하던 컴퓨터를 책상 위에 놓고 사용할 수 있게 되자 전 세계 사람들이 흥분을 감추지 못했습니다. 가격도 비싸지 않았고 사용법도 간단했으며 성능도 우수했습니다. 고귀한 대접을 받던 컴퓨터가 애플 때문에 누구나 구입할 수 있는 평범한 가전제품이 될 수 있었습니다.

애플II 천재 컴퓨터 엔지니어 워즈니악은 최소한의 하드웨어로 완벽한 기능을 구현해냈고 잡스는 아름다운 디자인으로 제품의 완성도를 높였습니다. 애플 컴퓨터는 대중적인 PC 시장을 창출했고 그 선두에서 화려한 성공을 거두었습니다.

PC는 중앙집중식 컴퓨팅 개념에 대한 정면 도전이었습니다. PC로 인해 고성능 컴퓨터를 사용자들이 나누어 썼던 전통 방식에서 벗어나 값싼 하드웨어를 개인이 독점해서 사용하는 방식이 대중화되었습니다. 그 후 이 두 방식은 오랜 세월에 걸쳐 싸워왔고 집중과 분산, 독점과 자유와 같은 주제는 컴퓨팅 분야의 영원한 화두가 되었습니다.

컴퓨터 게임과 간단한 프로그램 위주로 사용되던 PC는 그 후 하드웨어 기능이 확장되고 성능이 높아짐과 동시에 사무용 프로그램이 출시되면서 기업 시장으로 침투하기 시작했습니다. 위협을 느낀 IBM은 드디어 PC 시장에 참여하기로 결정합니다. 그러나 그들은 PC의 성장 가능성에 대해 오판을 하고 있었습니다. 때문에 ICT 역사상 가장 뼈아픈 실책을 범하게 됩니다. 바로 CPU와 운영체제를 외주업체에 위탁한 것입니다. 이 결정적인 실수 때문에 ICT 업계는 인텔과 MS라는 두 깡패 기업의 손아귀에 장악되고 말았습니다.

〈1984〉 광고 애플은 매킨토시를 출시하면서 IBM을 겨냥한 이미지 광고를 내보냅니다. 제복 같은 양복과 푸른 셔츠로 상징되는 IBM맨들이 만든 PC에 대항하여 사용자 친화적인 매킨토시를 부각시키는 광고였습니다. 하지만 그들은 표적을 잘못 선정했습니다. PC 시장의 주도권은 인텔과 MS로 넘어가고 있었기 때문입니다.

IBM PC는 IBM조차도 당황할 정도의 놀라운 성공을 거둡니다. 곧 복제품이 만들어지기 시작했고 인텔과 MS는 복제품 시장을 바탕으로 엄청난 매출을 기록합니다. 인텔은 이후 PC용 CPU 시장을 독점하면서 경쟁 업체를 죽이기 위해 끝없는 만행을 저지릅니다. 인텔의 횡포를 견디다 못해 법에 호소한 또 다른 CPU 제조업체 AMD의 소송 문서를 읽어보면 그 처절함에 눈물이 날 지경입니다. 공정거래를 보장한다는 미국에서도 독점 기업이 자신의 이익을 지키기 위해서 경쟁 상대를 괴롭힐 수 있는 수많은 방법이 있었던 것입니다.

리베이트 악용	델, 소니, 도시바, 게이트웨이, 히타치 등 주요 고객들에게 리베이트를 지급하고 차별화 된 가격을 제시하며 마케팅 보조금을 지원을 하는 대신 인텔에 대한 독점 거래를 강요. 2002년, 23%였던 소니의 AMD CPU 사용량이 0%로 하락.
협박	AMD와 거래했다는 이유로 컴팩에 서버칩 납품을 중단. AMD CPU 구매를 중단할 수밖에 없었던 컴팩 CEO는 "머리에 총이 겨눠진 심정"이라고 발언.
	극히 일부에 불과한 AMD 제품 때문에 비싼 대가를 치러야 했던 게이트웨이 임원은 인텔이 자신들을 '무른 과일을 짓이기듯' 마구잡이로 압박했다고 주장.
	대만의 거대 PC 제조 업체 에이서에 AMD용 제품을 출시할 경우 '가혹한 결과'를 초래할 것이라고 위협하며 사전 설명 없이 예정된 개발자금 지급을 보류. 결국 에이서는 AMD 제품 출시 계획을 포기.
권력 남용 및 조작	DRAM 기술 컨소시엄에 AMD 참여를 거부.
	자신들이 만든 컴파일러를 AMD 제품에서 사용할 때 성능이 저하되도록 의도적으로 조작.

인텔의 만행 인텔은 리베이트 악용, CPU 공급 중단과 같은 위협, 경쟁업체와 거래하는 업체들과의 합작법인 중단과 같은 방법으로 독점을 유지했으며 유통업체에 대해서는 인텔 제품만 판매할 것을 강요했습니다. 표의 내용은 AMD의 고소장에 적힌 수많은 사례 중 대표적인 사례를 뽑은 것입니다. 인텔은 반독점, 반경쟁 행위, 공정거래법 위반

으로 EU와 뉴욕 주, 그리고 한국에서 기소를 당했고 AMD에도 제소를 당했습니다. 5년여를 끌어온 재판은 인텔이 AMD에 12억 5천만 달러를 지급하기로 함으로써 종결되었습니다.

CPU라는 하드웨어를 독점한 인텔과 달리 운영체제를 독점했던 MS는 좀더 많은 경쟁자와 싸워야 했습니다. 이미 자신이 만든 베이직 컴파일러를 복사해 공짜로 사용하는 해커들과 저작권 논쟁을 치른 바 있는 빌 게이츠는 도스 운영체제로 엄청난 성공을 거두고 있었지만 언제 누가 자신을 위협할지 모른다는 두려움에 사로잡혀 있었습니다. 사실 제대로 된 아이디어만 있으면 기업을 일으키는 데 필요한 자금 확보가 쉬운 미국에서 그런 걱정은 괜한 것이 아니었습니다. 빌 게이츠가 가장 두려워했던 것은 차고에서 뭔가 새로운 것을 만들고 있는 젊은이들이었습니다. 여태까지 정상을 달리는 ICT기업들이 하나같이 차고에서 회사를 시작했다는 공통점이 있었으니까요.

MS는 여러 도스 호환 제품과 IBM의 운영체제 전환 시도로 인해 어려움을 겪고 있었지만 그들에게 가장 강력한 공격을 한 곳은 애플이었습니다. 제록스 연구소에서 개발한 그래픽 인터페이스를 흉내 낸 애플 제품이 출시된 것입니다. 상상도 못 할 제품에 충격을 받은 MS는 서둘러 윈도우 개발 계획을 발표합니다.

이것이 소위 베이퍼웨어 vaporware 전략의 시작이었습니다. 아직 만들어지지도 않은 상상 속의 제품을 미리 홍보함으로써 사용자들이 경쟁 제품 구입을 망설이게 만듭니다. 실체가 없는 '수증기 같은 소프트웨

어' 라는 뜻의 베이퍼웨어 전략은 점유율 높은 업체가 경쟁 회사의 새
로운 제품을 죽이는 가장 효과적인 방법이었습니다.

매킨토시 애플 리사 컴퓨터의 실패 이후 출시
된 애플 컴퓨터. 혁신적인 그래픽 유저 인터페
이스와 마우스 입력 장치는 텍스트 위주의 PC
환경에 일대 혁신을 가져왔습니다. 이 탁월한
매킨토시의 사용자 환경은 아직까지도 큰 변화
없이 PC 인터페이스를 지배하고 있습니다.

베이퍼웨어는 어차피 상상 속의 제품이기 때문에 그 시점에선 불가
능한 기능도 마음대로 추가할 수 있었습니다. 경쟁 업체를 죽이는 것
이 목적이므로 사용자가 솔깃할 만한 것은 모두 구현해주겠다고 장담
합니다. 시간이 지나면서 처음에 약속했던 기능이 하나둘씩 빠지고 결
국 평범하기 이를 데 없는 제품이 출시됩니다. 그래도 아무 상관이 없
습니다. 이미 경쟁 업체는 망하고 난 후니까요.

개발 발표에서 2년이 지난 후 출시된 윈도우1.0은 형편없는 제품이
라 아무도 사용하지 않았습니다. 그러나 빌 게이츠는 또다시 매킨토시
를 능가할 기능을 가진 윈도우2.0 출시를 약속했고 사용자들은 자신
들의 IBM PC의 하드웨어에 매킨토시 같은 소프트웨어를 쓸 수 있을
것이란 희망에 부풀어 지갑을 닫은 채 오랜 세월을 기다려주었습니다.

출시와 동시에 완성된 모습을 보여준 매킨토시와 달리 MS는 긴 세

월을 지나 윈도우 3.0에 와서야 겨우 쓸 만하게 되었다는 소리를 들을 수 있었습니다. 하지만 초기 매킨토시 정도의 완성도를 보여준 윈도우 95를 쓰기 위해서는 또다시 오랜 세월이 필요했습니다. 애플의 컴퓨터는 언제나 미적으로 완성되어 있었고 사용자들의 감탄을 자아냈지만 윈도우는 여전히 아무런 감동이 없는 그저 그런 제품으로 취급받고 있습니다.

하지만 그들의 베이퍼웨어 전략은 너무도 성공적이었습니다. IBM PC와 도스 운영체제를 쓴다는 이유로 어쩔 수 없이 MS 제품을 사용할 수밖에 없는 사람들은 그들의 볼모가 되어 결국 윈도우를 써야 했습니다. MS는 언제나 점유율이라는 무기와 호환성이라는 멍에를 활용하여 수많은 경쟁 제품을 죽여왔습니다. 애플은 매킨토시 판매 부진으로 인해 내분이 일어났고 끝내 창업자 워즈니악과 잡스를 떠나보냅니다. 서로 헤어진 애플과 잡스는 힘을 잃어버린 채 IT 최전선에서 물러나 절치부심의 세월을 보내야 했습니다.

MS의 만행들

애플과의 경쟁에서 승리한 후 MS는 승승장구하기 시작했습니다. 경쟁하던 호환 운영체제를 몰아내고 IBM의 운영체제 변경 계획과도 싸워서 승리합니다. 인텔 또한 IBM과 결별하고 스스로 PC 시장의 주인으로 행세합니다. 80년대 후반은 엄청나게 커진 IBM PC 호환 시장에서

두 업체의 횡포가 극에 달한 시기였습니다. MS의 가장 큰 수익원이었던 오피스 제품은 윈도우의 전폭적인 지원 속에 경쟁 제품들보다 앞서 나갔습니다. 이렇게 그들은 응용 프로그램 분야에서도 두각을 나타냈으나 그 과정은 별로 아름답지 않았습니다.

사라진 소프트웨어들　한때 사용자들의 사랑을 받았으나 MS의 질투로 인해 우리에게서 멀어진 제품들. 

MS는 경쟁을 위해서는 공짜에 가깝게 제품을 뿌리는 짓도 서슴지 않았지만 일단 경쟁에 승리하고 나면 그동안 챙기지 못했던 이익을 복구하기 위해 무자비한 가격 상승을 하곤 했습니다. 상대적으로 가격이 싼 한글 오피스도 흔글이 공문서용으로 사용되지 않는 순간 그들이 부르는 대로 값을 지불해야 할 것입니다.

　MS는 윈도우에서 실행되는 어떤 프로그램이라도 사용자 수가 많아지고 중요한 제품이 되기 시작하면 경계를 했습니다. 일단 위협이 된다고 판단하면 경쟁 제품의 기능을 그대로 베낀 제품을 출시합니다. 사용자들의 외면을 받아도 아랑곳하지 않고 끊임없이 버전을 올리며 기능을 개선합니다. 쓸 만하게 될 때까지는 오랜 시간이 필요하지만 막강한 자금력이 있기 때문에 손해를 감수하더라도 상대 제품을 이길 때까지 지원을 계속했습니다. 회사의 지명도를 등에 업은 제품이 끼워팔기 형식으로 배포되었고 대개는 바탕 화면에 기본으로 깔려 있기 때문에 점차 사용자들은 MS의 제품에 길들어지게 됩니다. 경쟁 제품은 불리한 상황에서 살아남기 위해 노력하다가 결국 결정적인 무리수를 두게 되고 그 때문에 끝내 몰락하고 맙니다. 여태까지 PC 분야의 점유율 높은 프로그램들이 이런 과정을 거쳐 사라졌습니다.

새로운 운영체제와 동시에 발표되는 MS의 응용 프로그램에 맞서 싸울 수 있는 업체는 없었습니다. 윈도우 운영체제와 유기적으로 통합된 소프트웨어의 편리함을 이길 수도 없었습니다. 돈 되는 분야는 모두 자기들이 하겠다고 나서는 MS의 탐욕을 저지할 수 있는 업체도 없었습니다. 결국 윈도우용 소프트웨어 개발이란 MS에 먹잇감을 갖다 바치는 행위가 되고 말았습니다.

그리하여 PC 시장은 완벽하게 MS에 장악되었습니다. 윈도우는 백퍼센트에 가까운 점유율을 달성했고 전 세계 모든 사무실에서 오피스를 썼으며 개발자들은 MS의 통합 개발환경에서 개발을 했습니다.

MS는 이에 만족하지 않고 서버 시장을 넘보기 시작했습니다. 윈도우NT를 내세워 서버 시장에 진입해 들어갔는데 NT 서버는 그때까지 비싼 가격에 팔리던 유닉스 서버에 대한 강력한 대안이었습니다.

윈도우NT 사용자 친화적인 유저 인터페이스를 갖추고 있었기 때문에 누구나 쉽게 사용할 수 있었고 전문 관리자가 필요 없어 유지비용이 적게 들었습니다 서버에 필요한 다양한 소프트웨어도 구비하고 있었으며 유닉스 서버 프

로그램에 비해 싼 가격에 판매가 되었습니다. 무엇보다도 PC 하드웨어를 사용한 서버는 하드웨어 가격을 획기적으로 낮출 수 있었습니다.

윈도우NT 서버의 공격을 받은 유닉스 진영은 무기력하게 점유율을 잃고 있었습니다. 규모가 크지 않은 업체의 파일서버 등은 윈도우NT 서버로 대치되었고 유닉스 전용 프로그램들 또한 윈도우NT에서도 동작하게 다시 만들어짐으로써 유닉스 워크스테이션들이 윈도우NT 머신으로 대치되었습니다.

윈도우NT는 점차 성능이 높아지는 PC 서버를 등에 업고 고성능 서버 시장까지 위협하기 시작했습니다. 이제 그들에게 유닉스 서버 시장 잠식은 시간문제로 보였습니다. 그러나 이때 뜻하지 않은 곳에서 복병이 나타났습니다. 바로 리눅스란 새로운 개념의 운영체제였습니다.

유닉스의 변종 리눅스의 도전

컴퓨터 사용방식에는 중앙집중식 컴퓨팅과 PC 같은 단일 컴퓨팅 방식이라는 두 가지 외에 또 다른 방법이 있었습니다. 클라이언트 서버 모델이라고 불리는 제3의 방식은 키보드와 모니터에 불과했던 중앙집중식의 단말기에 비해 클라이언트라고 불리는 지능이 높은 단말기가 사용되었습니다. 또 PC 안에서 모든 작업을 완료하는 방식과 달리 서버 쪽에 좀더 많은 작업을 분산 처리하도록 했습니다. 클라이언트 컴퓨터가 사용자와 대화하면서 작업을 처리하고 필요한 부분을 서버에 요청하면 그에 따른 결과를 다시 전송해줍니다.

이런 분산 처리는 중앙집중식에 비해 낮은 성능의 서버들을 사용할 수 있었기 때문에 비용 측면에서도 많은 장점이 있었습니다. 유닉스는 원래부터 이런 용도로 개발된 것으로 클라이언트 서버 방식의 컴퓨팅 분야에서 지배적인 점유율을 가진 운영체제였습니다.

유닉스 머신들은 기본적으로 네트워크로 묶여 있어 서로 자유로운 통신이 가능했는데 그 때문에 메일 교환, 파일 송수신, 게시판 같은 서비스들이 활성화되어 있었습니다. 이미 인터넷은 유닉스 서버를 기반으로 하여 전 세계에 퍼져 있었으나 이런 서비스들은 각각 전용 프로그램을 사용해야 쓸 수 있어 사용이 쉽지 않은 탓에 주로 전문가들만 쓰는 숨겨진 영역이었습니다.

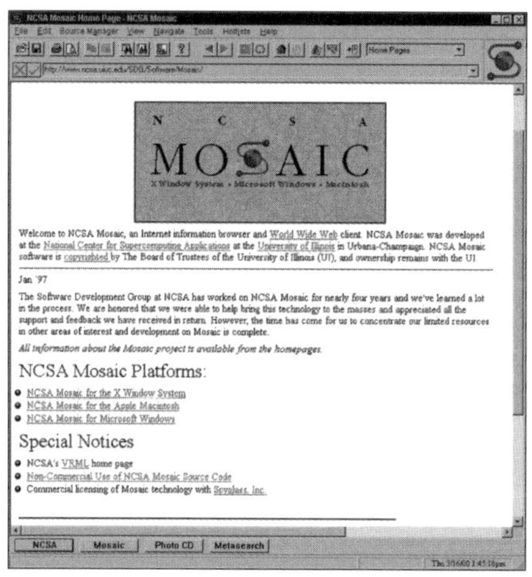

모자이크 인터넷의 대중화를 가능케 하여 인간의 생존 방식을 바꾸어버린 혁명적인 프로그램. 웹 브라우저가 열어준 인터넷은 인류에게 전화나 텔레비전보다 더 큰 영향을 미쳤습니다. 한편 모자이크 개발자

마크 앤드리슨은 웹의 인기를 바탕으로 넷스케이프 ^{Netscape}를 창업하여
인터넷의 성공 신화를 썼지만 MS의 공격을 피할 수는 없었습니다.

이때 각각의 서비스를 묶고 누구나 쉽게 사용할 수 있는 그래픽 유
저 인터페이스를 가진 웹 브라우저가 출현합니다. 웹 브라우저로 인해
일반인들도 인터넷에 접근할 수 있어 곧 사용자의 폭발적인 증가를 가
져왔고, 이런 기능을 기본으로 가지고 있던 유닉스는 때 아닌 호황을
맞이합니다.

하지만 유닉스 서버는 상대적으로 고가였습니다. 그에 비해 인터넷
의 초기 서비스는 큰 부하가 걸리지 않았기 때문에 PC 서버에 올린 윈
도우NT로도 감당할 수 있었습니다. 곧 윈도우NT가 대세를 점하며 인
터넷 서버 시장을 먹어치우기 시작했습니다. 유닉스 진영은 안정성을
무기로 싸우고 있었지만 비싼 가격 때문에 역부족이었습니다.

이때 해커들이 재등장합니다. 윈도우가 PC 시장을 장악한 뒤 갈 곳
을 찾지 못하던 해커들은 리누스 토발즈라는 핀란드 대학생이 만든 리
눅스를 보고 환호성을 질렀습니다. 소스코드까지 무료로 공개하고 누
구나 마음대로 고칠 수 있도록 허용한 오픈 소스 운영체제인 리눅스는
해커에게는 최상의 장난감이었습니다. 곧 전 세계의 수많은 해커들이
자신들의 실력을 뽐내기 위해 리눅스에 달라붙었습니다. 리눅스는 인
터넷이란 네트워크 속에서 열린 개발 방식을 택한 최초의 운영체제였
습니다. 집단 지성의 위대한 힘은 곧 유닉스의 변종인 리눅스를 윈도
우NT에 대항할 가장 훌륭한 대항마로 떠오르게 만들었습니다.

리눅스로 작동 중인 인터넷 서버
리눅스는 인터넷의 혜택을 가장 많이 입은 운영체제입니다. 개발도 인터넷을 통해 진행되었고 그 인터넷을 받치고 있는 서버도 거의 다 리눅스가 사용되었습니다. 한때 리눅스 소스코드 전송이 인터넷 트래픽의 대부분을 차지한 적이 있을 정도였습니다. 리눅스는 출현한 이래 점유율이 떨어진 적이 없이 초고속으로 성장 중이며 그 추세는 지금도 계속되고 있습니다.

한 개의 버그라도 발견되면 그 사실은 인터넷에서 즉각 이슈가 되고 모든 개발자들이 경쟁적으로 그 문제를 고치려고 노력합니다. 누가 가장 먼저 가장 우아한 방법으로 버그를 해결했는지를 보고 서로의 실력을 가리는 것이 해커의 전통이었기 때문에 그 영광을 차지하기 위해 그들은 아무런 대가를 바라지 않고 개선 작업에 헌신하곤 했습니다.

리눅스는 또 자유 소프트웨어 재단FSF, Free Software Foundation의 최대 수혜자였습니다. 이 재단은 소프트웨어 개발의 자유를 주장하며 유닉스에 사용되는 프로그램과 동일한 소프트웨어를 개발하여 무료로 제공하고 있었습니다. 그들도 유닉스와 호환되는 커널을 만들고 있었으나 폐쇄적인 개발 방법을 사용한 탓에 오랜 시간이 걸렸고 완성도도 떨어져 별 진전이 없었습니다. 리누스 토발즈는 그들이 만들지 못한 유닉스 호환 커널 초기 버전을 독자적으로 만들어 시동을 걸었고 곧 수많은 지원자들의 도움으로 필요한 모든 기능을 갖춘 운영체제를 완성시킬 수 있었습니다. 리눅스는 해커들이 인터넷을 통한 공동 작업으로 완성시킨 위대한 작품이었습니다.

자유 소프트 재단의 GNU 프로젝트 리차드 스톨만이라는 천재 해커가 주도한 자유 소프트 운동. 자유 소프트 재단은 인류가 서로 지혜를 나눔으로써 발전해왔듯이 소프트웨어 또한 자유로운 배포와 수정을 허용해야만 품질이 개선될 수 있다고 주장합니다. 때문에 그들이 만든 소프트웨어는 소스까지 무료로 제공되며 반대로 소스를 제공받은 사람은 어떤 개선을 했더라도 그 결과물도 무료로 누구에게나 제공해야 하는 의무를 가집니다. 이 원칙 때문에 GNU 소프트웨어는 끝없는 발전이 가능해졌고 실제로도 그 어떤 소프트웨어보다 우수하다는 평가를 받고 있습니다.

리눅스는 공식적으로 유닉스라고 이름 붙일 수 없었지만 분명히 유닉스의 한 종류였습니다. 아니 가장 발전된 유닉스라고 말할 수 있었습니다. 해커들의 주도하에 리눅스는 인터넷 서버 시장에 침투하기 시작합니다. 값싼 PC 서버에서 안정적으로 동작할 뿐 아니라 소프트웨어, 개발 툴, 인터넷 서비스 프로그램도 모두 무료였습니다. 도움이 필요한 관리자는 전 세계의 리눅스 커뮤니티에서 최상의 조언을 실시간으로 제공받을 수 있었습니다. 또한 리눅스 서버는 여러 대를 엮어 고성능을 내도록 만드는 데 최적화되어 있어서 대형 사이트를 구축하는 데에도 아무런 문제가 없었습니다.

리눅스가 인터넷 시대에 최적화된 서버 운영체제임이 증명되고 나자 타 운영체제들이 피해를 받기 시작합니다. 우선 고가의 유닉스들이 직접적인 타격을 받았습니다. 유닉스 서버들은 신뢰성이 중시되는 금융권 정도를 제외한 모든 시장을 잃고 말았습니다.

유닉스 제품들 유닉스 서버 제조사들은 리눅스 때문에 시장을 잃고 하나둘씩 망해갔습니다. 돈을 받고 팔던 유닉스들도 무료로 전환하거나 사라졌습니다. 리눅스는 유닉스 서버가 고가일 필요가 없다는 사실을 적나라하게 까발렸고 가격과 효율성이 중시되는 인터넷 서버 시장을 순식간에 점령해버렸습니다.

윈도우NT도 심각한 타격을 받고 저가 서버 시장을 잃어갔습니다. 유닉스에 비해 싼 가격을 무기로 했던 윈도우 서버는 공짜로 제공되는 리눅스 서버를 이길 수 없었습니다. MS는 리눅스 관리비용을 거론하며 유닉스에 경험이 없고 윈도우만 사용할 줄 아는 값싼 인력으로도 서버를 관리할 수 있어 총 유지비용에 이점이 있다는 논리를 내세웠습니다. 하지만 이것은 역설적으로 윈도우NT의 최대 약점이 되었습니다. 윈도우NT는 특정 작업만을 하는 개별 서버로 쓸 때는 편리하지만 수십, 수백 대를 엮어서 고성능을 내야 하는 분야에서는 많은 어려움을 겪어야 했기 때문입니다.

지금도 윈도우NT로 서비스를 시작했던 업체들 중 사이트가 커지면서 리눅스로 개편할 시기를 놓친 곳들은 사이트 안정성에 심각한 문제를 가지고 있습니다. 인터넷 서버 운영 경험이 많아지면서 결국 윈도우NT는 작은 규모의 서비스 정도만 가능한 것으로 증명되어 대형 사이트에서는 퇴출되고 있으며 그 때문에 점유율이 정체되었고 현재는 리눅스에 역전당하는 추세입니다.

PC 시장뿐만 아니라 서버 시장까지 장악하겠다는 야심을 드러내던 MS는 리눅스의 공격을 받은 후 방어적인 태도로 바뀌었습니다. 윈도우NT가 여러 CPU를 지원하도록 하겠다던 계획을 철회하고 인텔 CPU에만 집중하는 정책으로 선회하여 PC 시장 수성에 전력하게 되었습니다.

구글 안드로이드폰 리눅스의 오픈 소스 정책은 세상의 모든 CPU를 지원할 수 있게 한 원동력이었습니다. 세상에 나와 있는 모든 CPU는 해커들의 개인적인 노력으로 리눅스 지원이 가능하게 되었습니다. 기존 메인 프레임뿐만 아니라 슈퍼컴퓨터, 유닉스 서버들도 대부분 리눅스가 탑재되었고 공유기, 셋톱박스, 텔레비전, 게임기 그리고 휴대폰에까지 리눅

스가 깔리게 되었습니다. 현재 PC를 제외한 거의 모든 컴퓨터는 리눅스로 통일되었습니다. 현 시점에서 세상을 지배하는 운영체제는 리눅스라고 확실히 말할 수 있습니다.

　리눅스는 오랫동안 PC에 침투하기 위해 노력해왔습니다. 하지만 리눅스의 개방성, 자유라는 장점이 PC 분야에서는 단점으로 작용했습니다. 사용자 인터페이스 분야에서 자유는 혼란과 복잡함을 주었습니다. 리눅스 시스템에는 다양한 그래픽 환경이 만들어져 있습니다. 한 회사가 독점할 수 없는 리눅스의 특성상 수많은 업체들이 자신들만의 리눅스 사용 환경을 제공하는데 저마다 사용법이 달라서 어려움을 겪고 있습니다. 프로그램 제작자들은 이런 환경을 모두 만족시킬 수 없어 호환성에 문제가 발생하고 있습니다. 본능적으로 독점을 싫어하는 해커들은 호환성에 무관심하기 때문에 이런 점이 리눅스 데스크톱 점유율 상승을 가로막는 장해물이 되고 있습니다.

ubuntu 우분투 Ubuntu　사용이 불편하다는 단점을 해결하기 위해 사용편의성에 가장 중점을 둔 리눅스 배포본. 윈도우보다 더 설치하기가 쉬우며 안정적입니다. 윈도우나 오에스텐 OSX 보다 더 앞선 개념의 데스크톱 매니저가 있지만 아직도 본격적인 작업을 위해서는 텍스트 모드의 터미널을 띄우고 타이핑을 해야 합니다. 그러나 발전 속도를 볼 때 좀더 시간이 지난다면 사용자들이 윈도우보다 리눅스를 더 선호하는 날이 올지도 모릅니다.

그러나 드디어 이런 문제를 해결한 제품이 나타났습니다. 유닉스를 기본으로 하여 안정적이며 단일한 그래픽 환경을 제공하고 프로그램들은 일관된 방식으로 동작하도록 제한한 유닉스 운영체제가 등장한 것입니다. 바로 애플의 오에스텐OSX 운영체제였습니다. 애플에서 쫓겨난 스티브 잡스가 오랜 세월 동안 가다듬어온 넥스트스텝이라는 최첨단 운영체제가 애플과 화학적으로 결합하여 탄생한 것이었습니다. 잡스와 애플은 안정적이고 사용이 편리하면서도 화려하고 아름다운 오에스텐으로 운영체제 전쟁에 다시 참여할 수 있게 되었습니다.

세상에 모든 것을 잘할 수 있는 기술은 없습니다. 각자 자신의 장점을 발휘하여 전문 분야를 만들고 거기서 최선의 성과를 얻어내는 것이 최대 목표일 것입니다. 리눅스는 사용자 인터페이스가 중요시되지 않는 분야에서 장점이 발휘되고 있습니다. 윈도우는 수많은 하드웨어와 소프트웨어 지원을 받는 호환성을 무기로 PC 분야를 장악하고 있습니다. 오에스텐은 하드웨어와 결합한 일관된 사용법을 가진 아름다움으로 사랑받고 있습니다. 이들은 서로 남의 영역을 넘보고 있지만 이를 위해서 자신의 장점을 포기하는 순간 자기 분야의 점유율마저 잃어버리고 전쟁에서 도태될 가능성이 높습니다.

MS는 모든 것을 가지고 싶어했지만 이미 장악하고 있는 PC 시장 이외에 서버 시장 일부를 가지는 정도에 만족하고 휴전을 했습니다. MS를 위협하는 또 다른 무시무시한 적이 나타났기 때문입니다. 그것은 넷스케이프라는 웹 브라우저와 자바라는 새로운 프로그래밍 환경이었습니다.

넷 스 케 이 프 와 자 바 의 공 격

작업을 분산 처리하는 클라이언트 서버 모델의 성공으로 일부 메인 프레임 시장을 제외하고는 중앙집중식 컴퓨팅 모델이 사라져버렸습니다. 인터넷이 중심이 된 웹 서비스 환경은 이 경향을 가속화하여 PC 또한 클라이언트 서버 환경의 지능형 단말에 불과하게 만들었습니다. 데이터와 프로그램 모두를 PC에 저장해놓고 작업하던 환경이 웹 브라우저와 인터넷 서버의 분산 작업 환경이 된 것입니다.

사실 대부분의 사용자들은 컴퓨터를 켜면 웹 브라우저를 띄우고 나서 마우스를 사용해 인터넷을 사용하는 것이 대부분입니다. 컴퓨터를 끌 때까지 키보드를 한 번도 쓰지 않는 경우도 많습니다. PC에서 하는 작업도 문서를 작성하거나 사진을 보고 음악을 듣거나 동영상을 보는 정도에 그칩니다.

이런 상황이 되자 웹 브라우저 업체들은 자신들이 PC를 대체할 수도 있겠다는 상상을 하기 시작합니다. 결국 그들은 웹 브라우저 안에서 인터넷 사용뿐만 아니라 문서 작성을 포함한 대부분의 작업을 가능하게 해주겠다고 나서게 됩니다. 그렇게 되면 컴퓨터가 꼭 인텔 CPU를 사용할 필요도 없고 윈도우 운영체제일 필요도 없습니다. 어떤 컴퓨터라도 웹 브라우저만 띄울 수 있으면 동일한 환경을 제공할 수 있었기 때문입니다.

여기에 자바도 가세했습니다. 자바는 자체적으로 가상 머신^{virtual} ^{machine} 방식으로 작동하기 때문에 한번 프로그램을 만들어놓으면 어떤 컴퓨터에서도 실행할 수 있다는 장점이 있었습니다. 또한 기본적으로 훌륭한 프로그래밍 언어였기 때문에 웹 브라우저가 지원해주지 못하는 기능을 손쉽게 추가할 수 있었습니다. 이제 웹 브라우저와 자바 가상 머신만 있으면 윈도우와 PC 환경에서 벗어날 수 있는 인터넷 컴퓨팅 시대가 도래한 것입니다.

오라클사의 회장 래리 엘리슨
1990년대 중반에 오라클 등에서 네트워크 컴퓨터^{NC, Network Computer}

라고 부르는 '가벼운 클라이언트 ^{thin client}' 제품들이 출현했습니다. 마케터들은 PC를 다이어트해서 최소한의 기능만 남긴 값싼 제품으로도 서버의 도움을 받아 PC보다 더 나은 환경을 제공하겠다고 약속했습니다. 이것은 인터넷 시대에 다시 부활한 중앙집중식 컴퓨팅의 변종이라고 할 수 있습니다. 개념은 훌륭했고 의욕은 넘쳤지만 아직 때가 아니었습니다. 이 제품을 사용해본 사람들의 불평이 심했기 때문에 그들은 아무런 성과도 내지 못하고 조용히 사업을 접어야 했습니다.

MS는 언제나 강자답지 않게 조심성이 많았습니다. 어떤 새로운 개념이나 제품이 나타나더라도 절대로 무시하는 법이 없었습니다. 세상을 지배하는 것은 기술적으로 우수한 제품이 아니란 것을 그들은 잘 알고 있었습니다. 일시적인 유행이나 사기에 가까운 마케팅 구호로도 대세가 바뀔 수 있음을 깨닫고 있었습니다. 그래서 그들은 새로운 기술이 나타나면 언제나 한 발을 담근 채 별것 아니란 판단이 들 때까지 지켜보거나 위협이 될 만하면 이를 추격해서 승리하려고 했습니다. 끝내 그럴 수 없다면 그 기술을 죽이려 노력했습니다.

이를 위해서 MS가 사용한 또 다른 중요한 방법은 확장과 은폐 전략이었습니다. 그들은 웹 브라우저가 미래의 적이 될 거라고 판단하고 시장에 뛰어들어 자신들의 웹 브라우저를 무료로 제공했습니다. 윈도우 바탕화면에 기본으로 배치한 후 사용자 마음대로 삭제할 수 없도록 만들었습니다. 또한 넷스케이프의 기능을 지원함과 동시에 자신들의 고유한 기능도 추가해 넣었습니다. 그 후 MS의 모든 프로그램은 인터넷 익스플로러의 고유 확장 기능만을 지원했습니다. 사용자들은 점차 익숙한 프로그램과 통합되어 동작하는 익스플로러를 쓰게 되면서 인기 있던 넷스케이프를 외면하기 시작했습니다.

점차 MS의 인터넷 익스플로러는 표준을 무시하고 자신만의 방식으로 웹 페이지를 보여주기 시작했습니다. PC 시장의 대부분을 장악하고 있던 윈도우의 기본 웹 브라우저였기 때문에 이 전략을 이길 수 있는 경쟁 제품은 없었습니다. 세상을 놀라게 만들었던 넷스케이프는 결국 점유율을 잃고 프로그램을 오픈 소스 진영에 무료로 공개한 후 쓸쓸히 경쟁에서 물러나고 말았습니다. 그 후 인터넷 익스플로러의 비표준성은 웹 환경을 왜곡하는 대표적인 문제로 지탄을 받았지만 경쟁자가 사라졌기 때문에 신경 쓸 필요가 없다고 생각한 MS는 오래도록 익스플로러를 개선하지 않고 그대로 방치해두었습니다.

MS는 자바에 대해서도 같은 정책을 취했습니다. 그들은 윈도우용

자바에 표준을 벗어난 고유한 기능을 추가함으로써 자바의 호환성을 훼손하려고 하였습니다. 그러나 자바의 소유권이 있던 업체 썬마이크로시스템즈는 소송까지 하며 이를 막았습니다. MS는 이후 자바에 대한 지원을 의도적으로 줄이며 사용을 불편하게 만들었습니다. 또한 자체적인 자바 변형 프로그래밍 언어를 발표하며 혼란을 조장했지만 자바의 성장을 막지는 못했습니다.

자바는 프로그래밍 언어보다 웹 환경을 제공하는 자바 가상 머신이 더욱 위협적이었습니다. 자바 가상 머신은 어떤 컴퓨터의 어떤 웹 브라우저에서도 동일한 기능을 제공할 수 있기 때문에 윈도우 사용자의 이탈 가능성이 높았기 때문입니다. 자바로 인해 웹 브라우저가 다양한 기능을 발휘할 수 있어 점차 자바 점유율이 높아졌습니다. MS는 이것을 견제하기 위해 액티브 엑스를 만들어냅니다. 비록 윈도우 익스플로러에서만 사용이 가능했지만 복잡하고 화려한 기능을 구현할 수 있었기 때문에 자바의 인기를 잠재우는 데 효과가 있었습니다. 결국 액티브 엑스는 보안 문제가 심각하여 시장에서 퇴출되었지만 아직도 완전히 사라지지는 않고 있습니다.

웹 브라우저 시장을 극복하고 자바의 인기를 제한하는 데 성공한 MS는 오랫동안 인터넷 익스플로러로 인해 웹 환경이 왜곡되는 것을 지켜보고만 있었습니다. 그들은 클라이언트 서버 방식의 컴퓨팅 환경도 믿지 않았고 네트워크 컴퓨팅도 원하지 않았습니다. 그저 사용자들이 PC를 구입하여 윈도우를 깔고 오피스를 쓰는 상태만을 원할 뿐이었습니다. 인터넷은 이런 PC 환경의 보조적인 역할에 그쳐야 한다고 믿었습니다.

이런 그들의 의도는 늘 성공적이었습니다. 검색 사이트였던 야후도 포털로 변화한 후 더 이상 MS의 위협이 되지 않았습니다. MS는 자신들을 위협하지 않는 한에서 그들의 성장을 견제하지 않았습니다. 대신 인기가 없더라도 비슷한 서비스를 만들어두고 미래를 대비했습니다. 만약 특별한 업체가 필요 이상으로 거대해지면서 그들에게 도전해온다면 곧 자신들의 서비스에 자원을 투입하여 그들을 몰락시키기 위해서였습니다.

MS 네트워크 MS에게 웹은 윈도우를 위한 정보 제공소에 불과했습니다. PC와 윈도우를 쓰는 사람들이 모여서 웃고 즐기며 뉴스를 보는 환경이며 그저 데스크톱의 보조적인 도구이기를 바랄 뿐이었습니다.

이런 전략은 오래도록 성공적이었습니다. 더 이상 업계에 MS를 위협할 자들은 보이지 않았습니다. 사람들은 여전히 더 높은 성능의 PC를 구매했습니다. 차세대 윈도우 개발은 순항 중이었고 오피스 매출도 상승 곡선을 그리고 있었습니다. 해마다 순이익 기록을 갈아치우고 있었습니다. 빌 게이츠는 이제 ICT업계에는 도전 거리가 남아 있지 않다고 생각하며 은퇴를 대비하고 있었습니다. 바로 그때 일개 검색엔진에 불과했던 사이트가 세상을 바꾸겠다고 나섰습니다. 구글이 출현한 것입니다.

구 글 의   야 망

검색엔진으로서의 구글은 빠르고 정확한 것으로 유명합니다. 다른 웹 페이지에서 많이 참조하는 곳일수록 중요한 웹 페이지일 것이라는 간단한 추론에 기반하여 수집한 모든 페이지에서 링크를 추출하여 통계를 냅니다. 따라서 인기 있는 웹 페이지일수록 검색 결과의 제일 앞에 놓일 확률이 높아집니다.

구글은 또한 검색 속도를 높이기 위해서 많은 노력을 기울였습니다. 전 세계의 어느 검색엔진보다 더 많은 웹 페이지를 검색하기 위해 노력할 뿐만 아니라 최근에는 트위터 글들을 포함한 실시간 검색까지 이루어지고 있습니다.

인터넷 업체로서의 구글은 성장하면서 괴물이 되는 것을 경계하는 특이한 기업입니다. 오픈 소스 프로젝트에 참여하고 자사의 서비스를 경쟁 업체에 개방했으며 독점 소프트웨어를 사들여 무료로 공개해왔습니다. 물론 이런 정책이 검색 점유율 확대에 도움이 되기 때문이라는 비판도 가능하지만 여태까지 어떤 기업도 자발적으로 이런 태도를 취한 적이 없기 때문에 그런 행동들을 하고 있는 구글의 행보가 대단한 것은 분명한 사실입니다.

하지만 구글을 다른 검색업체와 차별화하는 것은 구글의 데이터 수집 정책입니다. 구글은 자기들이 직접 콘텐츠를 소유하려고 하지는 않았지만 검색 효율을 끌어올리기 위해 전 세계의 모든 데이터를 자신들의 서버에 모으기를 원하고 있습니다. 다른 검색 업체들은 웹 페이지에서 필요한 데이터를 추출하고 나면 긁어온 데이터를 지웠습니다. 검색 서버에 최소한의 데이터만 남겨야 저장 공간을 절약하고 유지비용을 줄일 수 있었기 때문입니다. 그러나 구글은 가져온 웹 페이지를 모두 모아두었습니다. 새로운 데이터가 모여도 지난 데이터를 지우지 않았습니다. 세상의 모든 데이터를 자신들의 서버에 저장함으로써 새로운 검색 알고리즘을 신속하게 적용할 수 있어 빠르고 효율적인 검색 처리를 할 수 있을 뿐만 아니라 그 자체가 힘이 된다는 것을 알고 있었기 때문입니다.

그들의 주 수입원은 광고입니다. 광고만 할 수 있다면 나머지에 대해서는 아무런 제한을 두지 않습니다. 안드로이드폰을 밀고 있음에도 아이폰에 자신들의 서비스를 모두 다 제공합니다. 경쟁 스마트폰이라고 기능에 제한을 두지도 않습니다. MS가 허락한다면 그들은 윈도우폰에도 구글의 서비스를 제공할 것입니다.

그들은 또 자신들의 웹 프로그램도 무료로 제공합니다. 문서 작성 프로그램 구글 독스를 웹에서 공짜로 쓸 수 있으며 지도 프로그램 구글 어스, 사진 관리 프로그램 피카사 같은 프로그램까지 무료로 제공합니다. 유튜브에는 제한 없이 동영상을 올릴 수 있으며 구글 지도도 외부 사이트에서 마음대로 가져가서 활용할 수 있습니다.

매시업Mashup **사이트** 매시업이란 인터넷 지도 위에 맛집 표시 등을 함으로써 웹에 있는 정보와 서비스를 융합하여 새로운 콘텐츠를 만드는 것을 말합니다. 전 세계의 호텔을 지도로 찾아주는 서비스를 하고 싶다면 많은 비용을 들여 인터넷 지도 프로그램을 구입해야 하지만 구글

맵스를 사용하면 내 사이트 아에 구글 맵스를 붙이고 그 위에 호텔 정보를 매칭시키기만 하면 됩니다.

구글은 인터넷에서 필요한 기능을 모두 구현하고 그것들을 타 사이트에서 활용할 수 있게 개방하고 있습니다. 이것을 활용하면 아이디어만 가진 사람들이 적은 비용으로 다기능의 사이트를 운영할 수 있게 됩니다. 이것을 '플랫폼'이라고 부릅니다. 타 사이트들은 전용의 프로그램을 만들 필요 없이 구글 플랫폼을 잘 활용하면 됩니다.

구글이 원하는 것은 자신의 플랫폼을 활용하는 사이트들이 늘어나면서 검색 점유율이 높아지는 것입니다. 검색을 구글에 의존한다고 타 사이트가 손해인 것도 아닙니다. 오히려 구글의 검색 링크를 타고 더 많은 사용자가 방문하게 됨으로써 양쪽 다 이익이 됩니다. 이렇게 서로 윈윈할 수 있는 구조를 만들면서 구글은 점차 인터넷의 지배적인 플랫폼이 되어가고 있습니다.

구글이 처음부터 의도한 것인지는 알 수 없지만 이런 개념은 결국 PC 환경을 MS가 경계하고 있던 분산 컴퓨팅 환경으로 끌고 가고 있었습니다. 모든 사람이 당연하게 쓰는 인터넷 플랫폼이 되려면 인터넷을 쓰는 사람들이 구글을 첫 페이지로 사용하게 만들 필요가 있었습니다. 그리하여 구글은 무료로 무선랜을 사용할 수 있게 하고 공짜 웹 브라우저를 제공했으며 구글 안드로이드의 소스코드를 휴대폰 개발사에 대가를 받지 않고 제공했습니다.

구글은 또 크롬 위에서 사용자들이 모든 작업을 할 수 있는 환경을

만들기 시작했는데 이것이 크롬 운영체제로 발전했습니다. 크롬 운영
체제는 클라이언트 서버 컴퓨팅의 최종판이며 신 클라이언트의 완성
이었습니다. 하지만 이것은 마케팅 구호만이 아닌 실현 가능한 제품이
었습니다. 이 모든 것은 구글이 확립한 클라우드 컴퓨팅이란 개념으로
설명할 수 있습니다.

클 라 우 드 컴 퓨 팅

구글은 전 세계 데이터를 모으기 위해 초대규모의 저장 장치와 서버를
운영해왔습니다. 그들이 관리하는 데이터에는 웹 문서뿐만 아니라 사
용자들의 메일같이 결코 사라져서는 안 되는 데이터도 있었습니다. 때
문에 구글에서는 데이터 안전을 위해서 사용자 데이터를 이중화, 삼중
화 혹은 그 이상의 백업을 하고 있습니다.

유지해야 할 데이터가 엄청나게 늘어나면 그만큼 많은 하드웨어가
필요합니다. 이렇게 되면 고장 나는 하드웨어가 반드시 생기기 마련입
니다. 때문에 구글은 일상적으로 하드웨어가 고장 나는 상황에서도 문
제가 없는 저장 구조를 만들었습니다. 이렇게 고장에도 안정적인 하드
웨어들 사이에 데이터가 골고루 분산되어 안전한 상태가 되면 내 데이
터가 분명히 존재하기는 하지만 정확히 어디에 있는지 알 필요가 없게
됩니다. 즉 내 데이터는 저장 장치의 구름 속 어딘가에 있다고 생각할
수 있습니다. 또한 내가 작업을 요청하면 수많은 서버 중에서 여유가

있는 서버가 알아서 처리해주기 때문에 정확히 어떤 서버가 그 일을 하고 있는지 알 필요가 없는 상태, 이것이 바로 '클라우드 컴퓨팅' 입니다.

구글의 지메일, 피카사, 구글 맵스, 구글 독스와 같은 프로그램들은 웹 브라우저와 자바를 활용하여 사용자들이 원하는 작업을 훌륭하게 수행할 수 있습니다. 구글은 리눅스를 기반으로 한 저가형 노트북에 크롬 브라우저를 올려서 이런 작업이 가능한 컴퓨터를 만들겠다는 계획을 발표합니다.

고속 네트워크, 고성능 하드웨어 그리고 다기능 웹 브라우저가 구글 크롬 운영체제의 구현 가능성을 높여주고 있지만 그 무엇보다도 구글 클라우드의 우수한 성능과 안정성이 가장 중요한 성공 요인인 것은 틀림이 없습니다.

MS는 역사상 처음으로 진정으로 자신을 위협할 수 있는 적을 만났습니다. 구글은 모든 부분에서 MS와 부딪치고 있습니다. 검색 분야와 메일 서비스뿐만 아니라 오피스 프로그램과 각종 유틸리티, 웹 브라우저 그리고 윈도우 모바일에 대항하는 구글 안드로이드와 윈도우를 대체하고자 하는 크롬 운영체제, 이 모든 것이 MS에게 심각한 위협이 되고 있습니다.

MS는 이에 대항하기 위해서 자신의 가장 큰 현금 창출원 중 하나인 오피스 프로그램을 웹에서 무료로 사용할 수 있도록 허용했습니다. 핫메일 용량을 지메일 수준으로 올렸고 빙이라는 검색엔진의 점유율 향상을 위해 기술적인 노력뿐만 아니라 마케팅에도 힘을 쏟고 있습니다.

또한 야후를 인수하기 위해 노력한 바 있으며 최근에는 페이스북과 트위터와의 제휴에도 적극적으로 나서고 있습니다.

MS의 문제는 윈도우와 오피스 점유율을 지키는 것에만 관심이 있을 뿐 ICT업계를 선도할 새로운 기술 개발은 전혀 못 하고 있다는 것입니다. 컴퓨터 분야의 기초적인 개념을 완성했을 뿐 아니라 지금도 최첨단 기술 개발에 열중하고 있는 IBM, 아이폰으로 사용자 친화적인 유저 인터페이스의 새로운 혁명을 선도하고 있는 애플, 클라우드 컴퓨팅의 완성을 위해 매진하는 구글, 소셜 네트워크란 신천지를 개척 중인 페이스북에 비하면 MS는 언제나 남들의 기술을 베끼고 있을 뿐이며 점유율을 무기로 사용자들이 이류 제품을 쓰도록 만드는 깡패일 뿐입니다. 엔지니어 입장에서 보자면 MS는 ICT분야의 발전을 가로막는 가장 큰 장해물이자 제일 먼저 도태되어야 할 공적이라고 말할 수 있습니다.

소셜 네트워크의 주역 페이스북의 위력

페이스북은 구글에 필적하는 또 다른 경쟁자이지만 MS는 구글을 죽이기 위해 적과의 동침도 마다하지 않고 있습니다. 그러나 이런 MS의 선택은 페이스북의 파괴력에 비추어 볼 때 어쩌면 더 큰 실수를 한 것일지도 모릅니다.

MS는 페이스북의 지분을 인수하고 오피스의 온라인 버전을 페이스북 안에서 무료로 쓸 수 있도록 개방했습니다. 또한 자신들이 만든 검색엔진 빙에 페이스북의 소셜 검색 기능을 추가했습니다. MS는 페이스북을 구글의 강력한 대항마로 생각하고 있습니다. 싸이월드 국제판에 불과한 것 같아 보이는 페이스북이 왜 이렇게 각광을 받고 있는 것일까요? 그것은 '소셜 네트워크'란 용어로 설명이 가능합니다.

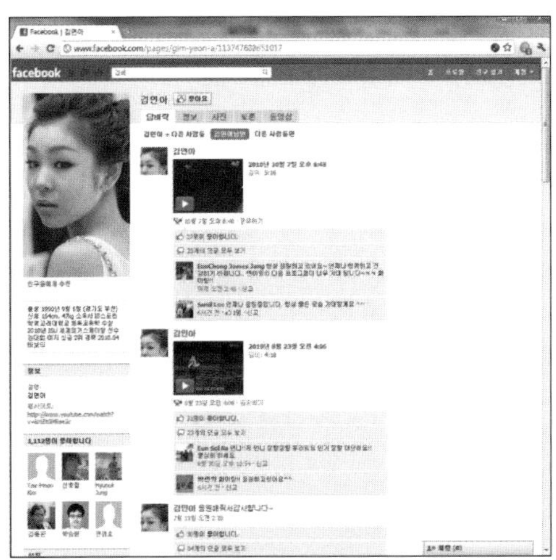

페이스북 페이스북에서는 서로 친구 관계를 맺은 사람들끼리만 교류할 수 있습니다. 친구가 아닌 사람들의 정보는 아무것도 볼 수 없습니다. 때문에 사용자들은 알고 있는 사람들을 적극적으로 끌어들이게 됩니다. 이렇게 아는 사람들과 주고받는 정보는 매우 신뢰성이 높기 때문에 페이스북을 사용할수록 점점 더 빠져들게 만드는 중요한 장점이 됩니다. 페이스북은 유명인의 경우 친구 관계가 아닌 일대다(對多) 관계를 형성할 수도 있게 해주며 사진의 김연아 페이지도 그중 하나입니다.

구글은 모든 작업을 프로그램에 의존합니다. 인간의 개입을 최대한 배제해야 가장 공정한 결과를 낼 수 있다고 믿습니다. 이것은 인터넷의 엄청난 데이터를 처리하기 위해서 필연적으로 선택할 수밖에 없는 당연한 태도입니다. 어차피 기계적으로 처리하지 않으면 불가능한 작업이니까요. 하지만 이런 장점을 치명적인 단점으로 만든 것이 소셜 네트워크입니다.

페이스북은 데이터 가공에 대해 아무런 작업을 하지 않습니다. 그것은 회원들의 몫입니다. 인간관계가 중심인 소셜 네트워크 환경에서 사용자들은 자신의 개인정보와 기호뿐만 아니라 일상적인 경험까지 모두 데이터화합니다. 친구를 찾기 위해서는 어느 학교를 나왔는지 밝혀야 하고 비슷한 취미를 가진 사람들을 만나기 위해서는 무엇을 좋아하는지 공개해야 합니다.

현실 속의 인간관계를 인터넷 공간으로 확장했기 때문에 익명으로 활동하는 여타 사이트와는 엄청난 차별성이 존재합니다. 현실의 평판이 그대로 적용되기 때문에 친구 관계에 있는 사람들의 의견은 거의 대부분 진실한 것이라고 믿을 수 있습니다. 사람들은 어디서 무엇을 먹었는지, 그것이 얼마나 맛있었는지에 대해서 솔직한 의견을 페이스북에 올립니다. 내가 좋아하는 스타의 페이스북을 방문하면 그 기록은 고스란히 남습니다.

이 모든 데이터는 광고주에게 너무나도 매력적인 것들입니다. 페이스북은 프라이버시가 중요시되는 미국에서 자발적인 실명제와 개인정보 공개라는 거의 불가능한 성과를 거두었습니다. 나이, 성별, 지역, 인종,

취미, 기호에 따라 정교한 분류가 가능한 페이스북에서는 효과가 확실한 타깃 광고를 할 수 있기 때문에 광고주들이 몰리기 시작했습니다.

구글에게 없는 이 소셜 네트워크는 페이스북의 가장 강력한 무기입니다. 페이스북은 여기에 더해 자신들도 구글처럼 인터넷 플랫폼이 되겠다는 야심을 드러냈습니다. 페이스북은 자신들의 웹 페이지 안에 타 업체가 프로그램을 올리고 홍보도 할 수 있도록 허용했습니다. 이 정책으로 인해 페이스북은 순식간에 페이스북 사이트 안에서 사용할 수 있는 수많은 프로그램을 확보할 수 있었습니다. 구글은 문서 작성 기능과 기타 유틸리티를 웹에 추가하기 위해 많은 비용을 들였지만 페이스북은 개발비를 부담하지 않고도 이 모든 것을 자신들의 웹 페이지에서 서비스할 수 있게 된 것입니다. 열성적인 외부의 개발자들이 오늘도 페이스북에서 작동하는 수많은 프로그램을 만들고 있습니다.

페이스북의 게임들 소셜 게임은 간단한 농장을 경영하는 것과 같은 단순한 게임들이지만 이웃들과 선물을 주고받고 교류하는 데서 즐거

움을 얻을 수 있습니다. 막강한 사용자 수를 자랑하는 페이스북에 특화된 소셜 게임들은 수십억 달러를 벌어들였고 이것이 다시 페이스북을 성장시켜주는 선순환을 이루고 있습니다.

사용자들은 자신의 페이스북 페이지에 붙은 소셜 게임을 하고 중고 물품을 거래하며 쇼핑몰을 이용합니다. 친구들이 추천한 제품이 있다면 좀더 안심하고 구매할 수 있습니다. 페이스북 안에 들어온 스카이프 덕택에 클릭 한 번으로 친구와 무료로 전화를 할 수도 있습니다. 업체들에게 페이스북은 최소한의 노력으로 5억 명의 소비자를 만날 수 있는 매력적인 플랫폼이며 사용자들에게는 한곳에서 모든 것이 가능한 편리한 공간이 되고 있습니다.

페이스북 플레이스

페이스북은 모바일 기기에 전용 프로그램을 제공하고 있으며 사용자가 그 프로그램을 실행하면 페이스북의 위치정보 서비스가 작동하여 주변에 있는 음식점을 검색하거나 다녀

온 후에 그 점포에 대한 평가를 할 수 있게 해줍니다. 원한다면 자신의

위치정보를 친구들과 공유할 수도 있습니다. 그리고 타 업체에게도 이 페이스북 플레이스 서비스를 이용할 수 있게 허용했습니다. 이 서비스를 활용하여 업체들은 자신의 지역에 들어온 페이스북 사용자에게 점포 홍보를 하거나 할인 쿠폰을 제공할 수 있습니다.

페이스북의 수익 모델은 개방을 통해서 더욱 공고해졌습니다. 외부 업체들이 페이스북에서 마음껏 돈을 벌 수 있도록 허용하는 대신 그들의 수익을 분배하는 정책을 쓰고 있습니다. 사용자 수가 5억을 넘어가는 지금 페이스북 가상 화폐는 또 하나의 세계 단일 화폐로 등극하고 있습니다.

페이스북은 내부를 개방했을 뿐만 아니라 외부 웹 사이트 데이터와의 연결도 시도하고 있습니다. 트위터와 블로그에 글을 올리면 자동으로 페이스북에도 전송되도록 하고 있고 페이스북 사용자가 외부 웹 페이지를 평가할 수단도 마련했습니다. 외부 웹 페이지를 보다 마음에 들면 페이스북 사용자들은 평가 버튼을 눌러 추천을 할 수 있습니다. 이 결과는 즉각 페이스북의 친구들에게 전송되고 그에 따라 그 사이트는 더 많은 방문자 수를 얻을 수 있는 기회가 생깁니다.

개인의 활동이 각 웹 사이트에 분산되던 형태에서 그 모든 것을 페이스북의 개인 페이지에 모을 수 있게 한 것은 세상이 자신을 중심으로 돌아가야 한다는 인간의 기본 욕구를 정확히 꿰뚫은 정책이라고 할 수 있습니다. 이제 게시판과 블로그에 쓴 글, 신문 기사를 읽고 적은 평가를 잃어버리지 않도록 페이스북에 저장할 수 있게 된 것입니다.

구글이 링크 수로 계산한 것보다 5억 페이스북 가입자들이 돌아다니면서 한 평가가 더 우수한 검색 결과를 만들어낼 수 있습니다. 페이스북은 이 방법으로 사용자들을 전 세계 웹 페이지를 조사하는 검색 로봇으로 활용할 수 있게 되었습니다.

구글과 페이스북은 서로 지향점이 다르고 하는 일이 다른 서비스였지만 플랫폼이 되고자 하는 순간부터 서로 충돌할 수밖에 없게 되었습니다. 구글이 가장 심각하게 생각하는 것은 클라우드 컴퓨팅의 열매를 페이스북이 독차지할지도 모른다는 것입니다. 구글은 안드로이드 운영체제를 무료로 배포하여 업체들이 휴대폰을 만들 수 있도록 했고 크롬 운영체제를 제공하여 노트북 업체들이 윈도우에 대항하는 PC를 만들 수 있는 길을 열었습니다. 이 모든 것이 구글 서비스를 쓰는 사용자 수를 늘릴 수 있다고 믿기 때문입니다. 하지만 크롬 운영체제에서 크롬 웹 브라우저를 이용해 사용자들이 페이스북만을 사용하게 되면 구글에게는 치명적인 피해가 생깁니다. 페이스북 검색을 엉뚱한 업체가 제공하고 구글을 통하지 않은 광고를 보게 될 것이기 때문입니다.

페이스북은 자체 하드웨어나 고유한 운영체제 또는 전용 브라우저가 없어도 웹을 지배할 수 있다는 것을 증명했습니다. 현재 그들이 주력하는 일은 어떤 기기에서라도 페이스북을 사용할 수 있도록 하는 것입니다. 어쩌면 구글과 MS가 서로 싸우고 있는 동안 그 열매를 페이스북이 가져가는 형국이 될지도 모릅니다.

소셜 네트워크의 미래

이들과 경쟁하는 또 하나의 서비스가 탄생했습니다. 140자 제한을 가진 개방형 소셜 네트워크 트위터는 친구가 아니면 아무것도 볼 수 없는 페이스북의 폐쇄성과는 달리 내가 원하는 사람의 글을 마음대로 볼 수 있는 열린 네트워크를 지향하고 있습니다. 간단한 사용법으로 인기를 끌고 화제가 되면서 거의 대부분의 유명인들을 사용자로 확보했고 이 때문에 더 많은 사용자들이 몰리는 중입니다. 트위터 안에서는 유명인과 일반인이 서로 동등한 위치에서 대화를 할 수 있습니다. 리트윗 기능으로 트위터는 전 세계에서 벌어지는 사건들을 가장 빠르게 전파할 수 있는 속보성 미디어가 되었습니다.

이외수의 트위터 인기 있는 트위터의 경우 수십만 명이 그의 글을 읽습니다. 그 글은 다시 재전송됨으로써 일인 방송국과 같은 효과를 가집니다. 트위터에는 신변잡기, 사회문제에 대한 발언 등 거의 모든 이야기들이 쏟아집니다. 트위터는 특별히 노력하지 않고 그냥 시켜만 보더라도 지금 이 순간 사람들이 무엇에 대해 관심을 가지고 있는지 알 수 있습니다.

페이스북과 마찬가지로 트위터도 자발적 실명제로 운영되고 있기 때문에 그들이 다니면서 추천한 점포는 믿을 만하며 읽기를 권하는 링크에는 매우 가치 있는 정보가 담겨 있습니다. 구글과 MS가 돈을 내면서까지 트위터의 데이터를 검색하려는 이유가 이 때문입니다.

트위터는 마이크로블로그의 한계를 벗어나 스스로 페이스북과 같은 플랫폼이 되기 위해서 노력하고 있습니다. 기능을 확장하여 문자뿐만 아니라 사진과 동영상도 볼 수 있게 진화하는 중입니다. 어떤 웹 페이지라도 트위터 기능을 추가하면 사용자들이 트위터를 통해 글에 대한 평가를 적을 수 있습니다. 이 또한 트위터로 실시간으로 전송되고 그에 따라 더 많은 방문자를 얻을 수 있게 됩니다. 트위터는 페이스북의 추천 버튼과 마찬가지로 웹 페이지의 표준 댓글 시스템 기능을 하게 될 것으로 예상됩니다.

트위터는 페이스북의 폐쇄성을 벗어나 열린 소셜 네트워크를 지향하고 있습니다. 트위터의 미래 모습은 개방적인 페이스북 형태가 될 것이고 어떤 것이 우위를 점할지는 아직 예측할 수 없습니다.

확실한 것은 어떤 기술이든지 등장 초기에는 만병통치약이 되겠다고 주장하지만 재빨리 특정 분야를 장악하지 못하면 도태되고 만다는 것입니다. 트위터가 1억 명 이상의 사용자를 확보하고 있고 페이스북이 5억 명을 넘겼다고 화제가 되고 있지만 경쟁 업체의 도전도 만만찮은 현실로 볼 때 그 누구도 넘볼 수 없는 특화된 영역을 차지하지 못한다면 안심할 수만은 없는 상황입니다.

한때 소셜 네트워크 분야의 1위였던 마이스페이스도 외부에 플랫폼을 개방하겠다고 나서고 있고 구글은 한술 더 떠 어떤 업체라도 서로 공유할 수 있는 오픈 소셜 네트워크 표준을 제안했습니다. 자신 있게 플랫폼 개방에 나섰던 페이스북이 구글의 오픈 소셜 네트워크에 신경질적인 반응을 보이고 급기야 막아버리기까지 한 것으로 볼 때 승승장구할 것 같은 소셜 네트워크 서비스도 결정적인 약점이 있음을 알 수 있습니다.

소셜 네트워크도 단점이 많습니다. 인간관계는 긍정적인 부분도 존재하지만 부정적인 부분도 있기 때문에 인터넷에 그대로 재현하기는 힘든 면이 있습니다. 마음에 들지 않는 친구를 배제한다고 해도 그가 친구의 친구로 존재하는 한 부딪히지 않을 수 없습니다. 현실에서는 외면할 수 있어도 글과 사진으로 존재하는 인터넷에서는 피해가기 힘든 면이 있습니다.

아무리 인터넷에서는 동등한 관계로 마주할 수 있다고 주장하더라도 현실에서의 위계관계를 무시할 수는 없습니다. 더구나 사회적인 영향력이 있는 사람들이 소셜 네트워크에 들어왔을 때 그를 반대하는 사람들의 공격을 피해가기는 힘듭니다. 회사 홍보를 위해 개설한 트위터에는 사용자들의 불만 제기 창구가 될 가능성이 높고 이런 식으로 제기되는 요구사항에 대해서는 공식 절차를 무시하고 최우선으로 처리해주지 않으면 안 될 상황에 처하기도 합니다. 때문에 처음에 호기심으로 시작했던 유명인들은 점차 입을 닫고 끝내 소셜 네트워크를 외면하기도 합니다.

구글의 도전 또한 만만치 않습니다. 구글은 오픈 소셜이란 기치를 내걸고 모든 웹 사이트들이 데이터를 외부에 공개하도록 만들겠다고 나서고 있습니다. 페이스북은 자신들만의 방식으로 개방을 하겠다고 나섰는데, 이것은 개방을 하더라도 주도권을 잃지 않겠다는 의미겠지만 무차별적인 개방을 주장하는 구글과 후발주자들의 공격에 얼마나 효과적으로 버틸 수 있을지 의문입니다. 일단 서로의 데이터를 활용할 수 있는 데이터 이동성에 관한 표준이 확립된다면 포털의 성격을 가진 페이스북 같은 업체들보다는 지켜야 할 자신만의 데이터가 존재하지 않는 구글에 절대적으로 유리하게 전개될 것은 분명한 사실입니다.

앞으로 어떤 식으로 발전하든 소셜 네트워크는 데이터 이동성을 바탕으로 한 열린 서비스 정책으로 갈 것이고 그에 따라 새로운 서비스는 기존의 인프라를 그대로 활용하는 것이 가능하므로 아이디어 하나만으로도 대형 사이트를 능가하는 수익을 얻는 것이 불가능하지 않은 세상이 오게 될 것입니다.

ICT 역사에서 수많은 개념이 나타나 세상을 바꾸겠다고 주장했지만 성공했던 적은 별로 없습니다. 여태껏 그 어느 누구도 30년 전에 대세를 점한 MS를 꺾지 못했습니다. 리눅스와 자바, 구글과 페이스북 그리고 트위터도 어쩌면 MS의 방해 공작으로 서로 소모적인 투쟁만 하다가 역사 속으로 사라질지도 모릅니다. 희망을 품었던 사람들도 끝내 안드로이드를 물리친 윈도우폰 안의 MS 소셜 네트워크 프로그램을 쓰면서 MS의 공고한 지배력에 절망하게 될 가능성도 많습니다. 아직도 액티브 엑스에 대한 편애를 고치지 않고 있는 한국의 실정을 볼 때 당분간은 MS에 대한 종속이 사라지지 않을 것 같기도 합니다.

하지만 이 모든 비관을 끊고 우리 눈앞에 새로운 미래를 보여준 사람이 있었습니다. 그는 바로 아이폰을 들고 나타난 스티브 잡스였습니다. 오랫동안 ICT 분야의 싸움에서 소외되어 있던 그는 자신이 만든 마우스 위주의 그래픽 유저 인터페이스를 갈아치우는 완전히 새로운 제품을 들고 당당히 우리 앞에 재등장했습니다.

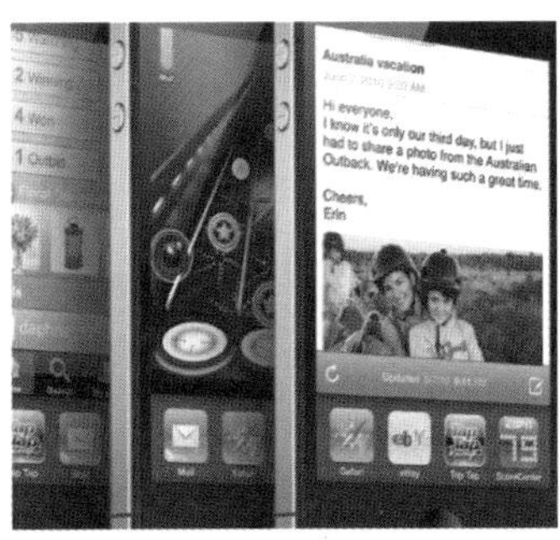

아이폰4 아이폰은 손가락만으로 조작할 수 있는 유저 인터페이스의 결정판이며 클라우드 컴퓨팅과 완벽히 조화되는 세계 최초의 이동형 무선 인터넷 단말기입니다. 여태까지 개념적으로 혹은 마케팅 구호로만 존재하던 꿈의 단말기를 스티브 잡스는 이미 완성된 형태로 우리에게 제시했습니다. PC의 성공을 주도했던 스티브 잡스가 이제 PC의 종말을 가져올 차세대 제품을 들고 온 것입니다.

전 세계는 다시 한 번 아이폰을 들고 있는 잡스에게 환호했습니다. 아이폰은 외부 개발자들을 끌어들여서 소프트웨어 생태계를 활성화한다는 개념을 상업적으로 성공시킨 최초의 제품이었습니다. 그것은 오픈 소스 진영의 대가 없는 헌신과는 완전히 다른 것이었습니다. 사실 따지고 보면 아이폰의 성공으로 인해 타 업체들은 사이트를 개방하면 오히려 자신을 살찌울 수 있음을 깨닫게 되었고 그 때문에 오픈 소셜 네트워크 정책이 등장할 수 있었습니다.

　아이폰으로 상징되는 통신의 미래에 대한 이야기가 더 매력적인 주제이지만 그보다 먼저 소셜 네트워크의 공격을 받고 있는 한국의 현실과 국내 인터넷 업체들의 대응 방안에 대해서 알아보는 것이 더 급한 일입니다. 페이스북의 거센 도전에 우리나라 기업들은 어떤 대응 수단을 가지고 있을까요? 무엇이 최선의 방법일까요? 촌스러운 한국의 인터넷 환경은 과연 이 도전을 지혜롭게 극복할 수 있을까요?

chapter 04

한국 인터넷의
미래는 있는가

국내 포털들은 검색 결과를 표시할 때 블로그, 지식검색, 웹 등 데이터가 있는 곳에 따라
차등을 두고 자사 데이터에 대해서 우선권을 주며 광고를 먼저 노출시켜
정작 필요한 검색 결과는 찾기가 힘들게 만들어두고 있습니다.
화면을 가득 채우는 이미지와 복잡한 화면을 보면, 그들은 사용자가 원하는 정확한 결과를
빠른 시간 내에 알려주는 것보다는 가능하면 사용자가 자사 내에 머물면서
많은 광고를 보도록 하는 데 더 관심이 있는 것 같습니다.

한 국 인 터 넷 의 짧 았 던 전 성 기

오랫동안 우리들은 한국 축구가 월드컵 본선에서 첫 승을 거두기를 염
원했지만 언제나 본선에 진출한 것으로 만족해야 했습니다. 그러나
2002년에는 달랐습니다. 기초 체력을 중시하는 지혜로운 지도자를 만
난 선수들은 조직력을 바탕으로 놀랍게도 가볍게 16강 고지를 넘어서
게 됩니다. 감격한 국민들의 집단 응원이 전국을 뒤흔들었고 그 여세
를 몰아 한국팀은 8강을 거쳐 4강까지 치고 올라갑니다. 사람들은 본
선에서 1승도 하지 못했던 우리 팀이 어쩌면 결승까지 진출할지도 모
른다는 정말 황당한 생각을 품었습니다. 안타깝게도 결국 그 꿈은 실
현되지 않았지만 언젠가는 우리도 정상에 설 수 있는 것이라는 용기와
자신감을 갖게 만들어준 것은 사실입니다.

　누구에게나 한때의 전성기는 있습니다. 그 시기에는 이상하게 모든

일이 잘 풀립니다. 자신감도 충만합니다. 이전까지 불가능하다고 여겼던 일들도 어렵지 않게 해낼 수 있습니다. 전성기에 들어선 자가 어디까지 성장할지는 아무도 예측할 수 없습니다. 한국이 월드컵 결승에 진출한다는 이야기는 만화와 코미디의 소재로나 가능하다고 생각했지만 한국팀은 무서운 기세로 그것을 현실로 만들었고 순식간에 결승의 문턱까지 도달했던 것입니다.

한때 한국의 인터넷도 그랬습니다. 1990년대 후반의 한국 인터넷 상황은 미국 실리콘밸리와 거의 비슷한 수준이었습니다. 아니 아이디어의 창의성은 오히려 그들을 능가했습니다. 하루가 멀다 하고 새로운 사이트가 나타났고 기발한 서비스가 출현했습니다. 뛰어난 아이디어들이 서로 경쟁하면서 더욱더 훌륭한 서비스가 등장했고 이런 분위기는 창의적인 인터넷 비즈니스를 불붙게 만들었습니다. 외환위기를 겪으며 좌절했던 사람들은 어느새 자신감에 차 있었습니다. 기발한 상상력을 높이 쳐주는 벤처 장려 정책으로 인해 발전적인 선순환이 계속되었습니다.

사람들은 새로운 서비스들의 뛰어난 발상에 놀라워하며 열성적으로 그 사이트들을 방문했습니다. 한국이 인터넷 강국이란 말은 정말로 빈말이 아니었습니다. 한류가 유행하면서 세계가 한국을 이전과 다르게 보았듯이 인터넷 세계에서는 한국의 서비스들이 유행을 주도하면서 세계적인 관심의 대상이 되었습니다.

언제나 그렇듯 이런 전성기는 영원할 수 없습니다. 특히 한국 인터넷의 폭발적 성장은 너무나 예외적인 상황 속에서 발생한 일이라 애초부터 오래 지속되기 힘든 일이었습니다. 활기찬 분위기가 급속히 사라지면서 결국 파티가 끝났습니다. 그러자 여기저기서 나쁜 소문이 들려왔습니다. 수많은 잡음 속에서 회사들이 사라지거나 다른 업체에 흡수되었고 살아남은 업체들도 그저 그런 사이트로 전락해서 힘겹게 연명하게 되었습니다. 결국 수익을 발생시켜 자생할 수 있었던 업체들을 제외하고 거의 대부분이 도태되고 말았습니다. 이제 인터넷 업체들은 생존 문제에만 관심을 가질 뿐 더 이상 혁신을 이야기하지 않습니다.

되돌아보면 인터넷 혁명을 우리가 주도할 수 있었습니다. 여전히 막강한 위력을 자랑하는 미국의 실리콘밸리처럼 우리도 인터넷 강국의 지위를 유지할 수 있었습니다. 그러나 지금 우리는 외국 사이트의 공격으로부터 한국 시장을 지키는 것조차 힘겨워하고 있습니다. 우리 인터넷 업계가 왜 이렇게 변해버린 것일까요? 지나온 과정을 되돌아보면 몇 가지 이유를 찾을 수 있습니다.

수 익 성 없 는 사 업 모 델 과 저 질 자 본 의 만 남

인터넷 사업은 대부분 공짜 서비스로 방문자를 모으고 웹 페이지에 광고를 붙여서 수익을 내는 모델을 가지고 있었습니다. 때문에 사람들을 끌어들일 수 있는 아이디어가 중요했습니다. 잊고 있었던 동창들을 인터넷에서 만날 수 있게 해준 '아이러브스쿨' 같은 서비스가 대표적인 사례였습니다. 이 사이트는 인터넷을 쓰는 사람들 거의 전부가 가입할 정도로 인기를 끌었습니다.

광고와 인터넷의 결합을 노골적으로 비즈니스 모델로 내세운 골드뱅크도 있었습니다. 광고를 보면 돈을 준다는 콘셉트는 사람들을 졸지에 광고를 클릭하는 기계로 만들어버렸는데 인터넷 사용자들이 광적으로 매달렸던 덕택에 회사의 가치가 비상식적으로 높아지기도 했습니다.

인터넷 전화의 원조 컴퓨터만 있으면 공짜로 전화를 쓸 수 있게 해줌으로써 전 세계 사람들의 관심을 끌어모은 서비스. 회사는 사용자들이 전화버튼 곁에 있는 광고를 클릭하기를 바랐지만 그들은 공짜 전화에만 관심을 보일 뿐 아무도 광고를 보려 하지 않았습니다. 결국 일반 전화와의 통화요금을 대신 내주던 회사는 파산한 후 유료로 돌아서고 말았습니다.

미처 법적 장치가 마련되지 않아 아무런 규제가 없었던 초기 한국의 인터넷 환경은 자유로운 분위기 덕분에 상상할 수 있는 것은 무엇이든 시도할 수 있었습니다. 진입 장벽이 없어서 사이트를 열기도 쉬웠고 한두 대의 컴퓨터와 프로그램 개발자만 있으면 큰 자금이 없어도 누구나 성공을 꿈꿀 수 있었습니다. 만약 기막힌 아이디어를 가지고 있다면 이런 것조차 필요 없었습니다. 그럴듯한 비즈니스 모델을 설명한 사업계획서만 가지고도 수십억 원을 투자받을 수 있었습니다.

사실 1990년도 후반은 전 세계가 미쳐 있었던 시기였습니다. 어느 나라든지 성장 가능성을 보고 인터넷 분야에 대규모 자본이 몰려들던 때였습니다. 광고 위주의 수익 모델뿐이어서 흑자를 내는 기업은 거의 없었지만 인터넷이 미래인 것은 분명한 사실로 보였기 때문에 그들은 '묻지마 투자'를 감행했습니다.

하지만 사이트 운영자들은 점차 불안해지기 시작했습니다. 사이트가 인기를 끌수록 운영 비용이 상승했지만 그에 반해 수익은 보잘것없었을 뿐만 아니라 흑자로 돌아서게 만들 방안도 찾을 수 없었습니다. 실리콘밸리의 경우 그나마 사업 모델을 점검하고 가능성이 있는 곳에 장기 투자를 했지만 한국의 인터넷 벤처에 투자한 자본은 애초부터 질이 좋지 않았습니다. 그들은 회사의 성장 가능성보다는 이슈를 만들어 분위기를 띄운 다음 수십 배 이상의 차익을 실현하는 데만 관심이 있었습니다. 때문에 회사 지분을 비싼 값에 넘기기 위해 없는 실적을 만들어내고 분식회계를 일삼았으며 거짓 정보로 시세를 조작하는 일까지 서슴지 않았습니다. 벤처에 투자한 투기세력들은 자기들끼리 지분을 돌리면서 수백 배까지 호가가 뛰도록 했고 벤처 투자는 금세 폭탄을 돌리는 노름판이 되어갔습니다.

테헤란밸리의 벤처 창업자들 또한 이 분위기에 젖어들었습니다. 천정부지로 뛰는 주식 때문에 서류상으로 이미 수백억대 부자가 되어버린 그들은 성공의 단맛에 취해 성실한 사업가의 모습을 잃고 방탕한 시간을 보내고 있었습니다. 그들은 회사를 운영하여 수익을 내는 일에 노력하기보다는 투기세력과 결탁하여 주식 가격을 높이기 위해 대외적인 회사 이미지 홍보에 더 관심을 기울였고 정작 회사 운영은 엉망이 되어가고 있었습니다.

그들은 자신들이 법인을 대표하고 있다는 사실을 자각하지 못하고 회사 경영을 사적인 일처럼 처리할 정도로 법에 무지했습니다. 게다가 회사를 위해서 한 일은 법에 저촉되지 않을 것이란 이상한 믿음을 가지고 있었습니다. 위기관리능력도 없었고 도덕성도 결여되어 있었습니다. 때문에 실적을 좋게 조작하는 것이 범죄가 된다는 것도 잘 인식하지 못했고 회사 자금을 마음대로 뺐다 넣었다 하는 것이 횡령과 배임이 된다는 것도 모른 채 수시로 그런 일들을 저질렀습니다.

구속 시점	회사	당시 대표	혐의
2000년 10월	한국디지탈라인	정현준	불법대출, 배임
2002년 8월	골드뱅크	김진호	주가조작, 횡령
2002년 11월	새롬기술	오상수	분식회계, 허위공시
2002년 12월	프리챌	전제완	주식대금 가장납입
2005년 11월	터보테크	장흥순	700억 원대 분식회계
2006년 2월(불구속)	그라비티	김정률	회자자금 74억원 횡령
2006년 5월	로키스	김형순	560억 원대 분식회계
2006년 6월	3R	장성익	허위공시

망해가는 기업 벤처 창업자들은 각종 법을 위반하였을 뿐만 아니라

경영권 다툼으로 회사를 어렵게 하고 내부 정보를 이용해 주식 가치가 떨어지기 직전에 대량으로 소유 주식을 팔아치움으로써 도덕적 비난까지 면할 수 없게 되었습니다. 이들의 행태로 인해 이후 벤처들은 회사가 추구하는 가치는 사라지고 코스닥 상장이 최대 목표인 돈벌이 수단으로 전락했습니다.

창업자들이 타락하자 창업 멤버들은 재빨리 주식을 팔아 돈을 챙긴 후 달아나버렸고 투기세력은 더 많은 이익을 챙기기 위해 정교한 작전을 짜고 경영권을 빼앗아갔습니다. 초기 개발자들이 사라지자 회사에서는 더 이상 개발이 진행되지 않았고 엔지니어 없이 마케팅 구호만이 난무하는 껍데기밖에 없는 회사가 되어갔습니다.

경험 많은 투기세력은 증거를 남기지 않고 교묘하게 법을 위반하며 이익을 챙겼지만 창업자들은 대부분 조심성 없이 행동하는 바람에 모든 죄를 뒤집어쓰고 구속되거나 지분도 뺏기고 회사에서 쫓겨나고 말았습니다.

2000년경에 거의 대부분의 인터넷 벤처 회사들이 이렇게 몰락해갔습니다. 회사를 성장시켜서 수익을 내는 장기 투자에는 전혀 관심이 없던 투기세력은 결국 회사를 망가뜨리고 소액 주주들이 피눈물을 흘리게 만들었지만 사실상 자기들도 큰 소득을 얻지 못한 채 인터넷 사업 환경을 어려움에 빠뜨렸습니다.

미국의 닷컴 버블이 꺼지던 때와 비슷한 시기에 우리나라 인터넷 업체들도 망해가고 있었습니다. 인터넷 사업이 돈이 되지 않는다는 것을 깨달은 후 투자 심리가 급속히 냉각되면서 테헤란밸리의 성공 신화도 끝나버렸습니다. 유료화가 가능하여 안정적인 수익을 얻을 수 있었던 게임과 쇼핑몰 등은 별 영향을 받지 않았지만 나머지 업체들은 얼마 되지 않는 광고 수익을 차지하기 위해 치열한 생존 경쟁을 해야 했습니다. 그나마 일찍 투자를 받아 현금이 넉넉히 남아 있던 운 좋은 업체들과 이익은 내지 못하지만 그나마 매출을 올리던 검색 분야의 몇몇 업체들만 겨우 살아남았습니다.

포털portal이란 관문이란 뜻을 가지고 있습니다. 자주 가는 사이트를 제외하면 어디에 무엇이 있는지 알기 위해서는 검색 사이트를 방문해야 하는 것이 필수적이란 의미에서 검색 업체들이 바로 인터넷의 관문이었습니다. 검색 업체들은 이 관문을 차지하기 위해 경쟁했지만 사실 어떻게 해야 돈을 벌 수 있을지는 잘 알지 못했습니다. 검색 화면에 광고를 붙이는 정도는 어느 업체나 다 하고 있었으나 그 수익만으로는 막대한 서버 운영 비용을 감당할 수가 없었습니다. 그래서 인터넷 검색의 시조라 할 수 있는 야후는 점차 관문으로서의 포털이 아닌 모든 것을 자신들이 다 서비스한다는 의미의 포털이 되어갔습니다. 사용자들이 되도록 야후에 많은 시간을 머물면서 각 페이지에 있는 광고를 보게 만들어야 수익을 극대화할 수 있었기 때문입니다. 국내 검색 사이트들도 야후를 본떠 모든 것을 다 가진 포털의 성격을 띠기 시작했습니다.

포털 경쟁에서 승리하여 사용자를 자기 사이트에 머물게 만들기 위해서는 서비스의 백화점이 될 필요가 있었습니다. 그래서 그들은 유행하고 있는 서비스라면 뭐든지 끼워넣었고 망한 업체들의 쓸 만한 비즈니스 모델까지 경쟁적으로 가져와서 추가했습니다. 이래도 부족함을 느끼자 결국 서로 서비스를 베끼기 시작했습니다. 그리하여 모든 포털들은 자기 사이트에 없는 서비스가 없게 만들면서 서로 닮아가고 있습니다.

원 스톱 토털 서비스 이제 포털은 검색, 메일, 신문, 잡지, 카페, 게시판, 질문과 답, 다운로드, 이미지, 동영상 등 등 인터넷에서 가능한 거의 모든 것을 서비스합니다. 포털의 첫 페이지에서 화제가 되는 사건을 알게 되고 뉴스를 보며 쪽지와 블로그 방문자를 확인합니다. 인터넷을 시작하면 홈페이지로 설정된 포털을 거의 떠날 필요가 없습니다.

이런 상황이 되자 포털들은 자신만의 독특한 서비스로 승부하는 것이 불가능하게 되었습니다. 아무리 좋은 서비스를 내놓더라도 얼마 지

나지 않아 경쟁 업체에서 비슷한 서비스를 추가해버리기 때문입니다. 워낙 교묘하게 베끼기 때문에 법에 호소하더라도 이런 관행을 막을 수 없습니다. 사용자들은 새로운 서비스를 쓰기 위해서 다른 포털로 이동할 필요가 없기 때문에 베끼는 것을 오히려 더 좋아했습니다.

사용자를 묶어두기 위해 첫 페이지는 점점 화려해져갔고 참신한 기획이나 아이디어보다는 사용자 수로 밀어붙이는 베끼기 정책이 최선의 방어 수단이 되었습니다. 사용자를 확보하지 못한 포털은 늘 콘텐츠 부족에 시달렸고 그에 따라 사용자 이탈이 가속화되었으며 다시 이것은 콘텐츠의 부족을 가져오는 악순환이 반복되었습니다.

관 문 의 독 점

검색의 관문을 장악한 포털이 모든 것을 다하게 되자 각종 전문 사이트와 커뮤니티 사이트들도 어려움을 겪기 시작했습니다. 블로그 전문 사이트, 만화 사이트, 각종 기기 중심의 동호회들, 그리고 성별, 연령별, 취미별 커뮤니티 사이트들은 포털의 비슷한 서비스와 직접적으로 경쟁해야 했습니다. 더구나 포털이 검색 트래픽을 포털 내부의 서비스에 우선적으로 몰아주는 바람에 전문 사이트들은 점점 더 방문자가 줄어들었습니다. 사용자들은 포털 안에 있는 익숙한 서비스에 길들여지면서 외부 사이트 방문을 꺼려하게 되었고 이것은 결국 전문 사이트의 수익성 악화를 가져왔습니다.

이렇게 검색을 통한 수익 확보는 배너 광고밖에 없다고 믿으며 포털들이 관문을 독점하는 상황에서 수익을 다변화할 수 있는 방법이 미국에서 고안되었습니다. 그것은 바로 '키워드 광고'였습니다. 키워드 광고 덕택에 모든 검색어가 황금으로 변하는 기적이 일어났고 이로 인해 검색 업체는 엄청난 이익을 낼 수 있게 되었습니다. 하지만 그들은 이렇게 상황이 좋아졌는데도 불구하고 검색 트래픽을 내부에서 독점하는 포털로서의 지위도 내놓으려고 하지 않았습니다. 원래 관문으로서의 포털은 타 사이트에 관한 링크 정보를 보여주고 사용자들이 그런 전문 사이트로 쉽게 이동해갈 수 있도록 돕는 것이 그 임무였습니다. 그러나 이미 모든 것을 자기들이 직접 제공하는 곳으로 변질되어 있었기 때문에 관문으로서의 역할에만 만족할 수가 없게 된 것입니다.

타깃 광고 오버추어는 최초로 검색어를 돈 받고 판 업체였습니다. 사용자들의 외면을 받던  배너 광고에 비해 사용자가 직접 입력한 검색어와 정확하게 연관되는 타깃 광고는 실제로 판매까지 이어지는 비율을 획기적으로 높였습니다. 수익 모델을 고민하던 검색 업체는 모든 단어가 전부 돈이 된다는 놀라운 사실을 깨달았고 단어를 경매에 부치면서 엄청난 수익을 거두기 시작합니다. 이 아이디어는 검색 업체에 너무도 매력적이어서 금방 모든 검색엔진에 채택되었고 구글도 비슷한 방법을 자체 구현하여 서비스를 시작했습니다.

국내 검색 포털은 검색어마다 적지 않은 돈을 받고 있음에도 검색
결과에 자기 사이트 정보를 먼저 노출시키면서 배너 광고 수익과 검색
점유율을 모두 뺏기지 않으려 했습니다. 때문에 검색 결과에 노출되어
방문자를 늘림으로써 광고 수익을 얻을 목적으로 포털에 콘텐츠를 거
의 무료로 공급하던 콘텐츠 제공자들은 이중의 피해를 받았습니다.

포털들이 이렇게 더욱 악독해진 데에는 이유가 있었습니다. 검색어
광고는 포털들의 수익을 양극화했는데 많은 사용자를 확보한 업체일
수록 검색을 통한 광고 효과가 뚜렷했기 때문에 광고를 실으려는 업체
들은 대형 포털을 선호하게 되었습니다. 나중에는 광고하려는 업체들
끼리 경쟁이 붙어 검색어 가격이 광고를 통한 수익 증가분을 넘어설
지경에 이르기도 했습니다. 또 대형 포털은 하나의 검색어를 지역별로
나누어 팔아 더 많은 수익을 달성할 수 있었습니다.

하지만 3위 안에 들지 못하는 포털은 광고 효과가 미미했기 때문에
검색어 가격을 낮추어도 판매가 되지 않았습니다. 시간이 갈수록 검색
어 광고의 수익은 1, 2위 업체가 모두 차지했고 3위 안에 들지 못하는
나머지 포털들은 적자를 면하지 못하는 상태가 되었습니다.

NAVER 지식iN 지식검색 서비스　검색만으로는 어려움을 겪던
네이버는 안정적인 수익을 내고 있던 한게임과 합병하여 생존을 모색
했으나 검색어 광고 덕분에 오히려 한게임보다 더 많은 수익을 내게
되었습니다. 이후 한겨레신문에서 운영하던 질문과 답변 사이트 디비
딕을 모방한 지식인 서비스가 공전의 히트를 치며 검색 분야에서 타

업체를 멀찍이 따돌리고 부동의 1위에 올라서게 됩니다. 지식검색 서비스는 포털이 관문의 역할을 포기하고도 버틸 수 있도록 해준 대표적인 서비스였습니다.

검색어 광고로 안정적인 수익을 올리게 된 포털은 시장을 뺏기지 않기 위해 자체적으로 콘텐츠를 확보하는 데 더욱더 주력하기 시작했습니다. 그럴수록 사용자들은 포털에서 거의 대부분의 시간을 보내며 검색을 통해 포털이 제시하는 광고를 보거나 포털 내부의 콘텐츠로 이동했을 뿐 포털 외부로 나가는 경우는 거의 없었습니다. 이렇게 닫힌 포털 형태가 고착화되면서 전문 사이트들은 더욱더 운영이 힘들어지고 말았습니다.

원 칙 의 훼 손

검색엔진이란 사용자의 질문에 대해 최선의 결과를 우선적으로 보여주어야 합니다. 그러나 국내 포털들은 이런 부분에 문제가 많습니다. 검색 기능이 미약하여 외부에 있는 데이터를 제대로 처리해서 보여주지 못했기 때문에 검색이 용이하도록 미리 처리해놓은 내부 데이터를 우선적으로 보여주게 되었습니다. 하지만 데이터의 위치에 따라 우선순위가 바뀌는 것은 대단히 불합리한 것이며 검색의 정확성에 치명적인 영향을 미칩니다.

검색엔진은 데이터가 어디에 있든 상관하지 않고 공정하게 그 중요도를 취급해야 합니다. 사용자들이 원하는 데이터라면 그것이 포털 외부에 있더라도 최우선으로 보여주어야 합니다. 국내 포털들은 이런 원칙을 무시하고 검색 결과와 부합하지 않는 내부 데이터를 먼저 보여주었습니다. 더구나 동일한 데이터가 외부와 내부에 동시에 있을 때도 내부 데이터를 우선적으로 보여주었습니다. 외부 데이터가 콘텐츠를 제작한 원작자의 페이지이고 포털 내부의 데이터는 이것을 불법으로 복제해간 것일 가능성이 있는데 포털은 이런 가능성을 의도적으로 무시함으로써 저작자의 권리를 심각하게 훼손했습니다.

포털들은 내부에 데이터를 쌓기 위해서 사용자들이 외부의 데이터를 복사해오는 것을 막지 않았을 뿐만 아니라 오히려 적극적으로 이런 행위를 조장해왔습니다. 포털 사용자끼리도 서로의 글을 버튼 하나로 퍼갈 수 있도록 허용했으며 외부 데이터도 간편하게 복사해올 수 있는 기능을 추가했습니다.

포털 외부의 사용자가 정성 들여 쓴 글을 자신의 사이트에 올리면 잠시 동안은 적게나마 포털의 검색 결과 링크를 따라온 방문객을 만날 수 있지만, 금세 누군가가 포털 내부로 글 전체를 불법적으로 퍼가기 때문에 곧 방문객이 끊기고 맙니다. 이에 반해 포털에 항의하여 불법 복제된 글을 지우게 만드는 절차는 어렵고 복잡하기 때문에 현실적으로 수많은 복제자들을 찾아내서 일일이 바로잡는 것은 불가능에 가깝습니다. 그리하여 포털 내부에는 오늘도 불법복제된 수많은 외부 문서들이 쌓이고 있으며 그 때문에 점점 더 포털 방문객이 외부로 나갈 가능성이 줄어들고 있습니다.

공유를 막고 있는 네이버 소년 네이버는
외부의 글은 쉽게 퍼올 수 있도록 했지만
내부의 데이터는 외부로 가져가지 못하도
록 복사방지기능을 추가해넣었고 외부에

서는 네이버 안의 이미지조차 사용하지 못하게 만들었습니다. 네이버
의 이미지를 링크하면 외부 사이트에서는 원본은 보이지 않고 모든 이
미지가 네이버 소년으로 바뀌어 보입니다. 지금도 네이버 사용자들은
아무런 문제의식 없이 남의 글을 간단히 퍼날라 자신의 블로그에 쌓아
놓는 복사로봇 역할을 하고 있습니다.

정도의 차이는 있지만 현재 모든 포털들이 같은 행태를 보이고 있습
니다. 창의성이 사라진 후 너도나도 앞서가는 포털들을 따라하기 시작
하면서 결국 어떤 포털에 가더라도 아무런 차이점을 발견하기 어려운
상태가 되어버렸습니다. 이 때문에 사용자 수가 많은 포털이 점점 더
점유율을 높일 수 있게 되었습니다.

포털의 검색을 통해 수익을 얻을 수 없게 된 전문 사이트들은 자신
들의 데이터를 포털에서 검색하지 못하도록 막은 다음 직접 방문하는
사용자들을 확보하여 수익구조를 맞추려고 노력하고 있습니다. 하지
만 포털과의 연계를 끊은 업체 중에서 자생력을 갖춘 곳은 찾아보기
힘들 정도로 상황이 악화되었습니다.

이렇게 콘텐츠 제작자들과 전문 사이트들의 희생으로 성장한 포털들의 과욕이 인터넷을 왜곡시키고 있습니다. 가능성만을 보고 인터넷 기업에 투자를 하는 관행이 사라진 지금, 이제 한국에서 새로운 서비스가 출현해도 조기에 광고 수익을 통해 자생하기가 극히 어려워졌기 때문에 한국의 인터넷은 활기를 잃고 포털의 지배만 공고해져가고 있습니다.

포털의 행태는 포털 내부에서 활동하는 사람들에게도 피해를 주고 있습니다. 포털의 검색엔진은 성능이 좋지 않기 때문에 원본 여부를 가릴 능력이 없어 언제나 새로운 글에 더 가중치를 둡니다. 때문에 아무리 열심히 글을 써도 금방 남이 퍼간 글에 묻혀버려서 사람들에게 보여줄 기회를 잃고 맙니다. 때문에 남의 데이터를 복사하는 행태를 보이는 사용자들이 더 많은 방문자를 얻고 있는 실정입니다. 더구나 포털의 내부 데이터는 외부에 공개되지 않으므로 포털이 검색에 노출시켜주지 않는 원본글은 그 어느 누구도 볼 수가 없게 되고 맙니다.

기업의 이윤추구란 관점에서 법적으로 문제가 되지 않는다면 어떤 일이라도 할 자유가 있다고 말할 수도 있겠지만 인터넷이란 열린 공간에서 검색엔진이 지켜야 할 최소한의 원칙을 훼손한다면 더 이상 그것을 검색엔진이라고 부를 수는 없습니다. 그러나 이런 문제에 대한 고발과 항의하는 목소리가 인터넷에서 넘쳐흘러도 상황은 조금도 개선되지 않고 있습니다. 사실 어떻게 보면 촌스러운 한국의 인터넷 현실에서 이런 부분에 대해 이야기하는 것은 한가한 소리일 수도 있습니다. 한국의 검색 환경에는 이보다 더 심각한 문제가 존재하기 때문입니다.

권 력 과 의   야 합

권력자들은 사람들이 모여서 떠드는 바람에 사회가 혼란스러워지는
것을 좋아하지 않습니다. 갑작스럽게 인터넷이 활성화되어 권력자들
이 미처 제대로 대응을 하지 못하는 동안, 폭발적으로 늘어난 사용자
들이 인터넷에서 자유롭게 떠들 수 있었던 시기가 초기에 잠깐 있었습
니다. 하지만 곧 권력자들은 인터넷에서도 현실과 마찬가지로 사람들
에게 재갈을 물리는 방법을 강구했습니다. 자유로운 환경인 탓에 가끔
씩 인터넷에서 익명성에 의한 피해가 발생했는데 그때마다 권력기관
에서는 이를 핑계로 인터넷 실명제를 들고나왔습니다. 오랜 기간에 걸
쳐 끈질기게 도입을 기정사실화한 끝에 결국 세계 최초로 인터넷 실명
제를 법으로 제정하는 데 성공하게 됩니다.

인터넷 실명제 2003년
정보통신부는 사이버범
죄와 명예훼손 사건을
빌미로 정부 기관에 글
을 쓸 때 실명을 밝힐

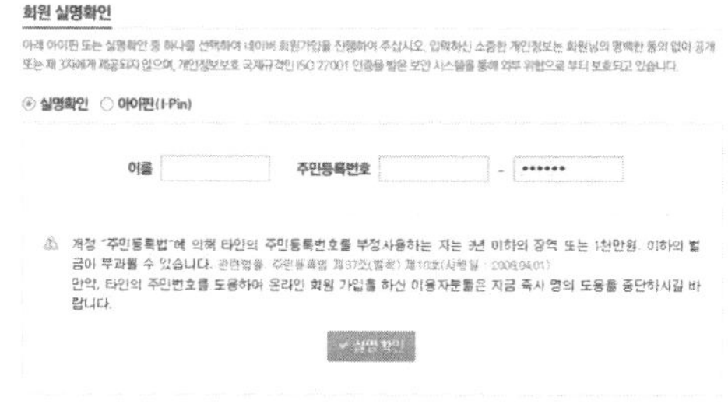

것을 요구합니다. 그 후 정보통신부는 법제화가 되기 이전부터 대형
포털에 대해서 실명제를 도입할 것을 권고합니다. 하지만 대부분의 전
문 사이트들은 실명제에 반대했지만 다음을 제외한 국내 대부분의 포
털들은 별다른 저항 없이 자발적으로 실명제를 도입했습니다.

중국조차 실시하지 않고 있던 인터넷 실명제 제정의 근거로 인터넷에서 발생하는 명예훼손과 같은 일부 극단적인 현상을 핑계로 들고 있지만 심각한 비방과 욕설은 IP 정보 등의 증거를 토대로 수사를 하면 처벌이 가능하기 때문에 과도한 법 제정이라고 할 수 있습니다.

인터넷에서 실명제를 시행함으로써 자유로운 비판이 불가능하게 되어 국민의 표현의 자유가 심각하게 훼손되고 있으며 개인정보를 수많은 사이트에 제공해야 하기 때문에 해킹에 의한 개인정보 유출의 위험도 높아졌습니다.

익명으로 타인의 명예를 훼손하고 확인되지 않은 유언비어를 퍼뜨릴 위험을 없애겠다는 이유로 정부와 국회는 실명제에 적극적이었지만, 정부 사이트 게시판에서부터 실명제가 시작된 것으로 볼 때 자유로운 의견 개진에 대해 거부감을 가진 권력자들이 인터넷 여론에 재갈을 물리기를 원했기 때문에 만들어진 법이라고 판단됩니다.

처음이 어렵습니다. 공공기관들과 회원 수가 10만 명 이상 되는 사이트에 대해 실명제를 실시하도록 강제한 이후 한국의 인터넷에서는 자유롭게 의견을 적는 것이 불가능해졌습니다. 특히 정부 기관이나 권력자들에 대한 비판은 경찰이 적극적으로 수사했기 때문에 대부분 겁을 먹고 스스로 조심하게 됨으로써 그들의 의도는 훌륭히 성취되었습니다.

또한 사이버 명예훼손죄에 따라 자신에게 불리한 글이 인터넷에 게시되어 있을 때 법적 조치 이전에 그 사이트 관리자에게 글의 삭제를 요구할 수 있는 정보삭제요청권이 남발되었습니다. 이 조항은 특히 기업체에 유리한 것으로 그들은 인터넷을 감시하고 있다가 조금이라도 자사에 불리한 여론을 형성할 가능성이 있는 글이 올라오면 즉각 글을 삭제해줄 것을 요구했고 포털들은 별다른 이의 없이 아무도 그 글을 읽지 못하게 만들었습니다. 때문에 업체의 비리나 문제 있는 제품에 대한 고발은 더 이상 인터넷에 남아 있을 수 없게 되었습니다. 기업들은 점차 감시 수위를 높여 그 어떤 글이든 업체의 이미지에 도움이 되지 않을 글은 하나도 남겨놓지 않고 인터넷에서 제거하기 위해 전담반을 운영하기까지 했습니다.

공권력의 통제	네이버가 인터넷 방송국 '아프리카' 의 홈페이지를 금칙어 처리. 촛불시위 생중계 확산 차단을 의심한 기자의 취재 후 곧바로 해제.
	이명박 정부를 비판하는 글에 대해 방송통신위원회의 언어순화 및 과장된 표현 자제 권고, 심의 요청자는 경찰청 사이버테러 대응센터였음.
	방송통신위원회가 '문제없다' 라고 확인해준 천안함 패러디 동영상을 게시판에 퍼나른 네티즌을 체포.
	다음 아고라에 경제 관련 글을 올린 '미네르바' 구속 수사. 무죄 판결 받음.
	다음에 게시된 서울시 비판 글을 서울시의 요청에 따라 열람 금지 조치.
	어청수 전 경찰청장 동생이 투자한 호텔의 불법 성매매 의혹을 보도한 뉴스 동영상에 대해 경찰청 사이버테러 대응팀이 '명예훼손' 이라며 삭제 조치.
기업의 정보 삭제 요청	이종걸 의원이 다음 아고라에 신문사 이름을 직접 거명하지 않은 글을 올렸음에도 해당 신문사의 요청에 의해 게시를 차단당함. 방송통신심의위원회의 심의 요청 결과 복구됨.
	인터넷 영화예매 사이트 티켓무비의 불편함을 적은 글이 해당 업체의 요청으로 접근 금지 당함.

표현의 자유 침해 사례 한국의 인터넷은 전 세계를 통틀어 유례 없는 제제를 받아왔습니다. 그리고 그 강도는 시간이 갈수록 점점 심해지고 있습니다.

검색 업체는 좀더 심한 압력을 받았는데 정치인들은 자신들의 이익을 위해 정부에 비판적인 신문을 서비스하지 말 것을 요구하기도 하고 불리한 댓글을 삭제하도록 만들기도 했습니다. 포털은 이미 이런 압력에 저항할 의지를 가지고 있지 않았으며 오히려 적극적으로 그들 편에서 여론을 조작하는 일까지 서슴지 않았습니다. 점차 포털 첫 페이지에 진보적인 글들을 싣지 않음으로써 자연스러운 여론 형성을 방해했고 특정 정치집단에 불리한 단어가 실시간 인기 검색어로 등장하면 포털은 임의로 그 단어를 삭제함으로써 여론을 조작하기까지 했습니다.

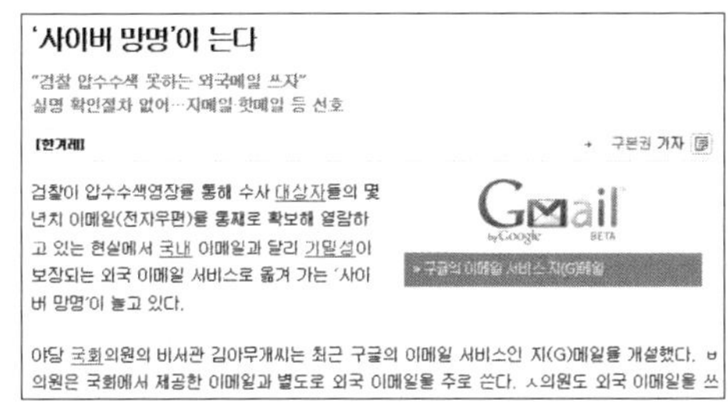

디지털 망명 권력기관은 정치적 사건의 증거를 찾겠다는 명분으로 개인의 수년 간의 이메일을 국내 포털로부터 압수해갔습니다. 이 사실이 알려지자 국내 포털의 메일 시스템에 대한 불신으로 많은 사용자들이 지메일 같은 외국의 이메일 업체로 메일 주소를 옮기고 있습니다. 국내 권력자들이 한국 인터넷의 원칙을 훼손시킴으로써 인터넷 기업들은 굴욕적인 존재로 변했고 세계로 뻗어나갈 수 있는 가능성을 원천적으로 말살당하고 말았습니다.

　'언론의 자유'와 '공정한 검색'은 인터넷 사이트의 가장 필수적인 덕목이었으나 이 모든 것을 훼손한 포털들은 정치집단에 점령당해버렸고 급기야 영장도 없는 경찰의 요구에조차 회원의 동의도 없이 개인 정보를 넘기는 반反 민주적인 존재로 변했습니다.

　검색 포털들은 불의와 타협했기 때문에 인터넷 사용자들의 신뢰를 잃었습니다. 열린 인터넷 환경에서 국경을 넘어 세계를 상대하려면 서비스의 내용뿐만 아니라 서비스하는 업체에 대한 신뢰가 있어야 합니다. 외부의 압력에 글을 읽지 못하게 만들고 사용자의 데이터를 임의로 외부에 유출하는 한국의 포털을 믿고 사용할 외국인들은 존재하지 않을 것입니다.

　언론의 자유와 프라이버시 보호라는 명제는 외국의 경우 기업이 정부와 싸우면서까지 지키려고 하는 덕목입니다. 그러나 한국에서 이런 원칙을 이야기하는 것은 한가로운 공염불로 그치기 쉽습니다. 융통성 없는 한심한 인간이라고 매도당할 뿐만 아니라 정치적으로 불온하다고 낙인 찍힐 가능성이 높고 잘못하면 좌익으로 몰려 사이트가 폐쇄될지도 모릅니다. 하지만 외국 업체들만큼은 아니더라도 원칙을 지키려는 최소한의 노력도 하지 않고 오히려 적극적으로 권력기관에 순응한 기업은 결코 열린 인터넷에서 오래갈 수 없습니다.

도 전 의 식 의 상 실

해외 진출 다음의 일본 진출 실패와 라이코스 매각에 이어 싸이월드까지 일본에서 철수했습니다. 이제 한국 인터넷 기업의 해외 진출은 일부 게임을 제외하고는 네이버의 검색 시장 진출뿐입니다. 하지만 네이버조차 외국에서의 검색 시장 공략은 철저하게 실패하고 있습니다. 한국 인터넷 기업은 이제 해외로 진출하는 것은 엄두도 내지 못하고 있습니다.

한때 한국의 인터넷 업체들을 국내에서 독특한 서비스 모델을 성공시킨 경험을 바탕으로 해외 진출을 시도했습니다. 하지만 지나치게 한국적인 서비스 형태와 경험 부족 그리고 서버를 외국에 두고 새로 사이트를 구축하는 현지화 정책으로 인해 모두 실패하고 말았습니다. 해외 진출을 위해서 비용을 들이는 것이 기업 전체의 수익구조에 악영향을 미치게 되자 업체들은 점차 외국으로 나가는 것을 포기하고 국내시장만을 상대로 하게 되었습니다. 때문에 좁은 시장에서의 과도한 경쟁이 발생했고 중복 투자도 심해졌습니다.

세계화의 방법 한국 인터넷은 진출하려는 외국에 서버를 두고 새로 사이트를 구축하는 방식을 주로 사용했습니다. 하지만 실리콘밸리의 인터넷 업체처럼 서버는 국내에 그대로 두고 각국 언어지원을 추가하는 형태의 세계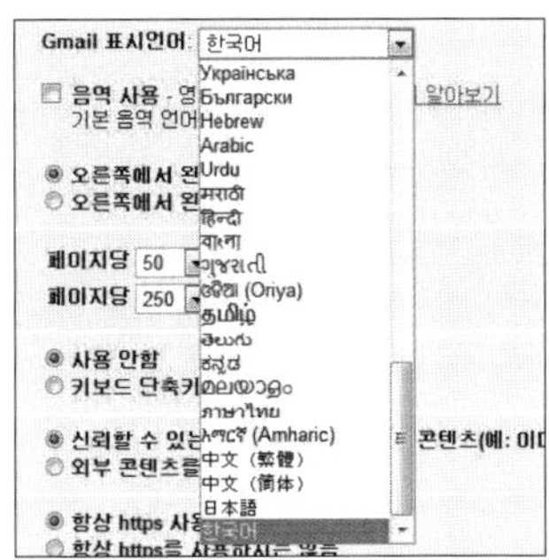화를 했다면 훨씬 성공 가능성이 높았을 것입니다. 지금이라도 국내 사이트를 외국에서도 성공시키고 싶다면 국내 서비스에 적극적으로 외국어지원 정책을 추가하는 방향으로 진행해야 할 것입니다.

선두에 서지 못하는 포털들은 극심한 적자 속에서 생존을 위해 자본을 가진 업체에 흡수 합병을 당했고 포털 업계는 몇 개의 업체만 남게 되었습니다. 대형 포털은 네이버가 수익을 싹쓸이하는 가운데 다음과 네이트가 네이버에 비해 10분의 1 정도의 흑자를 내고 있고 나머지 업체들은 적자 행진 속에서 가끔 약간의 흑자를 억지로 만들어내는 정도입니다.

일정 점유율을 확보하고 있는 업체들 입장에서는 인터넷 실명제와 사이버 명예훼손법이 꼭 나쁜 것만은 아니었습니다. 이런 규제와 금지 조항들은 받아들이기만 하면 이미 확보한 점유율을 안정적으로 지킬 수 있는 무기가 되었습니다. 그것들은 외국의 서비스가 한국에 침투하는 것을 막아주는 효과가 있었기 때문입니다.

언론의 자유를 당연하게 여기는 외국의 인터넷 업체들은 이런 특수한 법을 지키면서까지 한국에 진출하려고 하지 않았습니다. 그 법을 따르기 위해서는 자신들의 서비스를 훼손하지 않고는 불가능한 일이었습니다. 때문에 인터넷 강국이란 이미지를 가지고 있는 한국에 의욕적으로 진출했던 업체들은 이런 제약을 극복하지 못하고 거의 다 실패하여 떠나고 말았습니다.

유튜브의 실명제 거부 유튜브는 한국에서 서비스를 하려면 인터넷 실명제를 지켜야 한다는 정부의 요구를 받아들이지 않았습니다. 그들은 한국에 있는 서버를 모두 철수하고 한국에서 유튜브에 접속할 경우 글쓰기를 제한함으로써 여전히 한글로 서비스를 하면서도 한국의 국내법을 지킬 필요가 없게 만들었습니다. 그러나 청와대는 외국인을 대상으로 한다는 논리로 자신들이 쫓아낸 유튜브에 여전히 홍보 페이지를 유지하고 있습니다.

콘텐츠 제작자들의 희생을 바탕으로 성장한 포털, 검색엔진이라고 부를 수 없는 불공정한 검색 사이트, 원칙을 훼손하고 권력과 야합한 인터넷 업체들이 격심한 경쟁에서 살아남은 후 각종 규제의 도움을 받아 외국 기업의 국내 진출까지 방해하고 있습니다. 그러나 어디서부터 잘못되었는지 감조차 잡히지 않는 왜곡된 한국의 인터넷 환경이 또다시 페이스북과 트위터 같은 소셜 네트워크 서비스의 도전을 받고 있습니다. 하지만 여기까지 읽어온 분이라면 이 도전자들이 어떻게 될지에 대해서 스스로 판단할 수 있을 것입니다.

한국에서의 페이스북과 트위터의 미래

한국의 인터넷 역사를 볼 때 소셜 네트워크는 새로운 것이 아닙니다. 군이 싸이월드를 예로 들지 않더라도 하이텔과 같은 PC통신의 게시판과 동호회가 충분히 같은 기능을 했습니다. 페이스북의 자발적 실명 정책은 한국의 실명제라는 특수성과 비교할 때 오히려 그 강도가 떨어집니다. 한국에서는 게시판에 글 하나 적으려고 해도 주민등록번호와 전화번호, 직장과 집 주소까지 다 밝혀야 하기 때문입니다. 하지만 실제 인간관계 중심의 네트워크를 강요하는 페이스북에 비해 실명 인증 후에는 회원들끼리 자신의 신분을 드러낼 필요가 없이 반익명의 아이디를 사용할 수 있는 한국의 게시판 문화가 어떤 면에서는 오히려 훨씬 자유로운 활동을 보장하고 있습니다.

포털은 모든 서비스를 한곳에서 해결할 수 있게 만들어졌기 때문에 그 안에서는 이미 페이스북을 능가하는 토털 서비스가 가능합니다. 메일과 쪽지, 블로그와 카페, 뉴스 댓글 시스템 그리고 각종 게시판까지, 페이스북이 해줄 수 있다고 이야기하는 그 모든 것이 다 서비스되고 있습니다. 트위터가 제공해주는 소통 시스템도 이미 게시판 문화 속에서 충분히 누려오던 것이었습니다.

하이텔 이후 10년 이상 서비스되고 있는 커뮤니티 사이트들의 자유 게시판은 다양한 사람들의 토론과 논쟁, 일상사와 관심사가 유통되고 있는 열린 광장입니다. 트위터에서는 글이 정리되거나 보존되지 않고 새로운 글에 밀리면 잊혀지지만 자유게시판에서는 시간이 지나도 글을 다시 찾아볼 수 있고 회원들간의 관계 형성까지 가능하기 때문에 훨씬 인간적인 곳이라고 말할 수 있습니다.

반익명, 반실명의 한국적 포털 시스템을 사용해온 사람들에게 오프라인에서 이미 알고 있는 사람 위주의 페이스북은 부담스러운 서비스로 느껴지며 정리되지 않은 채 흘러가기만 하는 트위터의 글쓰기 시스템은 게시판에 비해 혼란스럽기만 할지도 모릅니다.

페이스북과 트위터는 아직 한국에 진출하지도 않았음에도 인기를 얻고 있지만 일단 정식으로 한국에 들어오게 되면 국내법을 지키지 않을 수 없을 것이고 그에 따라 많은 마찰을 겪게 될 것입니다. 한국의 폐쇄적인 시장은 몇몇 업체가 이미 선점하고 있는 상황이라 공략이 쉽지 않을 것입니다. 더구나 중국과 같이 무시할 수 없는 인터넷 사용 인구를 가지고 있는 나라라면 몰라도 각종 규제로 방어막이 쳐진 이런 좁은 시장이 과연 그들에게 얼마나 매력이 있을지 의문입니다.

벌써부터 견제는 시작되고 있습니다. 최근 방송통신위원회는 페이스북이 한국의 개인정보보호법을 위반하고 있는지 집중 조사하고 있다고 발표했습니다. 그들은 아직 한국에 정식으로 들어오지도 않은 업체에 과징금을 부여할 방법을 고민하고 있을 정도입니다. 어느 누구도 드러내놓고 방송통신위원회에 이런 견제를 해달라고 요구하지 않았지만 인적 네트워크로 엮인 내부인들의 공통적인 이해관계가 얽혀 있는 만큼 말하지 않아도 자동적으로 굴러가게 되어 있는 자연스러운 흐름입니다.

페이스북도 유튜브와 마찬가지 과정을 거쳐 한국에서 퇴출되든지 한국만을 위한 한국식 서비스 페이지가 만들어지든지 하게 될 것입니다. 한국식 서비스를 거부하면 그 때문에 잊혀지겠지만 국내법을 지키게 되면 실망한 사용자들의 외면을 받을 가능성이 큽니다. 만약 페이스북 사장이 최소한 1년에 한 번 이상 한국을 직접 방문하여 관계자들과 만남을 통해 그들의 위신을 세워주고 인적 네트워크를 다진다면 규제를 받지 않고 서비스를 할 수 있게 될지도 모릅니다. 물론 그렇게 하여 사용자 수를 늘리게 되더라도 권력과 야합한 페이스북에 대한 사용자들의 분노로 인해 국내시장에서 인정받기는 힘들 것입니다.

오픈 소셜 페이스북이 막강한 사용자를 무기로 타 업체들을 자사 중심의 플랫폼에 끌어들이려고 하자 구글은 모든 업체가 동등한 자격으로 참여할 수 있는 오픈 소셜을 발표합니다. 오픈 

소셜 방식에 맞추어 프로그램을 만들면 어떤 사이트에서도 그 프로그램을 고치지 않고 쓸 수 있습니다. 오픈 소셜에 참여한 사이트끼리는 콘텐츠를 쉽게 주고받을 수 있기 때문에 사용자는 어떤 사이트의 어떤 게시판에 글을 남겨도 개인 페이지에 자동으로 모아놓을 수 있습니다.

소셜 네트워크 서비스의 도전에 대한 국내 업체의 대응도 만만치는 않습니다. 네이버를 제외한 다음과 네이트, 야후는 구글이 제시한 오픈 소셜 네트워크를 기치로 내걸고 서로 간에 콘텐츠를 교환, 재사용은 물론 공유도 가능하도록 하고 있습니다. 초대형 포털인 네이버는 이런 움직임을 무시하고 자사 중심의 소셜 네트워크를 구축하려는 의도로 오픈 소셜을 이용하려는 움직임을 보이고 있지만 일부라도 개방적으로 가는 행보가 그나마 변화의 가능성이라도 열어놓기 때문에 다행한 일이라고 생각됩니다. 폐쇄적이던 네이버가 외부의 도전에 의해서 조금이나마 개선을 한다면 이것이 계기가 되어 국내 인터넷 환경도 조금은 나아질 수 있기 때문입니다.

구글은 그 성격상 모든 인터넷 사이트에 접근할 수 있어야 검색 효율을 높일 수 있기 때문에 오픈 소셜을 할 수밖에 없으며 페이스북과 네이버같이 콘텐츠를 소유하고 있는 사이트는 결국 자사 전용의 폐쇄된 네트워크를 구축할 수밖에 없습니다. 하지만 자기 위주로 세상을 구속하려 드는 깡패들이 있어도 대세는 늘 개방과 공존을 추구하는 세력 편이었습니다. 페이스북과 네이버 또한 악당의 길을 가려 하고 있으나 역사적으로 볼 때 컴퓨터 업계 특히 인터넷에서 한 업체가 세상을 지배하는 것은 불가능한 탐욕일 뿐입니다.

구글과 네이버의 신뢰도 차이

외국의 소셜 네트워크 서비스가 한국의 인터넷 사업을 위협한다는 걱정들이 나오고 있지만 국내 포털들의 지위가 흔들릴 가능성은 매우 낮습니다. 그들의 영향을 받아 한국의 인터넷 환경이 소셜 네트워크 성격으로 변화될 수는 있겠지만 외국 사이트가 한국에서 우위를 점하기는 힘들 것입니다.

뇌물을 통해 법 위에 군림하고 권력기관의 비호 아래 온갖 비리를 일삼으면서 하청업체를 쥐어짜 이윤을 극대화하는 한국의 재벌 구조가 인터넷에서도 그대로 재현되고 있기 때문입니다. 이런 구조를 깨기 위해서는 오픈 소셜을 통한 사이트 간의 교류가 확대되어야 합니다. 특히 한국의 인터넷이 변화하기 위해서는 무엇보다도 구글 같은 검색 전문 사이트가 성공해야 합니다. 중국에서조차 무시 못 할 점유율을 보이고 있는 구글이 유독 일본과 한국에서 힘을 발휘하지 못하고 있는 것은 정말 안타까운 일이 아닐 수 없습니다.

구글의 구호 구글은 사악해지지 말자는 모토를 가지고 있습니다. 하지만 구글도 엄청난 인터넷 사용자 수에 욕심을 내어 중국 당국의 검열을 받아들인 것과 구글TV를 위한 네트워크 전송 과정에 특혜를 얻고자 함으로써 망 중립성을 훼손한다고 비판받은 적이 있습니다. 하지만 결국 구글은 수많은 비난을 받고 중국 당국과 마찰을 일으킨 끝에 철수를 결정했습니다. 괴물이 되지 않으려는 구글의 노력이 가상하긴 하지만 생각해보면 이런 선택들이 가능한 것은 구글이 선해서라기보다는 자체 데이터를 가지지 않는 구글의 검색 사업 모델이 인터넷 사이트들의 신뢰가 없이는 성공할 수 없기 때문일 것입니다.

왜 미국 기업인 구글이 한국에서 성공해야 할까요? 거기에는 분명한 이유가 있습니다. 네이버는 한국의 검색 분야에서 점유율 1위를 차지하고 있고 구글은 미국을 포함한 많은 나라에서 1위를 차지하고 있습니다. 하지만 구글은 네이버와 몇 가지 면에서 큰 차이를 보입니다.

네이버는 내부에 쌓아놓은 자사 전용의 데이터를 위주로 검색 결과를 보여주는 폐쇄적인 서비스입니다. 네이버는 또 내부의 데이터를 외부 사이트에서 사용하지 못하게 철저히 막아놓고 있습니다. 이에 반해 구글은 자체적으로 콘텐츠를 소유하지 않습니다. 구글이 인수한 동영상 사이트 유튜브는 자기 데이터를 외부에서 마음대로 사용할 수 있도록 개방하고 있습니다.

포털들은 부족한 검색엔진의 성능을 높이는 대신 자기들이 마음대로 조작할 수 있는 내부 데이터를 확보하여 검색 결과를 개선시켜왔습니다. 그러나 그들이 찾지 못했을 뿐이지 포털 외부에는 언제나 엄청나게 많은 양질의 데이터가 존재하고 있었습니다. 최근 네이버 관계자가 네이버에서 자체 콘텐츠를 확보하게 된 것은 외부에 쓸 만한 콘텐츠가 없었기 때문이라고 말했는데 이것은 한국의 인터넷 사이트를 모독하는 발언일 뿐만 아니라 자신들의 검색 실력이 부족하다는 것을 공개적으로 고백하는 말이기도 합니다.

구글이 모아서 분석하는 데이터는 모두 외부에 있는 것이며 영어뿐만 아니라 다양한 언어를 지원합니다. 구글은 자체 데이터를 소유하지 않기 때문에 모든 콘텐츠에 대해서 공정한 검색 결과를 보여줍니다. 복사본보다는 원본을 먼저 보여주며 사람들이 많이 찾는 인기 페이지를 중요하게 취급하여 최적의 검색 결과를 만들어냅니다. 구글에서 검색하면 결과의 첫 3개 항목 안에 원하는 정보가 있을 확률이 높고 아무리 모호해도 거의 대부분 3페이지 안에서 해결이 됩니다.

내용이 알찬 좋은 콘텐츠는 사람들에게 인기가 높기 마련인데 구글은 내부적으로 이런 페이지에 높은 순위를 부여하는 규칙을 개발했습니다. 구글은 인기 콘텐츠를 다른 페이지보다 먼저 보여주기 때문에 더 많은 방문자를 확보할 수 있으므로 구글에 사이트를 개방하여 검색을 허용하는 것은 그 사이트에도 이익이 됩니다.

한국의 저력을 생각해볼 때 이런 역할을 구글에 맡길 것이 아니라 우리 스스로 이런 공정한 검색 사이트를 만들어야 한다고 믿습니다. 자체적으로 콘텐츠를 소유하지 않으면서 검색 결과를 만들 때 외부 사이트들에 대해 공정한 기준을 적용하는 검색 사이트가 필요합니다. 상위권에 들지 못한 포털 업체라면 또 다른 네이버가 되기 위해 노력하는 것보다는 차라리 한국적인 구글이 되려고 노력하는 것이 더 성공 가능성이 높을 것이란 점을 밝혀둡니다.

전문 검색 사이트를 지향하는 것은 장점이 많습니다. 순수한 검색 사이트가 되는 것은 포털이 되는 것보다 비용이 적게 드는 일입니다. 포털 경쟁에서 가능성을 보지 못하는 업체라면 새로운 비즈니스 모델로서 순수한 검색 사이트 구축을 심각하게 고려해보라고 권고합니다. 특히 새로운 서비스를 계획하고 있는 신생 벤처가 있다면 지금부터 검색 전용 사이트를 시작해도 늦지 않을 것입니다.

현재 포털과 관계를 단절한 수많은 전문 사이트들이 있습니다. 그곳에는 질과 양의 측면에서 네이버의 내부 데이터를 능가하는 콘텐츠가 존재합니다. 콘텐츠가 어느 사이트에 있더라도 차별하지 않고 공정하게 검색해주는 사이트임을 인정받을 수만 있다면 네이버의 검색 점유율을 넘어서는 것이 불가능한 일이 아닙니다.

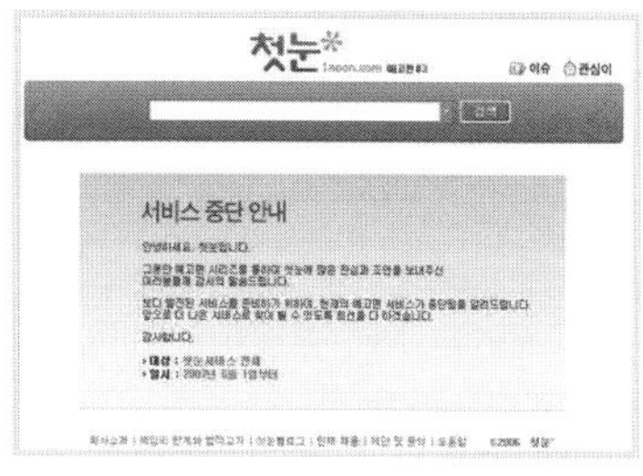

검색 전용 사이트 검색엔진 '첫눈'은 검색 사이트들이 포털화된 이후 한국식 검색 사이트를 표방하고 나온 업체였습니다. 그러나 이것의 위험성을 눈치 챈 네이버가 검색 기술을 확보한다는 핑계로 재빨리 흡수해버리고 말았습니다. 우리는 포털에 회사를 파는 것을 목표로 하지 않고 검색 전용 사이트로 성공하려는 의지가 충만한 용기 있는 업체를 기다립니다.

구글과 네이버의 검색 결과 노출 방식 차이

구글은 모든 화면을 최대한 간단하게 유지하려고 노력합니다. 쓸데없는 그래픽이나 화려한 장식을 사용하지 않습니다. 문자만으로 된 건조한 화면 때문에 기계와 상대하는 것 같아서 오히려 거부감을 느끼는 사람들도 있습니다. 하지만 검색 결과를 보면 그렇게 생각하기 힘듭니다. 구글은 사용자의 질의에 '가장 적합한 결과를 최대한 빠른 시간 안에 보여주겠다' 라는 목적에 충실한 결과를 만들어냅니다.

구글의 검색 결과 사람은 화면을 볼 때 왼쪽을 먼저 쳐다본다고 알려져 있습니다. 때문에 구글은 사용자에게 중요한 검색 결과를 왼쪽에 배치하고 있습니다. 검색어와 관련된 광고가 있기는 하지만 집중도가 떨어지는 오른쪽에 배치하고 있으며 검색 결과와 섞이지 않도록 구분해놓고 있습니다. 다른 나라의 구글 페이지는 데이터가 있는 곳을 구별하지 않는 정책을 취하고 있지만 한국에 서비스하는 페이지는 포털의 영향을 받아 블로그, 웹 페이지와 같은 구분을 하고 있습니다. 한때 구글은 첫 페이지에 아무런 정보를 싣지 않는다는 원칙을 깨고 한국 구글 첫 페이지에 다양한 정보를 노출했던 적이 있었지만 별 효과가 없어서 결국 원래의 간결한 페이지로 돌아갔습니다. 한국적인 방식에 따른다고 해서 성공할 수 있는 것이 아니란 것을 확인했다면 구글은 검색 결과 페이지도 원래대로 하는 것이 좋을 것입니다.

국내 포털들은 검색 결과를 표시할 때 블로그, 지식검색, 웹 등 데이터가 있는 곳에 따라 차등을 두고 자사 데이터에 대해서 우선권을 주며 광고를 먼저 노출시켜 정작 필요한 검색 결과는 찾기가 힘들게 만들어두고 있습니다. 화면을 가득 채우는 이미지와 복잡한 화면을 보면, 그들은 사용자가 원하는 정확한 결과를 빠른 시간 내에 알려주는 것보다는 가능하면 사용자가 자사 내에 머물면서 많은 광고를 보도록 하는 데 더 관심이 있는 것 같습니다.

이런 이유로 외부 사이트들은 네이버에 검색을 허용한다고 해도 방문자 수 증가를 기대하기 힘듭니다. 방문자가 증가한다고 해도 해당 검색어와 관련된 광고에 흥미를 가질 가능성이 있는 사용자들은 이미 네이버에서 먼저 제시된 광고 링크로 넘어가버린 다음입니다. 때문에 네이버를 통한 방문자들의 광고 클릭률이 현저하게 낮아집니다. 여태 까지 콘텐츠 제공자들이 방문자 유입을 통한 수익을 기대하고 네이버 와 연계했지만 수익 증가 효과는 보지 못하고 콘텐츠 무단 도용만 당한 끝에 관계를 단절한 이유가 그 때문입니다.

구글은 방문자가 최대한 적은 클릭으로 외부 사이트로 넘어가도록 해줄 뿐만 아니라 검색을 허용하는 사이트의 수익을 증대시키기 위한 방안도 마련함으로써 콘텐츠 제작자들이 자생할 수 있는 기반을 만들어주고 있습니다. 구글은 광고 수익을 독점하지 않고 콘텐츠 제작자들과 나눕니다. 이런 정책은 다시 구글에 대해 우호적인 사이트를 증가시킴으로써 검색 가능한 데이터를 더 많이 확보하게 되어 검색 결과를 더 좋게 만들 수 있는 선순환을 이루어내고 있습니다.

상생의 길 구글은 '애드센스'란 아이디어로 콘텐츠 제공자들이 자생할 수 있도록 돕고 있습니다. 웹 페이지에 구글이 광고를 할 수 있는 공간을 만들어두면 웹 페이지 본문과 관련 있는 광고가 자동으로 표시됩니다. 구글 검색을 통해 들어온 방문자들이 본문을 읽으며 관련된 광고를 클릭하게 되고 이렇게 발생된 수익은 웹 페이지 소유자와 나누게 됩니다. 구글은 검색 결과에 적극적으로 광고를 노출하지 않더라도 애드센스를 붙인 웹 페이지를 통해 광고 클릭을 늘릴 수 있기 때문에 최적의 검색 결과를 만드는 데 집중할 수 있게 됩니다. 구글에 검색을 허용하고 애드센스를 붙인 웹 사이트는 방문자 수 증가와 함께 상당한 수익이 보장되기 때문에 자연스럽게 좋은 콘텐츠 제작에 전념하게 됩니다.

구글과 네이버의 콘텐츠에 대한 입장 차이

한국에서 공정한 검색 전용 사이트가 나오기를 바라는 이유는 포털들이 자신들의 이익을 위해 콘텐츠를 무단으로 사용하는 관행이 개선되지 않고 있어서입니다. 구글은 콘텐츠 제작자들과 함께 성장하기를 원하고 그들에게 수익을 나누어줄 수 있는 방법을 강구하면서까지 콘텐츠 제작자들을 동반자로 대우해왔습니다. 하지만 국내 포털들, 특히 네이버는 불법복제를 조장하고 있습니다. 특히 내부 콘텐츠에 대해서는 원저자의 동의도 받지 않고 자신들의 이익을 위해 마음대로 활용하고 있습니다. 포털들은 콘텐츠를 마치 광고를 보게 하기 위한 미끼로 생각하고 있는 듯합니다.

네이버 첫 페이지 광고업체에 네이버 첫 페이지는 엄청난 가치를 지닙니다. 그러나 사용자들은 이곳에 광고를 보러 오는 것이 아닙니다. 네이버는 첫 페이지를 채워줄 수많은 콘텐츠를 확보해놓고 있으며 원할 때 마음껏 그것들로 첫 페이지를 장식합니다. 콘텐츠를 만든 사람들은 첫 페이지에 올랐다는 사실만을 기뻐할 뿐 그들의 콘텐츠가 사용료도 없이 완전히 공짜로 이용되고 있는 것은 잘 인식하지 못합니다. 누군가 나서서 첫 페이지의 가격을 산정한 다음 콘텐츠 이용료를 요구하고 포털이 응하지 않는다면 소송을 해서라도 이 관행을 없애야 할 것입니다.

콘텐츠를 무단으로 활용하지 않는 공정한 검색 전용 사이트가 나온다면 이런 문제가 해결될 수 있습니다. 콘텐츠는 어느 한 포털의 소유물처럼 취급되어 갇혀 있지 않을 수 있고 공정한 검색엔진의 도움으로 최대한의 방문자를 얻을 수 있을 것입니다. 만약 검색 전용 사이트를 사용하는 사람들이 많아진다면 그 효과는 더욱더 커질 것입니다. 검색 전용 사이트의 점유율이 높아진다면, 아니 지금이라도 구글 사용자가 좀더 많아진다면 그 파장은 더욱 커질 수 있습니다. 몇몇 인기 포털과, 외부 사이트의 지원을 받는 공정한 검색 사이트의 대결 구도가 만들어진다면 결국 승리하는 것은 후자가 될 것이기 때문입니다.

한국에서 구글이 좀더 높은 검색 점유율을 얻기를 바라는 것은 바로 이런 이유 때문입니다. 구글이 성공하지 못한다면 한국의 검색 전용 사이트가 나타나서 이 일을 해주기를 바랍니다. 웹 페이지는 검색을 통해서 사용자와 만나야만 그 진정한 가치가 빛날 수 있습니다.

아무리 포털의 위력이 막강해도 새로운 서비스는 출현하게 마련입니다. 구글의 검색 알고리즘이 뛰어나다지만 구글과 싸우는 것이 불가능하지는 않습니다. 공정한 검색 전용 사이트가 되겠다고 결심하는 업체가 출현하기를 바랍니다. 아니 그보다는 아파트 베란다에 싸구려 컴퓨터를 쌓아놓고 아이디어를 현실화하기 위해 노력하는 젊은 친구들의 무모한 도전을 기다립니다. 거의 모든 인터넷 사업은 바로 그렇게 시작되었으며 지금 세상을 지배하는 거대 업체들이 가장 두려워하는 것이 바로 그렇게 겁 없이 덤비는 자들이기 때문입니다.

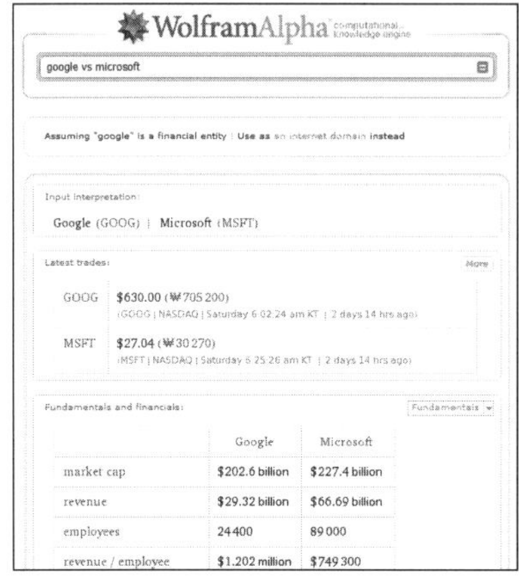

천재 물리학자가 만든 지능형 검색엔진 혁신적인 계산용 소프트웨어 매스매티카로 유명한 울프램 박사가 만든 검색엔진 '울프램알파'. 자연어 처리가 가능하며 인터넷 웹 페이지를 단순히 찾아주는 단계를 넘어 검색어를 분석하여 체계적인 보고서를 만들어줍니다. 그리고 그 성능은 구글을 훨씬 뛰어넘고 있습니다. 울프램알파의 데이터베이스가 커질수록 그 결과는 더욱 정교하고 완벽해질 것으로 보입니다.

한 국 인 터 넷 의 미 래 를 위 해

공정한 검색 사이트가 인터넷의 관문 역할을 되찾게 된다면 좋은 콘텐츠를 가진 사이트들은 지금의 10배 아니 100배 이상의 방문자를 얻을 수 있을 것이고 그에 따른 수익으로 자생할 수 있는 환경이 조성될 것입니다. 그리고 포털 외부에서도 사이트 운영이 가능하다는 것을 알게 되면 블로그와 카페 등 포털 종속적으로 변해버린 서비스들이 다시 독립하여 인터넷 생태계가 활기를 되찾을 것입니다. 이렇게 되면 한국의 인터넷은 예전처럼 창의력과 상상력이 넘치는 곳이 될 수 있습니다.

트위터 변변한 수익 모델이 없던 트위 
터는 사용자들의 짧은 글들을 돈을 받
고 검색을 허용함으로써 단숨에 흑자로 돌아섰습니다. 모든 업체에 플
랫폼을 개방하던 트위터는 점차 자신들의 서비스가 대세가 되자 다시
폐쇄정책으로 돌아가고 있습니다. 악당이 되어가는 트위터는 돈을 받
고 검색을 허락해준다는 놀라운 아이디어를 현실화했습니다. 전문 사
이트와 커뮤니티 사이트에는 트위터보다 더 신속한 정보가 올라오고
있으며 지식검색보다 더 알찬 질문과 답 콘텐츠가 쌓여 있습니다. 전
문 사이트들은 연합체를 만들어서 콘텐츠를 확보한 다음 트위터와 마
찬가지로 국내 포털에는 돈을 받고 검색을 할 수 있게 해주어야 합니
다. 공정한 검색 사이트에는 적극 개방하더라도 해마다 경매 방식으로
가장 많은 돈을 주는 포털에 검색을 몰아준다면 포털들이 지금과 같은
지위를 유지하지 못하게 만들고 포털 스스로 공정한 검색을 하도록 변
화시킬 수 있을 것입니다.

정부는 하루빨리 인터넷 실명제를 폐지해야 합니다. 실명제는 표현
의 자유를 제약할 뿐만 아니라 국내 업체가 세계적인 사이트로 성장하
지 못하게 만드는 결정적인 장해물일 뿐입니다. 한국 사이트가 국내와
국외에 같은 가입 조건을 유지하고 사용 환경을 국내외에 차별을 둘 필
요가 없어져야 모든 서비스에 대한 다국어 지원이 가능할 것입니다. 한
국의 1위 인터넷 기업의 매출액은 외국의 거대 인터넷 기업의 10분의 1
도 되지 않습니다. 열린 인터넷 환경에서 거대한 외국 시장을 포기할

수밖에 없게 만드는 인터넷 실명제는 반드시 사라져야 할 것입니다.

국내 인터넷 업체, 특히 포털들은 권력기관의 부당한 압력에 굴복해서는 안 됩니다. 법을 수호해야 할 자들이 저지르는 불법 행위에 협조해서도 안 됩니다. 민주주의의 기본 원칙을 지키는 것은 세계화를 위한 기본 조건입니다. 사용자의 신뢰를 얻지 못하는 업체는 결코 외국 사용자를 확보할 수 없을 것입니다.

포털은 검색과 자체 데이터 서비스 사업을 분리하고 공정한 검색이 가능하게 만들어야 합니다. 개방이 대세가 되고 있는 소셜 네트워크 시대에는 전문 사이트들과 공존하지 않고는 아무리 거대 포털이라고 하더라도 살아남을 수 없습니다. 또한 내부 사용자를 가두어두지 말고 내부 데이터를 외부 검색엔진에 개방하여야 합니다.

포털의 횡포와 각종 규제로 한국의 인터넷은 심각하게 병들어 있습니다. 이런 상황을 인식하지 못하고 또다시 외국 서비스의 공격을 새로운 규제로 이겨내려 한다면 한국 시장의 수성에는 성공할 수 있을지 몰라도 결국 열린 인터넷 환경에서 한국 기업들은 자멸하고 말 것입니다.

자발적으로 개방에 동참하지 않는다면 한국의 인터넷 기업들은 페이스북과 트위터 그리고 그 후 계속해서 밀려오는 외국 서비스들에 조금씩 한국 시장을 뺏기다가 결국 모든 것을 잃게 될 것입니다.

유일한 희망은 구글처럼 공정한 검색엔진에 있습니다. 우리 스스로 이 문제를 해결하지 못한다면 결국 전문 사이트들의 생존을 위해서 구글의 공정성에 기댈 수밖에 없고, 한국에서 구글의 성공을 간절히 기원해야 하는 비참한 미래만이 남게 될 것입니다.

chapter 05

콘텐츠를 죽이는
불법복제

현실은 암울합니다.
학생들에게 올바름을 가르쳐야 할 교사들이 불법복제한 영화를 틀어주고 있으니까요.
그것도 남들보다 빨리 구했음을 자랑하며 많은 학생들에게 보여줍니다.
이것은 명백한 도둑질입니다.
수능이 끝난 고3 학생들은 방학이 될 때까지 오전 내내 불법복제된 영화를 보면서
시간을 때우지만 워낙 일상적인 일이라 죄의식도 느끼지 못합니다.
우리 자녀들이 학교에서 도둑질도 괜찮다고 배우고 있는 것입니다.

불법복제의 온상, 인터넷

영화 〈소셜 네트워크〉는 한국에서 상영되기도 전에 불법복제된 영화 파일이 인터넷에 먼저 유포되었습니다. 영화 〈디스트릭트9〉은 미국 극장에 상영과 동시에 고화질 영상이 유출되었습니다. 이건 유래가 없을 정도로 엄청 빠른 '릴(불법복제 파일이 배포되는 것)'이었습니다. 자, 다운받으러 가볼까요? 웬만한 웹하드에는 이미 다 올라와 있을 테니까요. 영화 배급사가 다운로드하지 못하도록 저작권 보호 요청을 했다면 공식적으로는 검색이 안 되겠지만 그래도 다 방법이 있습니다. 어차피 눈 가리고 아웅하는 짓입니다. 140원만 내면 초고속 인터넷으로 금방 다운받을 수 있습니다. 다운 걸어놓고 화장실 갔다 오는 시간이면 됩니다. 자, 이제 느긋하게 즐겨볼까요? 불법복제로 충만한 초고속 인터넷의 축복을.

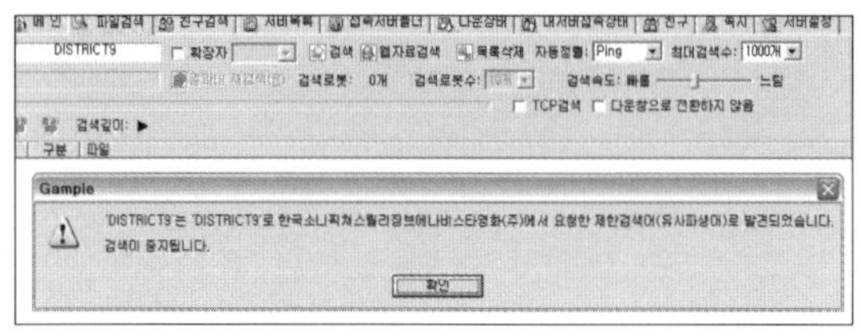

저작권 보호 빠른 '릴'을 자랑하는 미국 영화 중에서도 〈디스트릭트9〉은 유출 속도에 있어 신기록을 달성했습니다. 국내에 개봉되기도 전에 한국 네티즌 중에서 안 본 사람이 드물 정도였습니다. 배급사는 심각한 관객 감소가 예상되자 불법동영상이 퍼지는 것을 조금이라도 줄여보려고 각 웹하드 업체에 해당 영화를 검색하지 못하도록 검색어 제한을 요청했습니다. 검색할 때 'DISTRICT' 철자를 전부 치지 않고 'DISTR' 까지만 쓰고 검색할 수도 있으니까 배급사는 다양한 단어에 대해서 검색 제한을 요구합니다. 때문에 'DISTRICT9' 부터 'DIS' 까지 모두 검색이 되지 않도록 처리가 되었습니다.

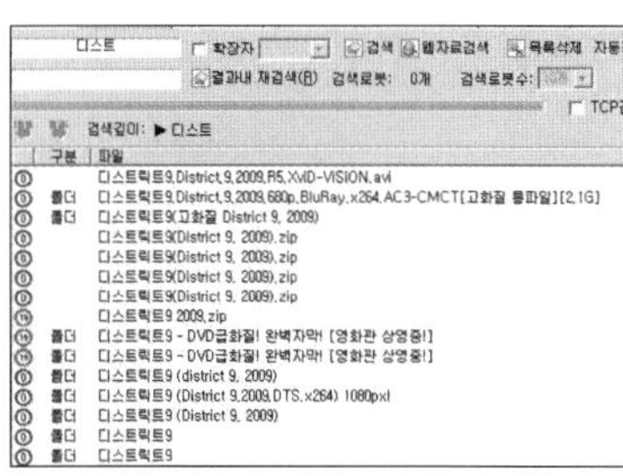

검색어 제한 피해가기 하지만 웹하드 업체는 정확히 협조 공문에 있는 검색어만 제한을 가합니다. 배급사가 한글로 된 검색어를 빼먹었기 때문에 버젓이 바로 그 영화가 다운로드되는 것을 방치하고 있습니다. 일부 악랄한 업체는 웹하드 바깥에 전용 검색 사이트를 만들어 여기서 제한 없이 검색이 가능하도록 한 곳도 있습니다. 140원의 다운료는 파일을 올린 사람과 회사가 나누어 갖습니다. 사람들은 웹하드에서 정당하게 영화를 구입했다고 생각하지만 이 비용은 장물을 파는 자들에게 넘어간 눈먼 돈일 뿐입니다.

현재 인터넷의 P2P 네트워크에는 세상에 나온 거의 대부분의 사진, 영화 그리고 동영상 파일, 인간이 부른 모든 노래, 책으로 나온 만화 등이 모두 디지털화되어 불법으로 공유되고 있습니다. 책들은 전자문서가 빼돌려지거나 직접 타이핑을 한 텍스트 파일 형태로 돌아다니고 있습니다. 물론 이 모든 것을 다 합친 것보다 훨씬 많은 양의 음란물이 유통되고 있습니다. 사람들이 실수로 공유시킨 이력서와 사진, 동영상 같은 개인 파일들도 굴러다닙니다. 한마디로 인터넷에는 인류가 만들어낸 모든 콘텐츠가 담겨 있다고 말할 수 있습니다.

영구 저장소 P2P P2P(네트워크망의 한 방식, 여기서는 파일 공유를 하는 네트워크를 의미합니다)에 올라온 한 개의 파일은 수많은 사람들에게 복제됩니다. 전 세계 컴퓨터 중 한 대에만 그 파일이 있어도

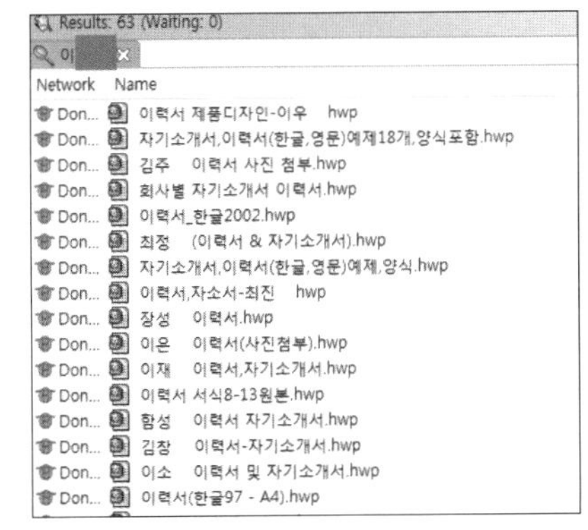

모든 사람이 볼 수 있습니다. 공유된 파일은 이렇게 P2P에 영원히 존재하게 됩니다. 때문에 개인적인 파일은 실수로라도 공유되도록 해서는 안 됩니다. 마음 약한 사람들은 생명을 버리게 될 수도 있습니다.

불법복제가 사라지게 만든 것들

세계적으로 콘텐츠 불법복제가 문제이지만 한국은 특히 심합니다. 음반 시장은 죽어버렸고, 비디오 대여점도 깡그리 사라졌습니다. DVD 판매가 부진해 외국 직배사들은 모두 철수했습니다. 만화는 출시되는 날 스캐너에 읽혀서 공유됩니다.

블루레이 영화를 압축한 동영상은 DVD와 IPTV 영화보다 화질이 뛰어나 보는 데 전혀 지장이 없습니다. 불법 릴과 거의 동시에 자막이 번역되어 나오기 때문에 국내에 영화가 정식으로 발매되지 않아도 상관없습니다. 오히려 쓸데없는 검열 때문에 중요 내용이 삭제당한 정식 발매 제품보다 무삭제본인 원판이 더 좋습니다. 공유되는 자막이 더 뛰어난 경우도 많습니다.

만화도, 영화도, 자막도, 노래도 전 세계에서 한 명, 즉 60억 분의 1만 수고하면 됩니다. 그 한 명이 만든 불법 콘텐츠는 인터넷을 타고 지구 전체에서 공유됩니다. 아파트라는 특이한 집단 거주 방식이 과반수를 넘는 한국에서는 각 가정까지 초고속 광케이블이 쉽게 들어올 수 있어서 특히 이런 인터넷 공유가 활성화되었습니다.

비디오 플레이어는 사라졌고 DVD는 애초에 본격적으로 도입되지 못했습니다. 대부분의 사람들은 블루레이가 뭔지 모를 정도입니다. CD도 없어졌습니다. 어차피 아파트에서 CD 플레이어에 걸맞은 근사한 오디오 시스템은 이웃집과 불화를 불러올 뿐입니다. 그냥 MP3에 이어폰 끼고 듣는 것이 훨씬 편합니다.

남은 것은 대형 벽걸이 TV와 컴퓨터입니다. 부지런한 사람들은 컴퓨터와 LCD TV의 연결을 시도하거나 TV에 연결하여 동영상을 볼 수 있는 디빅스^{DivX} 플레이어 등을 설치하기도 하지만 그마저도 어려워서 포기했습니다. 대개는 그냥 영화를 작은 컴퓨터 모니터로 보고 맙니다.

그들에게 스케일 큰 블록버스터는 현장감이 중요하다느니 불법 파일은 원본에 비해 훨씬 화질이 조악하다느니 하는 말은 다 헛소리에 불과합니다. 내용만 좋다면 음질이나 화질에 상관없이 충분히 몰입할 수 있고 원본에서와 마찬가지로 감동을 받을 수 있지 않습니까?

그리하여 어떻게 인코딩되었는지도 의심스러운 MP3 파일을 조악한 하드웨어 음원칩이 달린 MP3 플레이어를 통해 원가가 천 원도 되지 않는 싸구려 이어폰으로 듣습니다. 손실압축된 영화 파일을 조그만 LCD 화면과 열악한 PC 음원칩과 구색으로 달아놓은 모니터의 내장 스피커를 통해 감상합니다. 스캔본 만화는 작가의 정성 어린 펜 터치가 뭉개져 구별이 힘들고 작은 글씨는 잘 보이지도 않습니다. 아날로그에 비해 아직도 불완전한 디지털 시대에 불법복제는 더욱더 콘텐츠의 품질을 떨어뜨리는 주범입니다.

만화가는 아무리 인기를 얻어도 만화를 그리는 것만으로 생계를 잇기 힘듭니다. 한때 만화 대여점과 싸웠으나 이젠 대여점의 수요도 아쉽게 되어 공동 운명이 되고 말았습니다. 대여점으로 나간 한 권의 만화가 스캔되고 나면 판매는 물론 대여조차도 뚝 끊기기 때문입니다.

오로지 극장 수입에만 의존해야 하는 영화인들은 만성적인 적자에 허덕이고 있습니다. 가수들은 앵벌이처럼 하루에도 여러 곳의 행사를 뛰어야 겨우 다음 음반을 낼 자금을 마련할 수 있습니다. 불법복제는 무언가를 창조해내는 자들로 하여금 생존을 걱정해야 할 정도로 심각한 상황으로 몰아가고 있습니다. 이렇게 불법복제 때문에 콘텐츠 제작자들이 경제적인 자립을 하지 못하는 것이 가장 큰 문제입니다. 불법복제를 근절하여 창작자들이 수익을 올리면서 콘텐츠를 생산하는 일에만 전념할 수 있도록 해주어야 합니다.

보수적으로 변해가는 사회 분위기도 문제입니다. 다양한 소재를 다룰 수 있었던 시기와 달리 자기 검열의 악몽이 되살아나고 있습니다. 다양성이 상실되고 나면 문화 사업은 또다시 암흑기로 되돌아갈 것입니다. 정치적인 이유로 표현의 자유가 제한받고 있으며 경제적인 이유로 문화 사업에 대한 지출이 삭감되고 있고 급여에도 문화비가 제대로 반영되지 못하고 있습니다. 그러나 창의력이 말살된 사회는 미래를 기약할 수 없습니다. 상상력을 제한하면 국가가 발전할 수 없습니다. 사상 검열이 시작되면 문화가 죽습니다. 불법복제를 막고 문화비를 적극적으로 임금에 반영하고 창작자를 우대하는 사회 분위기를 만들어야 합니다. 그들은 우리 사회가 반드시 지켜야 할 지적 자산이며 성장 동력이기 때문입니다.

불법복제를 근절하는 방법

불법복제에 대해 한탄만 하지 말고 정부의 관련 기관에서 불법복제를 막으면 됩니다. 어떻게 하면 막을 수 있을까요? 사실 방법은 간단합니다. 인터넷을 없애버리면 됩니다. 이것이 너무 과격하다면 인터넷 종량제를 시행하면 어떨까요? 정액제인 인터넷 사용 요금제도를 바꾸어서 휴대폰에서 인터넷을 사용하는 것처럼 불법 영화 한 편 다운받는 데 몇 만 원씩 들게 만들면 인터넷으로 불법자료를 공유하는 것은 생각지도 못하게 될 겁니다.

이것도 어렵다면 그 외에도 방법은 많습니다. KT와 SK텔레콤, LG와 같은 인터넷 망 사업자가 지나가는 패킷(데이터)을 감시하게 해도 됩니다. 이미 '콘텐츠 지문 기술'이란 것이 개발되어 있습니다. 한 개의 노래에는 특별한 음율이 존재하고 그것을 패턴화해서 유일한 지문처럼 만들 수 있습니다. 망 사업자가 심층 패킷 감시장치를 인터넷 회선에 연결해놓고 지나가는 데이터를 들여다보면 누가 어떤 노래 파일을 주고받는지 전부 알아낼 수 있습니다.

아주 강력한 방법입니다. 모든 영화와 음악, 만화 이미지 그리고 텍스트 문서까지 검사가 가능합니다. 국민들이 동의만 한다면 지금 당장 완벽한 불법복제 방지솔루션이 될 수 있습니다. 다만 한 가지 문제가 있기는 합니다. 이 방법은 다른 용도로도 쓸 수 있습니다.

예를 들어 정부에 비판적인 자들이 주고받는 문서도 들여다볼 수 있습니다. 이메일을 압수수색당하지 않겠다고 외국 메일을 쓰더라도 이 방법으로 감시하면 간단히 비밀번호를 알아낼 수 있습니다. 비밀번호만 안다면 수사관이 직접 로그인해서 메일을 뒤지면 됩니다.

보안 연결 사이버 망명자들은 반드시 브라우저 연결을 '항상 https 사용'으로 설정해야 합니다. 'https' 연결은 매우 강력한 암호화 기법을 씁니다. 이렇게 데이터를 암호화해서 주고받으면 중간에 감시하는 자들은 내용을 알아내기가 힘들어집니다.

불법복제를 막고 불순분자도 색출할 수 있는 이런 좋은 기능을 왜 정부가 빨리 도입 안 하고 있냐고요? 아닙니다. 하고 있습니다. 벌써 송파구에 설치해서 테스트 중입니다. 결과가 좋으면 아마 전국적으로 설치할 것입니다. 물론 '국민들의 반발을 염려해서' 불법복제 감시용으로는 쓰지 않을 예정이라고 하는군요. 다른 용도로는 '아주 제한적으로' 쓰겠지요. 우리는 정부가 당연히 그럴 것이라고 믿어야 합니다.

인권을 침해하며 국민을 감시한다는 비난의 소지가 없는 좀더 안전한 방법은 없을까요? 대부분의 불법자료 공유는 웹하드 업체에서 일어나기 때문에 여기를 집중적으로 단속하면 됩니다. 사실 수색영장을 발부받아 웹하드 업체를 단속하면 불법복제의 대부분을 막을 수 있습니다. 공유되는 자료의 규모는 생각보다 엄청납니다. 웬만한 업체의 한 해 매출 규모는 수백억 원을 넘어갑니다.

데이터센터는 웹하드 업체로부터 네트워크 사용료를 챙기느라고 무슨 데이터가 지나가는지는 상관하지 않고, 웹하드 업체들이 수시로 당하는 소송을 방어해주느라 변호사들도 짭짤한 수입을 챙깁니다. 하드웨어 업체들도 서버와 하드디스크를 납품하느라 정신이 없습니다. 창작자들이 끼니를 걱정하는 동안 이렇게 하이에나 같은 업체들이 함께 달라붙어 남의 저작권을 뜯어먹느라 즐거운 비명을 지르고 있습니다.

더욱 심각한 것은 그 대부분이 음란물이란 사실입니다. 정부에서 국민들에게 실상을 알려 여론을 조성하고 검찰과 경찰에 요청하여 단속하면 쉽게 해결할 수 있는 일인데도 별로 생각이 없는 것 같아 안타깝습니다. 언젠가 웹하드 업체 사장을 저작권 위반 혐의로 구속까지 한 적이 있었는데 그 목적이 촛불시위 현장 인터넷 방송을 막기 위해서였다는 소문이 파다했습니다. 의도야 어찌되었든 하는 김에 진짜 저작권 위반 사항에 대해서도 정밀 조사를 했으면 좋으련만 그런 일은 일어나지 않았습니다. 최근에 개정된 저작권법도 그 주요한 목적은 국민들의 발언권 제약에 있는 것으로 보입니다.

웹하드 서버 데이터센터에는 수많은 파일 공유 서버들이 줄지어 있습니다. 웹하드 업체 한 군데만 해도 수천 대 이상입니다. 불법

동영상만 따져도 수십만 개 이상 들어 있는 것입니다. 웹하드 업체는 데이터센터의 수익을 올려주는 가장 크고 고마운 고객입니다.

아무리 저작권이 중요하다고 해도 웹하드 업체의 서버들을 압수하는 것은 쉽지 않은 일입니다. 자유민주주의를 신봉하는 자본주의국가에서 '비즈니스 프렌들리' 하지는 못할망정 기업의 영업용 자산을 강제로 점유하는 것은 문제가 있기 때문입니다.

그러므로 마지막으로 남은 방법은 그 안에서 활동하는 사람들을 주목하는 것입니다. 불법 파일을 구해서 웹하드에 올려놓으면 사용자들이 다운로드할 때마다 올린 사람이 돈을 받습니다. 이 돈을 벌기 위해 업로드에 전념하는 사람들을 '헤비 업로더' 라고 부르는데 현재는 가끔씩 이런 사람들을 단속하는 정도가 최선입니다. 추가로 할 수 있는 것은 콘텐츠 보호 요청 공문을 발송해 웹하드 업체가 해당 검색어를 막아서 다운로드를 못 하도록 처리해주는 정도입니다. 물론 〈해운대〉를 보호해달라고 한다고 서버에서 〈해운대〉 동영상을 삭제하지는 않습니다. 그리고 '해_운대' '해운' '운대' 'haewoondae' 까지 검색을 못 하도록 하지는 않습니다. 눈 가리고 아웅하는 식의 진정성 없는 검열 시스템에 저작권자들은 분통을 터뜨리겠지만 이것이 엄연한 현실입니다.

사실 모든 방법을 동원해서 막더라도 불법복제를 근절하기는 힘듭니다. 웹하드를 없애면 서버 없는 개인들끼리 파일을 주고받는 P2P로 갈 것이고 그것도 막으면 은밀한 회원제 파일 공유 저장소^{FTP}를 만들 것입니다. 물론 그것도 단속하면 메신저로 서로 파일을 교환할 수도 있고 직접 디스크 공유를 할지도 모릅니다. 이도 저도 안 된다면 USB 메모리를 이용해 서로 돌려볼 수도 있습니다. 북한에서도 〈해운대〉 불법동영상이 USB를 통해 퍼지고 있다고 합니다. 무조건 금지하는 방법을 쓴다면 불법복제를 줄일 수는 있지만 결코 없앨 수는 없습니다.

불법복제는 도둑질이라고 계몽을 하고 정품 사용을 권장하는 것도 한 방법입니다. 감동적이면서도 충격적인 공익광고를 만들어도 좋을 것입니다. 텍사스 쓰레기 투기에 효과가 있다고 알려진 자긍심 자극 광고 기법은 어떨까요? "이봐, 한국인은 적어도 불법복제는 안 한다구!" 불법복제품 화형식도 효과가 있겠지요. 용산을 한 번만 훑으면 엄청나게 많이 구할 수 있습니다. 그러나 근본적인 치유 없이는 그 어떤 홍보로도 사람들의 마음을 돌려놓을 수 없습니다.

작 은 시 작

내일 당장 생계비에 문화비가 포함되어 사람들이 안심하고 사고 싶은 것들을 살 수 있는 세상이 되기는 어렵습니다. 창작자가 대우받는 날도 요원하고 불법복제도 쉽게 사라지지 않을 것입니다. 이제는 불법 콘텐츠를 공유하는 데 익숙해져서 아무도 잘못을 따지지 않습니다. 사회 전체가 공범이 되어 스스로 구제할 수 없을 정도로 타락해버렸습니다. 하지만 아무리 사회가 이 모양이라고 해도 지금 당장 바꾸지 않으면 안 될 곳이 있습니다. 바로 우리 자녀들이 다니는 학교입니다.

초·중·고등학교에서 여유 시간이 생기면 교사들이 영화를 틀어줍니다. 그런데 현재 이들 학교에서는 책뿐만 아니라 DVD도 구매하지 않습니다. 학생들이 보는 영화들은 어디서 난 것일까요? 맞습니다. 바로 불법복제한 것들입니다. 학생들이 가져온 것을 교사가 공유하거나 교사가 직접 불법자료를 다운받아 쉬쉬하면서 교실에서 보여줍니다. 이래서는 안 됩니다. 학생들에게는 당연히 제대로 된 화질의 정품 매체를 사용해서 콘텐츠를 보여주어야 합니다. 정품을 사용하게 된다면 몰래 봐야 하는 불법 콘텐츠와 달리 정규 수업 시간에도 당당히 활용할 수 있게 됩니다.

5천 개가 넘는 초등학교, 3천여 개의 중학교, 2천 개 이상의 고등학교가 음반과 블루레이, 책과 만화를 구입하도록 해야 합니다. 최소한 한 학년당 2개씩은 갖출 수 있도록 정부에서 각 학교의 도서와 음반 구입비 확보 방안을 강구해야 합니다. 이렇게만 된다면 학생들이 손쉽게 정품 매체를 활용할 수 있고, 자연스럽게 품질에 대한 기준도 달라져 불법복제를 멀리하게 될 것입니다.

전 학교 차원의 도서선정위원회가 구성되어야 하고 도서 일괄 구매가 아닌 정가 수시 구매 방식으로 바꾸어야 합니다. 기본 판매량이 보장된다면 콘텐츠 제작자들의 생활이 안정되어 창작에 전념할 수 있을 것이고, 권장 목록에 들기 위해 자극적이지 않은 양질의 콘텐츠가 적극적으로 생산될 것입니다. 이것이 불법복제를 근절하고 문화산업을 살릴 수 있는 가장 빠른 길이라고 믿습니다.

도서 구입 도서관만은 도서 정가제에서 예외입니다. 도서관은 최저가 입찰로 한꺼번에 책을 구입합니다. 극히 적은 도서 구입비, 철 지난 도서 구입 등 수많은 문제가 있지만 출판사에 아무런 도움이 되지 않는 최저가 입찰제만은 반드시 폐기되어야 합니다.

모모시 시립도서관 공고 제 2010 - 15 호

다문화도서 구매 전자입찰 공고(긴급)

1. 입찰에 부치는 사항

1-1. 건　　명 : 모모시립도서관 다문화도서 구매

1-2. 구입내역

구 입 예정금액 (원)	구 입 예정수량 (권)	예 상 단 가(원)		비 고
		도서	용역비 (Marc입력+장비작업+번역비)	
10,000,000원	800권	도서정가	2,000원	용역비(마크, 장비, 번역비) 포함

＊구매 수요량은 도서가격과 낙찰율에 따라 증감될 수 있음.

1-3. 구입기간 : 계약일로부터 2010. 11. 30 까지

1-4. 납품조건 및 방법 : 도서구매 시방서 참조

1-5. 전자입찰개시 및 마감일시 : 2010.10.14(목) 14:00 ～ 2010.10.19(화) 12:00

1-6. 전자입찰개찰 일시 및 장소 : 2010.10.19(화) 14:00　입찰집행판 PC

＊전산시스템 장애 등 사정에 의하여 개찰시간이 다소 지연 될 수도 있음.

1-7. 입찰방법 : 총액입찰, 전자입찰, 지역제한경쟁입찰

1-8. 설계(기초)금액 : ￦10,000,000(Marc입력+장비작업+번역비 포함)

2. 입찰 및 계약방식

2-1. 본 입찰은 도서 총액 입찰입니다.

2-2. 계약은 구매예정금액에 대한 투찰율을 적용하여 도서정가에 대한 단가공급율을 계약으로 체결합니다. (투찰율 : 소수점 셋째자리에서 반올림)

2-3. 계약기간은 계약일로부터 도서납품 대금이 낙찰금액에 도달시까지이며, 도서납품 대금이 낙찰금액에 도달시 계약은 종료되는 것으로 합니다.

2-4. 기타사항은 도서구매 시방서 등(별도 첨부)을 참조합니다.

3. 입찰참가자격

3-1. 지방자치단체를당사자로하는계약에관한법률시행령 제13조 및 동법시행규칙 제14조에 의한 참가자격을 갖추고 붙임 시방서 조건에 따라 납품할 수 있는 업체로써 다음 각 항의 요건을 모두 갖춘 자.

이 정도의 바람도 현실과는 괴리된 이상주의자의 의견인 것 같습니다. 입시학원이 된 학교에서 그런 것들을 구입할 여유가 있을 리 없습니다. 그 시간에 한 문제라도 더 푸는 게 남는 장사겠지요. 잠시 시간 때우기라면 모를까, 재미와 감동 속에 삶의 교훈을 담고 있는 영화와 음악, 책과 만화를 활용한 수업은 시간 낭비에 불과합니다. 그런 것은 나중에 좋은 대학 가서 해도 늦지 않겠죠?

아무런 길이 보이지 않습니다. 도대체 변화의 가능성은 어디에 있을까요? 저는 어쨌든 불법복제가 최소한 학교에서만은 용인되지 않아야 한다고 믿습니다. 그 시작은 '어떤 경우에도 학교에서 불법복제 파일을 사용하지 않는 것' 입니다.

　그러나 현실은 여전히 암울합니다. 학생들에게 올바름을 가르쳐야 할 교사들이 불법복제한 영화를 틀어주고 있으니까요. 그것도 남들보다 빨리 구했음을 자랑하며 많은 학생들에 보여줍니다. 이것은 명백한 도둑질입니다. 수능이 끝난 고3 학생들은 방학이 될 때까지 오전 내내 불법복제된 영화를 보면서 시간을 때우지만 워낙 일상적인 일이라 죄의식도 느끼지 못합니다. 우리 자녀들이 학교에서 도둑질도 괜찮다고 배우고 있는 것입니다. 교사와 학생이 장물을 공유하고 있습니다. 이것만은 바뀌어야 합니다. 학생들에게 불법복제된 콘텐츠를 보여주는 교사는 선생 자격이 없습니다. 모르고 했다면 그렇게 무지한 자를 선생으로 둘 수 없고, 알고서도 했다면 이런 범죄자를 선생이라고 부를 수 없습니다.

게임 도둑 게임기를 사용하는 어린이들에게 직접 불법복제에 대한 경각심을 일깨워야 합니다. 게임이 시작되면 게임 캐릭터가 나와 어린이들에게 현재 쓰고 있는 게임팩이 불법복제 방식으로 된 것은 아닌지 물어보고 만약 그렇다면 도둑질을 하고 있는 것임을 분명히 깨닫게 만들어야 합니다. 어린이들이 부모님에게 "왜 나는 도둑질한 게임을 해야 하나요?"라고 묻게 만들어야 불법복제가 근절될 수 있습니다.

교사들이 이 문제를 자각해야 합니다. 더 이상 부끄러운 범죄자가 되지 말고 학교에 정품 콘텐츠가 보급되도록 교사 스스로 목소리를 높여야 합니다. 정품 구입이 당연한 일이 되도록 만들고 충분한 예산이 배정되도록 싸워야 합니다. 학생들은 교실에서부터 불법 콘텐츠를 거부해야 합니다. 학생들도 그 잘못을 인식하지 못한다면 부모들이 나서야 합니다. 이 사회 구성원들이 모두 공범이라고 해도 최소한 교실에서만큼은 범죄에 무감각해서는 안 됩니다. 당신이 교사라면 학교 시스템을 바꾸도록 노력해야 합니다. 당신이 학생이라면 불법복제를 하는 교사에게 직접 잘못된 일임을 소리 높여 지적해야 합니다.

세탁기보다는 세상을 더 많이 바꾼 인터넷

왜 불법복제를 막아야 할까요? 왜 창작자를 우대해주고 저작권을 보호해야 할까요? 인터넷 시대에는 창의적인 아이디어와 경쟁력 있는 콘텐츠가 모든 것을 지배하기 때문입니다. 최근 장하준 교수가 인터넷보다는 세탁기가 더 세상을 바꾸었다고 주장했습니다. 그는 세탁기가 여성의 가사노동 시간을 줄여주어 노동 진출을 촉진함으로써 여성의 지위 향상이 가능해졌다고 말했습니다. 따라서 개발도상국에 컴퓨터를 기증하는 것보다는 차라리 세탁기를 보내주는 것이 더 현실적인 도움이 될 것이란 의견을 제시했습니다.

그는 제조업을 홀대하는 현실에 대한 비판으로 이 둘을 대비시켰지만 엄밀하게 말해서 인터넷은 최소한 세탁기보다는 더 세상을 바꾸었습니다. 원격으로 필요한 업무를 처리하게 해주고, 인터넷뱅킹으로 은행에 갈 필요를 줄여주며, 관공서에 가지 않아도 사무실에서 각종 서류를 뗄 수 있고, 필요한 정보를 찾는 시간을 줄여준다는 면에서 인터넷은 세탁기가 줄인 가사노동 시간 이상의 시간을 벌어주고 있습니다.

산업화에 관심을 돌리고 제조업을 육성하는 것도 필요한 일이지만 큰 비용 없이 아이디어 하나만 가지고도 세계를 주도할 수 있는 인터넷 사업을 소홀히 할 수도 없습니다. 특히 남다른 창의력으로 인터넷 시대 초기에 세계 그 어느 나라보다도 앞선 서비스들을 만들어냈던 한국은 실리콘밸리를 뛰어넘는 인터넷 강국이 될 가능성이 가장 높은 나라입니다.

인터넷은 그 어떤 것보다 더 많이 세상을 바꾸었고 그것은 여전히 현재진행형입니다. PC를 지배하고 있는 MS가 인터넷을 PC의 보조적인 역할로 축소시키기 위해서 애쓰는 동안 전 인류를 항상 온라인에 연결시키려는 네트워크 혁명이 모바일 디바이스에서 그 분출구를 찾았습니다. 그 선두에 우리가 잊고 있었던 사람이 서 있었습니다. PC 시장을 창조한 인물, 바로 스티브 잡스가 모바일 디바이스를 들고 다시 나타난 것입니다. 이제 진정한 인터넷 혁명을 주도하고 있는 스티브 잡스와 애플에 대한 긴 이야기를 들려드릴 시간이 되었습니다.

하지만 그보다 먼저 한국 이동통신 업계의 실정에 대해 알아둘 필요가 있습니다. 현실을 정확히 인식해야만 우리가 아이폰에 주목해야 되는 이유를 알 수 있기 때문입니다.

chapter 06

이동형 무선인터넷
시대를 거부하는 그들

문자를 주고받는 데는 아무런 비용이 발생하지 않기 때문에 20원씩 받는 것은
어마어마한 폭리란 것과 음성통화에 이토록 비싼 시간당 요금을 낼 이유가
전혀 없다는 것도 사람들이 알아야 합니다.
더구나 이동통신 업체들이 오늘의 이익 때문에 다른 나라보다 앞선 우리의 기술을 사장시켜
국가경쟁력을 죽이고 있다는 사실을 모든 국민이 깨달아야 합니다.

모 바 일 업 계 에 서 일 어 나 는 변 화 의 물 결

인터넷이 폭발적으로 성장하던 1999년경에 전 세계 서버가 동이 난 적이 있습니다. 한국에서 싹쓸이했기 때문입니다. 한국은 인터넷 사용량도 엄청나 네트워크 기술은 세계 최고라고 자부하던 시스코의 장비들이 모두 나가떨어졌습니다. 그들도 이렇게 대용량의 트래픽은 처음 겪어봤기 때문에 개발자들이 해외에서 직접 날아와 밤새 장비 앞에서 프로그램 소스를 고치며 문제를 해결해야 했습니다. 그때부터 한국은 전 세계의 ICT 업계를 주도하기 시작했고 모든 전자장비의 테스트 현장으로 변했습니다. 국민들은 최첨단 기기에 관심과 열정이 많았고, 여전히 그 분위기는 이어지고 있습니다.

그러나 그 성공이 독이 되었을까요? 정부와 기업들이 보수화되기 시작했습니다. 검색 시장을 장악하기 위해 데이터를 독점하고, 사용자 환경을 윈도우로만 제한하며, 온갖 규제를 만들어 자유로운 정보 교환을 막았습니다. 휴대폰은 음성통화와 문자메시지용으로만 쓰였습니다. 이렇게 시대에 뒤처지기 시작하자 외부의 도전이 시작되었습니다. 아이폰이 그 한 증거입니다.

마침내 KT에서 아이폰을 출시했습니다. 아이폰 도입을 계기로 모바일 환경이 어떻게 변하고 있는지 수많은 논쟁이 진행 중입니다. KT는 아이폰 도입과 함께 무선 데이터 요금을 인하하고, 무선랜을 개방하며, 자체 앱스토어를 개설하겠다는 일련의 정책을 발표했습니다. 독점적으로 아이폰을 출시할 수 있는 기간 동안 최대한 많은 사용자를 확보해서 SK텔레콤과의 휴대폰 점유율 경쟁에서 우위를 차지하려는 것입니다. KTF와 합병한 공룡 KT가 시장의 변화를 추구하고 있는 모습입니다.

그러나 KT는 큰 흐름을 놓친 채 현실에 매몰되어 단기적인 목표만 좇고 있습니다. 이런 식으로 하다가는 다가올 이동형 무선인터넷 전쟁에서 도태되고 말 것이 뻔한데도 그에 대한 아무런 대비가 없어 보입니다. 주춤하고 있는 동안 미래의 성장 동력이 사라지고 있습니다. 이게 무슨 소리일까요? 지금 통신 시장에서 어떤 일이 벌어지고 있는지 알기 위해서는 약간의 기초 지식이 필요합니다.

유 선 전 화 통 신 망

최초의 전화망 전화가 발명되었을 때는 두
대의 전화기와 한 개의 연결선이 있었습니 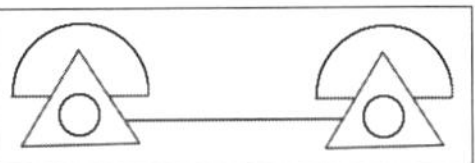
다. 모든 네트워크는 사실 이 구조가 전부입니다. 그 후 전화기가 증가
하자 이들을 연결하는 방법이 고안되었습니다.

교환기 초기에는 교환원이 수동으로 전 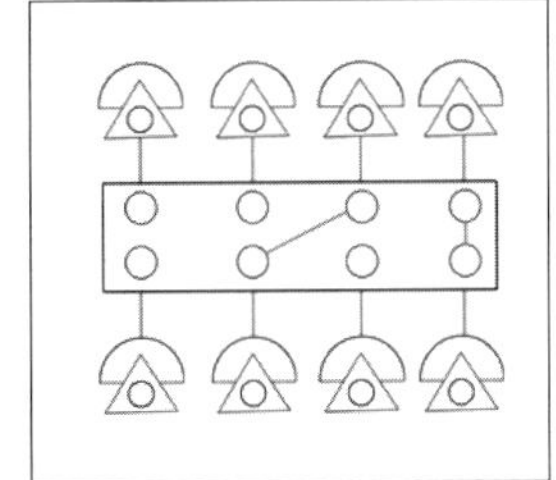
화를 연결해주는 방식이었습니다. 전화기
를 들어 교환원이 받으면 연결하고 싶은
곳을 말하고 교환원은 그때마다 교환기의
잭을 꽂아줍니다. 이 방식은 모든 가정을
일대일로 연결하는 것보다 훨씬 비용이 적게 들었습니다.

전화국 몇 대의 교환기로는 감당이 안 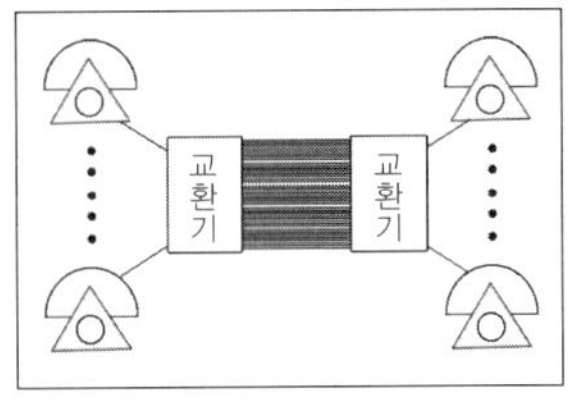
될 만큼 전화기가 늘어나자 거대한 교환
기가 설치된 전화국이 생겼고 다시 다른
지역의 전화국과도 연결되었습니다. 자
동 교환기가 발명되어 이젠 기계가 모든 과정을 대신하게 되었습니다.

전화기가 있는 집이 1만 가구라면 각각의 집에서 전화국까지 하나
하나 선을 끌어와야 합니다. 1만 개의 연결이 필요한 것입니다. 하지만

각각 1만 가구의 가입자가 있는 전화국과 전화국 사이에는 2천 개만 연결해도 충분합니다. 동시에 모든 사람들이 전화를 쓰는 일은 잘 발생하지 않기 때문입니다. 어쩌다 큰일이 생겨 전화가 폭주하더라도 일시적인 통화 장애가 날 뿐 전화국이 망가지는 것은 아니니까요.

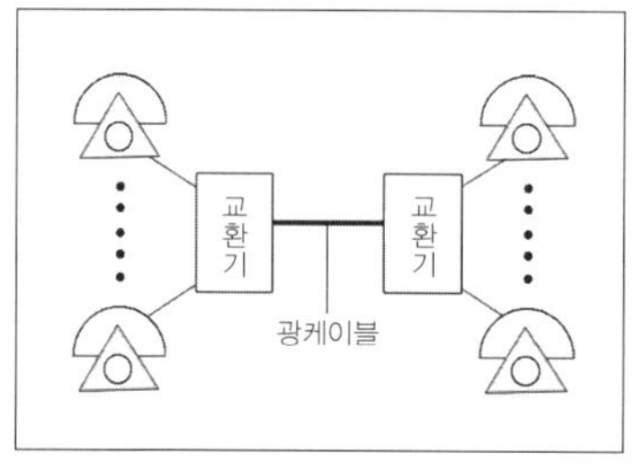

전화망의 최종 형태 더욱 기술이 발달해 전화국 내부는 모두 디지털 방식으로 바뀌었습니다. 그전까지 많은 아날로그 선으로 연결해야 했던 전화국과 전화국을 이제 몇 개의 네트워크 케이블 혹은 광케이블로 연결하면 됩니다. 전화국 시설비와 관리비도 낮아졌지만 요금은 그대로 받고 있습니다.

유선전화는 한번 설치하고 나면 안정적인 수입을 얻을 수 있습니다. 초기 투자비만 해결하면 그다음부터는 돈다발 세는 일만 남습니다. 이보다 더 매력적인 장사는 없습니다. 전화 사업에 경쟁이 치열한 외국의 경우 시내전화는 거의 정액제로 변했고 장거리 전화도 아주 싼값에 쓸 수 있습니다. 하지만 독점적인 지위를 누리는 KT는 많은 이윤을 보면서도 사용료를 낮추려고 하지 않고 있습니다.

원래 시내전화는 사용 시간에 상관없이 한 통의 요금으로 계산했습니다. 그때는 3분을 쓰든 3시간을 쓰든 같은 요금을 냈습니다. 그런데 모뎀을 이용한 PC통신이 활성화되면서 몇 시간씩 전화를 쓰는 사람들이 많아지자 KT는 즉각 종량제로 바꾸어버립니다. 이제 3분당 한 통으로 계산해서 요금을 물게 된 것입니다. 정액제도 아니고 횟수당 돈을 받는 것도 아닌 사용 시간만큼 돈을 받는 악랄한 방식이 여기서 확립되었습니다.

유 선 데 이 터 통 신 망

인터넷 통신망 인터넷이 활성화되면서 각 가정에 데이터 통신 케이블이 들어왔습니다. KT는 전화망

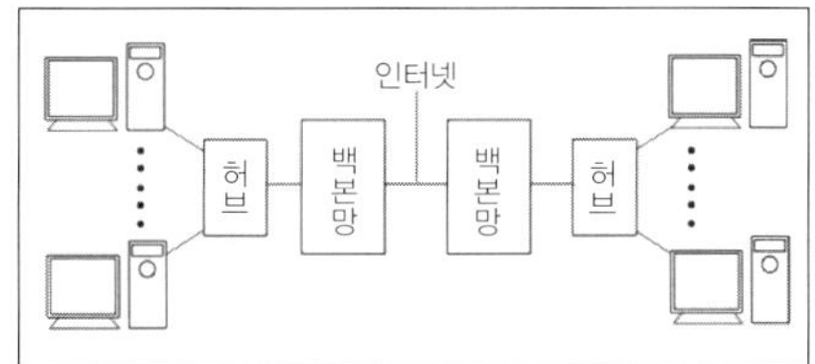

에 대한 오랜 경험과 엄청난 자금력으로 이 시장도 장악해버렸습니다.

유선 인터넷망의 구성은 전화망과 거의 같은 모양입니다. 다른 것은 전화국에서 집집마다 하나하나 데이터 선을 연결하지 않아도 된다는 것입니다. 전봇대 같은 곳에 허브를 설치하고 여러 집의 네트워크 선을 모아 더 큰 용량의 선 하나로 합쳐서 전화국으로 보내면 됩니다. 아파트 한 단지에 광케이블 한두 개만 끌어오면 전 가구를 해결할 수 있습니다.

KT는 데이터 통신망도 유선전화처럼 사용한 만큼 요금을 받고 싶어

했습니다. 그러나 '빨랫줄 장사'라고 불리던 이 사업은 매력적인 장치 산업인 데다가 신규 사업이었기 때문에 기득권을 가진 곳이 없어서 누구나 덤벼들었습니다. 송유관을 매설하는 업체는 송유관 묻는 김에 케이블도 함께 묻었고, 전기 회사는 전기선 가설할 때 같이 묶어 설치했고, 도로를 닦는 업체도 길을 팔 때마다 케이블을 묻었습니다. 케이블 방송 업체까지 여기에 끼어들었는데 동축케이블은 방송과 인터넷 데이터를 동시에 전송할 수 있었기 때문입니다. 이렇게 너도나도 뛰어들어 경쟁이 치열해지는 바람에 인터넷 사용료는 결국 정액제로 정착되고 말았습니다. 그도 모자라 다른 업체보다 싼 가격에, 미리 선물과 돈까지 줘야 겨우 가입자를 붙잡을 수 있는 상황까지 왔습니다.

'찌르기' 지금 쓰고 있는 인터넷 업체에 전화를 걸어 해지하고 딴 회사로 가겠다고 해보세요. 마법 같은 일이 일어납니다. 이 전화 한 통으로 사용료를 낮추고 선물까지 챙길 수 있습니다. 손해 볼 것 없으니까 한번 해보시길. 경쟁은 좋은 것입니다.

　KT가 인터넷을 위해서 새로운 네트워크를 구성한 것처럼 보이지만 그 내용은 전화망과 다를 것이 하나도 없습니다. 초고속 인터넷 연결 방식과 유선전화 연결 방식은 사실상 같은 것입니다. 전화국은 이미 디지털화가 끝났기 때문에 유선전화가 변환기를 통해 디지털화되고 나면 초고속 인터넷과 전송 방식의 차이가 없어집니다. 인터넷 사용자 들이 큰 파일을 내려받는 것에 비하면 유선전화 데이터는 아주 작은 편에 속합니다.

인 터 넷 전 화 망

인터넷전화망　무선 인터 넷전화는 유선 인터넷 데 이터 통신망을 그대로 이 용하면서 무선인터넷 연 결장치를 하나 추가한 것

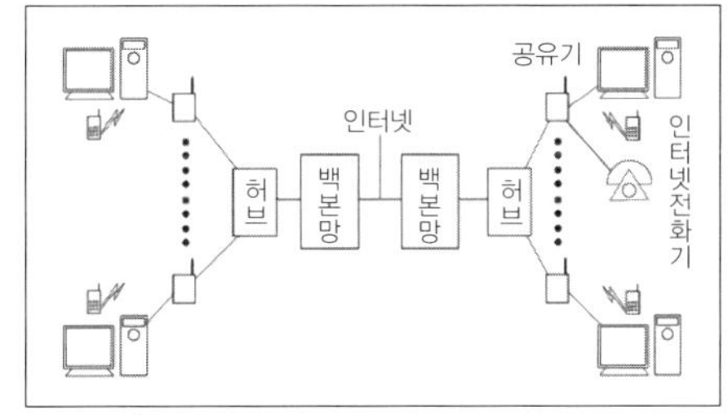

에 불과합니다. 유선 인터넷전화라면 이런 장치조차 필요 없으며 그냥 인터넷선에 컴퓨터를 한 대 더 연결하는 것과 같다고 생각하면 됩니다.

　유선전화와 초고속 인터넷이 사실상 같은 것이란 사실을 애써 감추 자 발 빠른 업체들이 이것을 기회로 삼고 KT를 위협할 상품을 개발했

습니다. 바로 인터넷전화입니다. 인터넷전화는 어차피 디지털화해서 처리되는 유선전화를 전화기에서부터 디지털로 처리하도록 만든 것입니다. 내용적으로 보면 인터넷전화가 훨씬 우수합니다. 유선전화는 정전에도 쓸 수 있다는 것을 빼면 아무런 장점이 없습니다. 무선랜을 사용하는 인터넷전화에 도청의 위험이 있는 것은 사실이지만 다른 것은 몰라도 일반 전화를 옹호하는 측에서 할 말은 아닙니다. 일반 전화도 단자함에 선만 연결하면 통화 내용을 그대로 들을 수 있기 때문입니다. 때문에 보안 문제를 거론하는 것은 인터넷전화 확산을 막기 위한 비방일 뿐입니다.

인터넷전화 휴대폰이 어디서나 내 번호로 전화를 쓸 수 있듯이 인터넷전화도 인터넷만 연결되면 어디서나 같은 번호로 전화를 쓸 수 있습니다. 전화기가 스스로 자신이 연결된 곳을 중앙 서버에 보고하기 때문입니다. U⁺070 전화기를 미국에서 연결해도 같은 번호를 쓸 수 있으며 요금은 한국에서 쓸 때와 같습니다. 번호 이동도 가능해 지금 쓰고 있는 일반 전화번호를 그대로 쓸 수 있습니다.

국가적으로도 따져보면 가정마다 유선전화와 인터넷을 따로따로 설치하는 것은 낭비입니다. 인터넷선이 들어와 있으면 유선전화를 없애고 인터넷전화를 쓰는 것이 좋습니다. 특별한 설정도 필요 없고 사용법도 일반 전화와 다를 바 없으며 통화 품질도 우수합니다. 설치 방법도 간단하여 오래 걸리지도 않습니다. 게다가 요금도 훨씬 싸고 같은 회사 인터넷전화끼리는 통화료가 무료입니다. 음성 데이터는 별로 크지도 않기 때문에 동시에 컴퓨터로 인터넷을 사용해도 전혀 지장이 없습니다. 단점을 찾으라면 외로운 주부들끼리 함께 070 전화를 신청한 후 공짜라고 하루 종일 전화기 붙들고 수다를 떠는 바람에 남편과 아이들이 소외될 수도 있다는 것 정도입니다.

전 세계 통신사업자들이 가장 두려워하는 것이 바로 인터넷전화입니다. 일부 국가에서는 인터넷전화를 법으로 금지하고 있습니다. 그러나 결국 대세를 거스를 수는 없습니다. 공중전화처럼 유선전화 시장도 결국 사라지게 될 것입니다. 최근에 KT가 '사망 시간'을 좀더 연장해 보겠다고 유선전화 요금을 파격적으로 떨어뜨렸는데 곧 그에 비례해서 인터넷전화 요금도 떨어질 것입니다. 인터넷전화 요금의 대부분이 인터넷전화–일반전화, 인터넷전화–휴대폰으로 걸 때 지불하는 상대편 전화요금이기 때문입니다. KT의 중요한 현금 창출원이었던 유선전화의 종말이 얼마 남지 않았습니다.

휴 대 폰 무 선 전 화 망

무선전화망 휴대폰을 위한 네트워크도 인터넷망과 다를 것이 없습니다. 오히려 휴대폰까지 선을 연결할 필요가 없기 때문에 가설 비용이

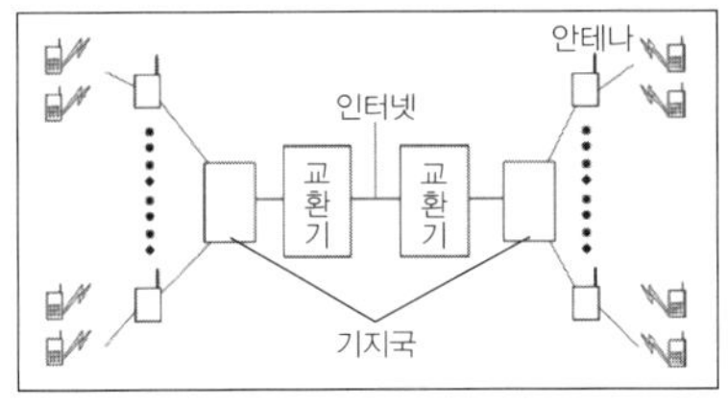

적게 듭니다. 물론 휴대폰이 잘 터지도록 곳곳에 안테나와 기지국을 설치해야 하기 때문에 초기 비용을 무시하진 못합니다.

최근 자료에 의하면 통신사업자들은 이미 초기 설비투자비를 다 회수했다고 합니다. 이제 기본료는 거의 다 이익이란 뜻입니다. 요금 인하 압박만 잘 견디면 계속해서 엄청난 이익을 얻을 수 있는 것입니다.

통화량이 비슷한 15개국의 분당 음성통화요금 비교

단위: 달러

순위	국가	통화요금
1위	한국	0.1443
2위	영국	0.1254
3위	프랑스	0.1209
4위	오스트리아	0.1187
5위	오스트레일리아	0.1171
6위	뉴질랜드	0.1142
7위	덴마크	0.1092
8위	노르웨이	0.1085
9위	이스라엘	0.0994
10위	스웨덴	0.0965
11위	싱가포르	0.0922
12위	캐나다	0.0913
13위	핀란드	0.0907
14위	홍콩	0.057
15위	미국	0.05

출처: 「이동통신요금 국제비교 조사결과 음성통화료 비싸」, 한국소비자원 정기보도자료(2009. 7.)

SK텔레콤과 KT의 매출과 설비투자 추이

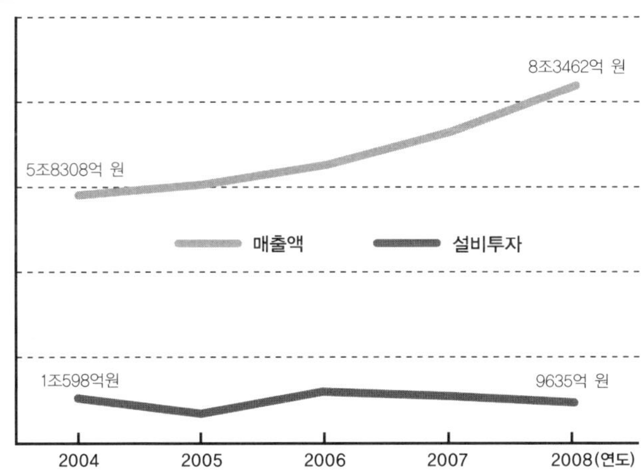

출처: 「휴대전화 요금의 '불편한 진실'」 「한겨레21」 779호(2009. 9.)

기본료, 가입비와 설비투자비 2G 기준으로 할 때 2004년 정보통신부가 국회에 제출한 자료에 따르면 이동통신사의 기초 설비투자비는 12조 원이었는데 1998년에서 2003년 동안의 기본료 수익은 25조 원을 넘었으며 이 기본료는 아직까지 받고 있습니다. WCDMA 설비투자는 KT와 SK 텔레콤이 2006년부터 본격적으로 시작하여 2008년까지 매해 1조 원 이상을 투자했지만 2G 때와는 달리 기존 인프라를 활용할 수 있었기 때문에 그 액수는 2G 투자비의 절반에 불과했습니다. 2G 사용자들이 낸 기본료와 가입비를 빼더라도 2010년에 4천만 명을 넘긴 3G 사용자들의 기본료와 가입비만으로도 이미 설비투자비를 넘어섰습니다. 통신사들은 차세대 이동통신인 4G 설비투자를 위해서 기본료와 가입비를 계속 받아야 한다고 주장하지만 미래의 수익을 위해 업체가 투자해야 할 비용을 현재 사용자가 낸다는 것은 문제라는 의견이 지배적입니다.

　무선전화망의 대역폭이 적고 속도가 느려 동시에 많은 휴대폰을 연결할 수 없기 때문에 유선전화보다 사용료가 비싸다고 하지만 아무리 그래도 유선전화보다 10배 비싼 요금을 받는 것은 폭리의 수준을 넘어서는 것입니다. 그러나 회사가 알아서 먼저 요금을 낮출 이유가 없습니다. 자기의 권리를 주장하지 않는 국민은 반드시 당하게 되어 있습니다. 조직된 힘을 보이지 않으면 아무런 변화도 일어나지 않습니다.

광대역 무선인터넷 통신망, 와이브로

와이브로 통신망 와이브로도 그 구조는 기본적으로 이전 통신망과 같습니다. 특히 내부적으로는 초고속 인터넷망을 그대로

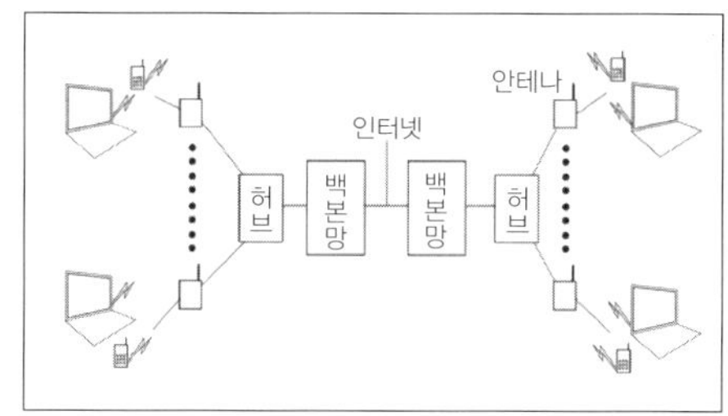

쓸 수 있습니다. 다만 접속하는 모바일 기기를 휴대폰이 아니라 인터넷 단말기로 취급하는 것이 다릅니다. 휴대폰이 무선전화망에 항상 연결되어 있듯이 와이브로 단말기도 항상 인터넷에 연결되어 있습니다.

통신사업자들은 많은 이익이 나는 현 상태가 영구히 유지되기를 바랄 것입니다. 그러나 기술의 발전으로 등장한 새로운 방식들이 시장을 선점하기 위해서 치열하게 경쟁하고 있습니다. 이전 정부에서는 'IT839 전략'이라는 이름을 걸고 차세대 성장 동력으로 삼을 여러 가지 기술을 집중적으로 지원하여 국가경쟁력을 높이려고 노력했는데 그중에서 가장 핵심적인 전략이 바로 와이브로였습니다.

달리는 차 안에서 인터넷을 사용하고 실시간으로 주변의 정보를 알아내며 현장에서 데이터를 업로드할 수도 있습니다. 와이브로 단말기는 휴대폰보다 속도가 훨씬 빠르기 때문에 넷북같이 다양한 기능을 가진 멀티미디어 기기의 활용성도 보장할 수 있습니다.

로봇 물고기 정부가 바뀌면서 IT839 정책의 연속성이 사라져버렸습니다. 대신 신 성장 동력 17개 분야가 선정되었으나 그중 IT 관련은 IT융합시스템과 콘텐츠 소프트웨어 분야 등 일부 항목으로 축소되고 말았습니다. 과학기술부와 정보통신부가 폐지되고 지식경제부, 기획재정부, 방송통신위원회, 교육과학기술부로 기능이 분산되었으나 기획재정부는 실적만 따지며 성과 위주의 사업에 치중하고 있고 방송통신위원회는 신문사의 방송 진출을 위한 종합편성채널 선정과 같은 정치적인 일에만 매달리고 있습니다. IPTV는 케이블방송과 대립하며 가입자 수를 끌어모으는 경쟁만 하고 있으며 와이브로는 이미 버려진 기술이 되었습니다. 로봇응용 분야는 4대강 수질 검사용 로봇 물고기 사업으로 변질되었고 교육과학기술부는 시민단체의 반대에도 불구하고 유치원에 로봇 선생을 도입하겠다고 나서고 있습니다. 업계를 선도하는 관료의 자세는 이미 사라지고 편성된 예산을 소모하기 위한 전시행정에 치중하는 모습을 볼 때 우리나라 ICT 분야의 앞날이 암담하기만 할 뿐입니다.

전 세계 이동통신 회사들이 음성통화 위주로 시간당 사용료를 받는 정책으로 일관할 때, 이미 한국은 정부 주도로 차세대 이동형 무선인터넷 통신을 구상했습니다. 와이브로는 이미 와 있는 미래입니다. 외국 통신사들이 이제서야 기존 방식의 업그레이드형으로 와이브로와 비슷한 'LTE Long Term Evolution' 라는 이름의 새로운 방식을 테스트하고 있는 반면에 와이브로는 모든 개발을 끝내고 상용 서비스에 들어가 있습니다. 한국이 독자 개발한 와이브로 기술은 처음부터 인터넷 접속 위주로 설정했기 때문에 음성통화는 부수적으로 따라오는 것이었습니다. 그러나 너무도 앞선 이 최첨단의 기술은 장사 잘되고 있는 휴대폰 시장을 뺏기고 싶지 않은 업체들의 태업으로 사장될 위기에 처해 있습니다.

유선전화는 인터넷전화로 대체될 것입니다. 현재의 이동전화망은 결국 차세대 무선인터넷망으로 넘어가게 될 것입니다. 그러므로 거칠게 말하자면 '모든 네트워크는 초고속 인터넷망으로 통합된다'라고 생각할 수 있습니다. 모든 단말기는 인터넷 연결을 목적으로 하기 때문에 선으로 연결하면 유선 인터넷이 되고 선 없이 연결하면 무선인터넷이 되며 이동 중에도 끊기지 않는 방식이면 이동형 무선인터넷이 됩니다. 전화, 휴대폰, PC 등 모든 단말은 연결 방식에 차이가 있을 뿐 결국 같은 것이란 뜻입니다.

변화를 거부하는 통신 업체들

정부가 주도적으로 사업자를 선정하여 와이브로 시스템 구축을 독려했지만 곧 저항에 부딪혔습니다. 휴대폰 업체는 와이브로가 활성화되지 못하게 해야 할 절박한 이유가 있었습니다. 와이브로의 킬러 애플리케이션이 바로 인터넷전화였기 때문입니다. 항상 인터넷에 연결된 이동형 무선 단말기에 전화 프로그램을 깔면 이동형 인터넷전화기가 됩니다. 휴대폰에 비해 사용료도 저렴합니다. 와이브로가 전국에 서비스되는 순간 사실상 휴대폰 시장이 사라지게 된다는 뜻입니다. 때문에 그들은 사업에 참여하되 가능한 와이브로를 무용지물로 만드는 정책을 써왔습니다. 정부가 사업을 일정대로 시행하라고 강제해도 차일피일 미루며 차라리 과징금을 내겠다고 버티고 있습니다.

대신 휴대폰 무선전화망을 데이터 통신용으로 개방하고 한시적으로 싼 가격에 제공하면서 와이브로와 별 차이가 없고 오히려 우수한 방법이라고 주장하기도 했습니다. 소위 3G의 데이터 통신 속도를 높인 3.5세대 데이터 통신이라고 일컫는 HSPA는 이렇게 해서 나온 미봉책입니다. 음성통화를 사수하려는 통신사에 위협이 되지 않을 기술이며 와이브로의 대항 기술처럼 포장되었지만 근본적으로 차원이 다른 기술입니다.

이것은 KT도 마찬가지입니다. KT는 고정형 무선 네트워크인 네스팟으로 무선인터넷 사업을 하려고 했는데 더 앞선 기술의 와이브로가 나오자 이것에 전념하게 됩니다. 휴대폰 무선전화망이 없던 KT는 초기에 와이브로 사업에 적극적이었습니다. 그들은 와이브로를 네스팟에 이동성이 더해진 무선인터넷 기술이라는 관점에서 접근했습니다. 그러나 사업을 진행해가는 동안 스스로 무덤을 파고 있다는 사실을 깨달았습니다. 와이브로가 활성화되면 유선전화망에도 피해가 갈 수 있다는 사실을 알게 된 것입니다. 결국 당시 자회사였던 KTF의 이해까지 고려해서 KT도 와이브로 사업에 부정적으로 변했습니다. 현재 KT는 와이브로 사업을 하는 것도 아니고 안 하는 것도 아닌 상태에 있습니다.

와이브로는 상용화에 나선 후 이런 이해관계 때문에 원천 기술이 사장되고 있습니다. 와이브로 서비스를 활성화하여 우리나라를 테스트 베드로 활용한 후 이 경험을 바탕으로 세계시장을 선점했어야 하는데 기회를 놓쳐버리고 말았습니다. 경쟁국에서는 LTE를 밀고 있습니다. 두 기술은 모두 4G 표준으로 채택되었으나 국내 이동통신사들은 LTE가 대세이기 때문에 와이브로에 투자할 수 없다는 논리로 전국 망 구축을 미루고 있으며 오히려 LTE 시장을 선점하기 위해 대규모 투자에 나서고 있습니다.

아이폰이 등장한 것이 바로 이 시점이었습니다. 사람들은 아이폰 도입과 함께 모바일 환경이 바뀌기를 간절히 바라고 있었습니다. KT는 아이폰을 주로 휴대폰으로 사용하면서 보조적으로 무선인터넷망과 네스팟 그리고 일부 지역의 와이브로를 활용해 인터넷 사용을 하는 형태를 만들려 했습니다. 이런 방식이 휴대폰에서 무선인터넷 사용은 허용하되 현 상태를 변화시키지 않으면서 휴대폰 시장에서 점유율도 높일 수 있는 최적의 솔루션이라고 생각하고 있는 듯했습니다.

최초로 한국에 도입된 아이폰 3GS 아이폰에서도 인터넷전화를 쓸 수 있습니다. 그러나 무선인터넷에 연결해서만 쓸 수 있을 뿐, 휴대폰 통신망인 3G를 이용해서는 쓸 수 없습니다. 휴대폰 데이터 통신망에 비용을 지불했으

니까 데이터 통신을 이용한 전화 프로그램으로 좀더 싸게 전화를 쓰겠다는 것인데 못 하게 한다는 뜻입니다. 하지만 애플은 최근 3G에서 인터넷전화를 쓸 수 있는 프로그램을 허용했습니다. 애플의 앱스토어를 통제할 권한이 없는 KT는 어쩔 수 없이 3G에서의 인터넷전화를 제한적으로 허용했지만 곧 다른 통신사들과 마찬가지로 전면적으로 허용하게 될 것입니다.

음성이든 인터넷이든 결국 '데이터 전송'일 뿐입니다. 네트워크망 설치비용은 기본료로 이미 다 회수했습니다. 데이터 통신료도 결코 싸지 않습니다. 인터넷전화는 음성 전화를 디지털로 변환해서 조금이라도 싸게 전화를 쓰겠다는 것일 뿐입니다. 이마저도 못 하게 막는 것은 통신 업체들이 음성통화만 특별한 것인 양 따로 취급하여 폭리를 취하고 있음을 스스로 고백하고 있는 것입니다. 답답하게도 한국 통신사들은 외국보다 한 발 더 나가 무선인터넷을 통한 인터넷전화마저 막으려고 했습니다. 외국에서는 다 쓰는 서비스를 현지화하면서 막겠다는 말인데, 실효성도 없는 데다가 사용자의 엄청난 저항에 부딪히고, 전 세계의 비웃음거리가 되는 바람에 조용히 방침을 철회했습니다.

여기까지의 복잡한 설명과 이해 못 할 용어들 그리고 허점 많은 그림은 모두 잊어도 좋습니다. 다만 초고속 인터넷은 정액제라서 컴퓨터로 무엇을 하든 추가 비용을 받지 않듯이 무선인터넷이나 이동형 인터넷 등도 정액제가 가능하다는 것을 모든 사람들이 알게 되기를 바랍니다. 또한 문자를 주고받는 데는 아무런 비용이 발생하지 않는데도 20

원씩 받는 것은 어마어마한 폭리란 것과 음성통화에 이토록 비싼 시간당 요금을 낼 이유가 전혀 없다는 것도 사람들이 알아야 합니다. 더구나 이동통신 업체들이 오늘의 이익 때문에 다른 나라보다 앞선 우리의 기술을 사장시켜 국가경쟁력을 죽이고 있다는 사실을 모든 국민이 깨달아야 합니다.

K T 가   가 야   할   길

기술은 언제나 두 단계씩 도약합니다. 1위 기업은 새로운 기술 도입을 주저하지만 뒤처져 있는 쪽은 앞선 자들을 이기기 위해 차세대 기술 도입에 주저하지 않습니다. 휴대폰 통신망이 발달하지 못한 국가에서 오히려 적극적으로 와이브로를 채택하고 있는 것도 이런 이유 때문입니다. 아쉬울 것 없는 우리나라 통신사들은 유선전화와 휴대폰 서비스를 현재와 같은 모습으로 유지하다가 더 이상 버틸 수 없을 때 차세대 기술로 넘어가는 것이 더 안전하다고 믿고 있는 듯합니다. 어차피 사람들은 불평하면서도 전화를 쓰지 않을 수 없으니까요. 요금이 비싸도 잘 내고 있지 않습니까?

그러나 변화에 주저하는 동안 KT는 유선전화 시장을 인터넷전화 업체에 넘겨주고 말았습니다. 앞으로 유선전화는 끝없는 요금 인하를 할 수밖에 없을 것입니다. 아이폰을 도입하면서는 휴대폰 스펙 결정권을 잃었습니다. 이젠 여태까지 불만을 쌓아온 국내 휴대폰 업체들의 요구를 무시할 수 없게 될 것입니다.

또 애플로 인해 콘텐츠 제공자들을 마음대로 조종하지 못하게 되었습니다. 전 세계를 상대로 하는 애플과 안드로이드 그리고 윈도우폰7용 앱스토어가 활성화될 것이기 때문에 개별 통신사가 만드는 로컬 앱스토어는 유명무실해질 것입니다. 스마트폰의 데이터 통신 사용이 많아지면 요금 인하 요구도 거세질 것입니다. 와이브로 확산에 주저하는 동안 LTE로 대세가 넘어가버려 와이브로 세계화도 어려워졌습니다. 이대로 가면 통신사들에겐 회선 제공 역할을 제외하고는 아무것도 남지 않게 됩니다.

1위 기업인 SK텔레콤이 통신 시장을 장악하여 소비자의 권리를 무시하고 있는 동안 그나마 KT는 아이폰을 도입하여 변화를 꾀하고 있습니다. 이런 KT가 초일류 기업으로 살아남으려면 모든 기득권을 포기해야 합니다. 유선전화 보호 정책을 포기하고 오히려 인터넷전화 사업에 적극적으로 나서 전 세계를 상대로 인터넷전화 소프트웨어뿐만 아니라 하드웨어까지 판매에 나서야 합니다.

휴대폰망 유지 정책도 포기해야 합니다. 와이브로를 최우선 정책으로 전환하여 하루빨리 실질적인 전국망을 완성해 무선인터넷 생태계를 활성화하여 사용자와 개발자가 자유롭게 활동할 수 있도록 해야 합니다. 그리고 이동형 무선인터넷 서비스를 활용할 수 있는 뛰어난 아이디어를 가진 업체들을 적극 후원해야 합니다. 이렇게 되면 관련 하드웨어와 소프트웨어 업체가 부흥하고 웹 환경도 무선인터넷 환경에 적응하기 위해 혁명적으로 변하게 될 것입니다. 그 엄청난 부대 효과는 다시 우리나라를 최첨단 ICT선진국으로 만들어줄 수 있습니다.

그러나 이런 이상주의자의 요구는 실현되기 힘들겠지요. KT 안의 유선전화 사업부, 휴대폰 사업부 그리고 콘텐츠 사업부 등 이해관계로 얽혀 있는 내부의 반발을 무시할 수 없을 것입니다. 휴대폰 제조 업체를 통제하고, 콘텐츠 제공자를 틀어쥐고, 사용자들을 묶어둘 수 있는 현재의 우월적 지위를 놓치고 싶지 않을지도 모릅니다. 괜히 위험부담 많은 일에 뛰어들지 말고 그냥 기발한 마케팅 정책을 수립하여 브랜드 인지도를 높이는 데 매진하는 것이 더 좋지 않을까요? 올레!

하지만 최선의 길로 가는 것이 어렵다고 해서 오히려 최악의 길로 들어서서는 안 됩니다. 유선전화에 집착해 인터넷전화의 확산을 막고 와이브로 전국망 구축을 지연시키는 것. 로컬 앱스토어에서조차 전과 같이 콘텐츠 제공자의 이익을 쥐어짜는 방안을 연구하고, 높은 데이터 통신료로 앱스토어 거래 방식을 말려 죽이는 것. 사용자들이 갈망하고 있는 아이폰을 던져주어 휴대폰 점유율 확대에 이용하고는 데이터 통신료로 압박하여 아이폰도 별것 없다고 돌아서게 만드는 것. 이렇게 변화를 거부하고 과거로 돌아가려고 하는 모든 시도들 말입니다.

눈앞의 이익만 좇는 자들 때문에 미래의 희망이 사라지고 있습니다. 몇 년만 참으면 된다고요? 아닙니다. 이 시간이 지나면 우리에게 남는 것은 아무것도 없게 될 것입니다. 흘러가버린 기회는 다시는 오지 않을 것입니다. 전 세계에서 가장 앞선 ICT 기술을 자랑하고, 아무도 따라오지 못할 정도로 빠른 성장을 했던 그때의 열정이 다시 전염되기를 바랍니다. 정부와 기업은 이런 국민들의 열망에 길을 열어주어야 합니다.

KT의 정체성은 무엇일까요? 전화 회사? 이동통신 회사? 초고속 인터넷 회사? 향후 20년을 주도하고 이슈를 선점하기 위해서는 전략 차원에서 KT를 규정해야 합니다. 제게 묻는다면 KT는 '세계 최초의 이동형 무선인터넷 전문회사'로 거듭나야 한다고 말하겠습니다. 이전의 모든 방식을 쓸어버릴 위험 때문에 전 세계 통신 업체들이 필사적으로 막고 있는 차세대 이동형 무선인터넷 시장을 선점하고 점유율을 높이면 충분히 승산이 있습니다. 앞장서 나가다보면 지금은 보이지 않는 수많은 기회를 만날 수 있으니까요. 사실 꼭 KT가 아니라도 좋습니다. 어떤 업체라도 스스로를 세계 최초의 이동형 무선인터넷 전문회사라고 규정하는 순간 바로 미래를 지배할 수 있는 '절대반지'를 쥐게 될 것입니다. 저는 그런 업체가 한국에서 나오기를 간절히 기대하고 있습니다.

chapter 07

통신, 스마트폰의 역사와 애플의 등장

한국이 4G 이동통신 규격으로 와이브로를 선택해도 아무런 문제가 없습니다.
와이브로는 한국이 원천 기술을 가지고 있을 뿐만 아니라
LTE와 함께 4G 표준으로 동시 채택이 유력시되고 있으며 막대한 설비투자를 통해서
이미 상용 서비스를 실시 중입니다.
장비 개발도 완료했으며 운영 노하우도 습득해놓은 상태이기 때문에 외국에 수출도 가능합니다.

이동통신 업계, 이상과 현실

이상적인 통신 환경은 어떤 것일까요? 모든 시민들이 각자 원하는 휴대형 기기를 들고 다닙니다. 기기는 항상 네트워크에 연결되어 있어 통화는 물론 인터넷을 통해 다수의 사람들과 자유롭게 의사 교환을 할 수 있습니다. 언제라도 필요한 정보를 쉽게 얻을 수 있고 원하는 작업도 마음껏 할 수 있습니다. 사용료는 아주 저렴한 정액제 혹은 세금으로 충당하여 무료로 쓰도록 합니다.

모든 정보가 인터넷에 쌓이고 있는 세상에서는 누구나 평등하게 정보에 접근할 수 있어야 합니다. 올바른 사회라면 결국 이런 방향으로 발전할 것입니다. 하지만 현실은 그렇지 못합니다. 데이터 통로의 역할에 충실해야 될 통신 업체들은 오늘도 둔화된 성장률을 걱정하며 가입자 1인당 평균 수익을 높이기 위한 방안을 연구 중입니다.

사실 통신비는 현재도 충분히 높은 상태입니다. 이것은 한 가정의 통신비만 따져봐도 금방 알 수 있습니다. 평범한 4인 가족이라면 초등학교에 다니는 딸과 중학교에 다니는 아들도 모두 휴대폰을 가지고 있을 것이며 부모도 당연히 휴대폰을 사용할 것입니다. 자녀들의 문자 중독도 심각하지만 성인들은 이제 휴대폰이 없으면 사회생활이 불가능할 정도로 의존도가 높습니다. 음성통화와 문자메시지를 주로 쓰는 나머지 가족들과 달리 가장인 아버지는 최근에 스마트폰을 구입해 사용 중입니다.

이들이 한 달에 내야 하는 휴대폰 요금만 해도 20만 원이 넘어갑니다. 모두 휴대폰이 있으니 집전화가 필요 없다는 아버지의 반대에도 불구하고 어머니의 강력한 요구로 인터넷전화도 쓰고 있습니다. 휴대폰 무료통화 시간이 턱없이 모자랐던 어머니는 인터넷전화로 마음 놓고 통화를 할 수 있어서 아주 좋아합니다. 이렇게 휴대폰 요금에 더해 인터넷 사용료와 인터넷전화비 게다가 케이블TV 요금과 KBS 시청료까지 합치면 한 가정에서 통신비로만 매달 30만 원 이상을 지출해야 합니다.

한 집에 한 대의 전화뿐이고 용건만 간단히 사용했던 과거와 달리 이제 사람들은 자신만의 휴대폰을 소유하고 있습니다. 통신 업체들이 모든 사람들에게서 세금을 떼듯 다달이 꼬박꼬박 사용료를 받을 수 있게 된 것입니다. 이것은 모든 기업들이 꿈에 그리는 기막힌 비즈니스 모델입니다. 초기 비용을 들여 시스템을 구축하기만 하면 영원히 사용료를 받아 챙길 수 있는 황금알을 낳는 통신 사업이 이렇게 완성되었습니다.

이 사업을 국가가 하고 있다면 과도한 이익이 문제되었을 것이고 그에 따라 요금을 낮추었을 것입니다. 인터넷전화와 같은 새로운 기술에 대해 저항하기보다는 국가경쟁력 강화를 위해서 오히려 선도적 투자를 감행했을 것입니다. 하지만 현실은 거꾸로 공기업이었던 유선과 무선 통신 업체가 민영화되었고 국가 기간망마저 사기업으로 넘어가는 방향으로 진행되었습니다.

기업들은 신기술에 대한 투자는커녕 통신 사업을 위협할 가능성이 있는 기술을 사장시키는 데 더 열심입니다. 정부 정책 입안자들은 국가경쟁력 확보를 위해 이들을 독려하고 있으나 통신 업체들은 그저 현재 상태에서 사용자로부터 더 많은 이익을 챙기는 일에만 몰두하고 있습니다. 그리하여 한국은 현실에 안주하며 더 이상 기술 개발에는 관심이 없는 나라로 전락하고 말았습니다.

하지만 한때 한국은 이동통신 강국으로 부상하며 'IT 코리아'란 명성을 얻었던 때가 있었습니다. 지금도 늦지 않았습니다. 조금만 노력하면 다시 그 명예를 되찾아올 방법이 있습니다. 통신 강국의 명예를 되찾으려면 우리가 무엇을 어떻게 해야 하는지 알기 위해서 그때의 일을 되돌아볼 필요가 있습니다.

CDMA 성공 신화

한 나라의 완벽한 이동통신 시장이란 어떤 모습일까요? 통신 방식을 그 나라가 주도적으로 결정합니다. 통신장비를 그 나라의 기술력 있는 업체들이 스스로 만들어냅니다. 휴대폰 제조 업체들은 값이 싸고 신뢰성 있으며 사용이 편리한 제품을 출시합니다. 통신사들은 저렴한 요금에 안정적인 서비스를 제공함으로써 이동통신 생활에 불편함이 없도록 해줍니다.

이렇게 한 나라가 이동통신 시장을 주체적으로 이끌어가기 위해서는 기술력 있는 통신장비 업체를 보유하는 것이 가장 중요합니다. 이동통신 시장에서 가장 강력한 힘을 발휘하는 세력은 바로 교환기와 기지국 같은 통신장비를 생산하는 업체들이기 때문입니다.

원천 기술을 확보한 통신장비 업체들이 통신 방식을 결정하고 필요한 장비를 생산하여 보급함으로써 이동통신이 가능해집니다. 성능이 우수하면서도 안정성이 높은 통신장비 그리고 설비 구축과 운영 노하우를 가진 업체의 지원이 있어야 통신사들이 안정적인 서비스로 수익을 낼 수 있습니다.

아날로그 이동통신이 디지털로 바뀌고 있을 때 에릭슨을 포함한 메이저 장비 업체들은 GSM 방식을 선택했습니다. 이들이 유럽 통신 시장을 하나로 묶어냄으로써 GSM 방식이 대세가 되고 있었습니다.

뒤늦게 이동통신 시장에 뛰어든 한국은 이런 대세를 따르지 않았습니다. 당시 한국의 관료들은 기술 자립으로 국가경쟁력을 확보하기를 원했고 기업들은 휴대폰뿐만 아니라 고부가가치 영역인 통신장비 시장에도 진입하고 싶어했습니다. 통신사들도 신기술을 도입해 새롭게 성장할 기회를 노리고 있었습니다. 이렇게 모든 관계자들의 염원이 맞아 떨어져 기술적으로 우수하지만 상용화되지 못한 미국식 CDMA 방식을 개발하는 모험을 합니다.

전 세계 이동통신 관계자들이 실패를 예측했지만 한국은 놀랍게도 정부와 기업 그리고 연구자 모두의 열성적인 노력으로 짧은 기간 내에 CDMA 교환기를 국산화하고 휴대폰 생산에도 성공하였습니다. 이를 기반으로 이동통신망을 구축하고 서비스에 들어가 한국을 CDMA 테스트장으로 활용했고 그 운영 노하우를 축적함으로써 결국 기술수출까지 가능하게 되었습니다. 이 과정에서 국산 휴대폰은 경쟁력을 갖추게 되어 전 세계로 진출할 기반을 마련합니다.

열악한 피겨스케이팅 환경에서 김연아 같은 월드스타가 탄생했듯이 한국은 갑작스럽게 세계를 놀래는 무언가를 만들어내는 경향이 있는 듯합니다. 이전까지 이동통신 분야에 아무런 기반이 없던 한국이 세계 최초로 CDMA를 상용화함으로써 단숨에 디지털 이동통신 강국으로 부상했던 것입니다.

자체 기술을 확보하고 필요한 장비를 국산화하며 우리나라 휴대폰이 단말기 시장을 지배해서 수출까지 할 수 있게 하겠다는 국가적 염원이 달성된 듯했습니다. 하지만 언제나 그렇듯 방해 세력이 나타나기 시작했습니다.

퀄컴의 변신

원천 기술 없이 시작한 CDMA 사업은 핵심 기술을 가진 칩 공급 업체 퀄컴에 의존적일 수밖에 없었습니다. 초기 공동개발 단계를 지나 CDMA 사업이 정상 궤도에 오르자 CDMA 기술과 칩의 독점 공급 업체로 부상한 퀄컴은 한국을 파트너로 인정하지 않고 돈벌이 대상으로만 인식하게 됩니다.

퀄컴은 한국의 칩 판매량이 늘었지만 초기에 맺은 로열티 계약을 조정해주지 않았으며 오히려 칩셋 가격을 올리기 시작했습니다. 전 세계적으로 칩 공급이 부족한 상황에서 한국은 다른 나라에 비해 조금의 우대도 받지 못했습니다. 전체 CDMA 사용자 수 대비 한국의 가입자 수가 무시 못 할 수준이었음에도 불구하고 국내 기업들은 최혜국 대우는커녕 보복이 두려워 불공정 행위에 대해 항의조차 하지 못했습니다.

퀄컴은 또 핵심 칩을 공급한다는 이유로 소프트웨어 플랫폼까지 자신들이 만든 제품^{BREW}을 쓰기를 강요했습니다. 국가 전체가 한 기업의 정책에 휘둘리는 사태를 우려한 정부가 국가 공통 플랫폼(위피^{WIPI})을 제안하려고 하자 그들은 미국 정부를 움직여 이를 방해했습니다. 퀄컴의 만행을 겪은 이후 한국 정부는 이동통신 정책을 수립할 때 반드시 복수의 업체와 복수의 표준을 택하게 되었습니다.

퀄컴 지나친 욕심으로 업계의 미움을 받아 상생하지 못하는 대표적인 기업. CDMA 공동개발을 한 한국전자통신연구원^{ETRI}은 한국에

서 얻은 로열티 수입의 20퍼센트를 퀄컴으로부터 받도록 계약이 되어 있었으나 퀄컴은 일방적으로 금액을 낮추어 지급했습니다. ETRI는 소송을 통해 1억 달러가 넘는 로열티를 돌려받았습니다. 퀄컴은 미국에서조차 공정거래 위반으로 과징금을 물었고 최근에는 이라크 이동통신 시장을 CDMA로 바꾸는 법안을 제정하려고 로비를 시도함으로써 점점 악덕 기업 이미지가 강해지고 있습니다.

퀄컴은 독점 지위를 남용하여 국내의 기술력 있는 업체들에 말할 수 없는 굴욕을 주었고 이 때문에 많은 기업들이 돌아서게 만들었습니다. 퀄컴과의 경험 때문에 이후 한국은 와이브로같이 원천 기술을 확보할 수 있는 분야에 집중하게 되었습니다.

이 동 통 신 업 체 들 의 현 실 안 주

정부와 업체 그리고 연구원들이 기술 개발에 주력하며 시장에서 싸우는 동안 CDMA 상용 서비스에 성공한 이동통신사는 점차 보수화되기 시작합니다. 그들은 이미 완성해놓은 CDMA 망에서 오래도록 사용료를 챙기는 일만 하고 싶어했습니다. 더 이상 CDMA 개발 초기와 같은 모험을 원치 않았기 때문에 3세대(3G, IMT-2000) 이동통신 표준 전쟁이 일어나자 모두 WCDMA로 돌아섰습니다. WCDMA는 CDMA의 경쟁 기술인 GSM의 발전형이었지만 이미 시장에서는 GSM 방식이 막강한 점유율을 확보하고 있었기 때문입니다.

3G 서비스 IMT-2000은 국제전기통신연합[ITU]이 정의한 3세대 이동통신 표준으로서 유럽 중심의 비동기식 WCDMA와 미국 퀄컴의 동기식 CDMA2000뿐만 아니라 한국이 제안한 와이브로까지 포함하고 있습니다. IMT-2000은 이렇게 기술적 요구사항만 충족하면 어떤 기술이라도 포용하는 복수 표준이었습니다. 표준으로 선택된 방식들 간에 기술적 우위는 찾아보기 힘들며 업체들의 이해관계에 따른 구현 방식의 차이가 있을 뿐입니다.

사실 3G의 핵심 키워드는 전 세계 단일 로밍이었지만 업체 간의 표준 대립으로 인해서 제대로 실현되지는 못했습니다. 시간이 지난 후 3G의 가장 큰 매력은 고속 데이터 통신에 있음이 드러났습니다. 또한 CDMA의 개량형인 CDMA2000도 충분히 3G급 성능을 내고 있었고 결국 3G 표준으로 인정받았습니다. 즉 3G 사업자 선정 당시 업체들이 CDMA의 발전형인 동기식 CDMA2000을 선택했다면 설비투자비 절약은 물론 기술 개발과 장비 산업의 발전에 도움이 되었을 것이란 뜻입니다. 결국 이동통신 업체들은 기존 CDMA 설비 업그레이드 비용과 WCDMA 설비투자뿐만 아니라 와이브로 구축 비용까지 3중의 지출을 해야 했습니다.

WCDMA 사업권 경쟁에서 탈락한 LG는 수요 부족을 이유로 퀄컴이 동기식 3G 칩셋 개발을 포기하자 아예 동기식 사업권을 반납하고 3G 서비스를 포기했습니다. 그러나 이후 2G망에서 CDMA2000 개량형 기술을 사용한 고속 데이터 통신이 가능해지면서 실질적으로 3G 이동통신으로 대접받고 있는 것을 볼 때 동기식도 3G에 전혀 문제가 없음을 알 수 있습니다.

하지만 SK텔레콤과 KT는 동기식이든 비동기식이든 3G 자체에 큰 관심이 없었습니다. 그런 이유로 그들은 WCDMA 사업권을 받은 2000년 이후에 고의적으로 사업 추진 일정을 지키지 않았으며 설비투자에 소극적이었습니다. 때문에 비동기식 WCDMA 3G 이동통신은 7년이 지난 2007년이 되어서야 겨우 전국적으로 서비스가 가능해졌습니다. 이렇게 뒤늦게 3G에 투자를 했기 때문에 4G로 전환되고 있는 세계적인 추세를 따라가기가 애매해졌습니다. 3G 설비투자비도 회수하지 못한 상태에서 또다시 4G에 대규모 자금을 투자하기에는 무리가 있기 때문입니다. 더구나 4G 표준의 하나로 결정이 확실시되는 와이브로에 이미 수조 원을 사용한 상태에서 또 다른 4G 표준으로 대두되는 LTE에 투자를 해야 하는 4중의 낭비가 발생하고 있습니다.

LTE 기술에 붙인 이름은 알고 보면 아무런 의미가 없습니다. 'Long Term Evolution' 이란 '장기간에 걸친 진화' 란 뜻으로 통신과 관련된 의미는 전혀 없는 마케팅적인 구호에 불과합니다.

GSM의 진화형인 WCDMA에서 다시 성능을 높인 HSPA를 개발한 업체들이 LTE를 밀고 있기 때문에 시장에서 대세가 되고 있지만 사실 LTE는 기존 3G 장비와 호환되지 않기 때문에 LTE망을 구축하기 위해서는 또다시 대규모 자금이 투입되어야 합니다. 와이브로와 같이 LTE 또한 음성 영역이 없는 순수 데이터망이지만 통신사들은 4G에서도 음성통화로 수익을 얻기 위해서 LTE에 고유의 음성통화 영역 지정을 시도하고 있습니다.

통신 업체들이 성공한 이후 변화를 두려워하게 되면서 표준을 주도하지 못하게 되자 이동통신 강국의 지위를 상실하였습니다. 시장 지배적인 기술을 추종하게 되자 기존 인프라와 별도로 이중 삼중의 대규모 투자를 해야 하는 낭비가 발생했고 이 돈은 모두 외국의 장비 업체에 흘러가고 말았습니다. 국내 장비 업체들은 시장을 잃었을 뿐만 아니라 국내의 경험을 바탕으로 한 수출도 불가능해지면서 장비 산업에서 고전을 하게 되었습니다.

사장된 와이브로

정부는 3G를 넘어 4G에서 다시 한 번 이동통신 강국으로 부상하기 위해 원천 기술을 확보할 수 있는 이동형 무선인터넷 기술인 와이브로를 집중적으로 육성할 계획을 세웠습니다. 하지만 이 기술은 데이터 통신

위주의 이동통신이었기 때문에 통신사 입장에서 보면 음성통화 시장을 사라지게 할지도 모를 위험한 기술이었습니다. 때문에 SK텔레콤은 이 기술을 사장시키기 위해 노력하게 됩니다. SK텔레콤이 업계의 반대에도 불구하고 와이브로 사업권을 따낸 것은 다른 업체가 와이브로 사업을 못 하게 하려는 의도가 있었습니다. 또한 사업자로서 와이브로 설비투자를 지연한 것은 와이브로를 시장에서 퇴출시키기 위해 계산된 행위였습니다.

SK텔레콤과 KT는 WCDMA 투자를 미루었던 것과 마찬가지로 와이브로 투자도 가능한 한 늦추기를 원했습니다. 업체들은 수차례 투자 이행 약속을 어기며 시간이 가기만을 기다렸는데 정보통신부가 사라진 지금 방송통신위원회는 이들을 제대로 통제하지 못하고 사업 이행을 촉구하는 정도에 그치고 있습니다. 정부 입장에서는 허가 취소나 사업 정지도 어려울뿐더러 과징금을 부여하더라도 5억 원 미만에 불과하기 때문에 업체 입장에서는 차라리 과징금을 내는 것이 더 유리한 상황이 되었습니다.

와이브로 이동 중에도 무선인터넷 사용이 가능하도록 만든 휴대 인터넷 규격. 모바일 와이맥스로도 불리고 있는 와이브로는 한국이 원천 기술을 가지고 있으며 인텔과 시스코 같은 무선 네트워크  업체들의 지원을 얻어 세계적인 기술로 부상하고 있습니다. 와이브로는 이미 3G 표준으로 채택되었으며 개량형인 '와이브로 에볼루션'은

4G 표준으로도 채택이 유력시되고 있습니다. 와이브로는 4G 기술로 손색이 없으며 음성통화 위주의 이동통신에서 벗어나 진정한 휴대 인터넷 시대를 열어줄 수 있는 혁신적인 기술입니다.

점차 기술이 발전하면서 WCDMA, CDMA2000, HSPA, LTE, 와이브로, 무선인터넷의 경계가 허물어지고 있습니다. 각각의 기술은 내용적으로 큰 차이가 없으며 한 개의 장비로 이들 모두를 지원하는 것도 가능해졌습니다. 무선인터넷만 가능한 단말기를 위해서 와이브로를 와이파이 신호로 바꾸어주는 모뎀인 '에그'가 있습니다. 또한 3G를 와이파이로 변환시켜 주는 모뎀, 역으로 유선랜을 3G로 변환시켜주는 '펨토셀', 그리고 WCDMA와 와이브로 신호 모두를 와이파이로 바꾸어주는 '3W 브리지'도 나와 있습니다. 어떤 방식이든지 차세대 기술로 채택하기만 하면 기술적으로 모두 뒷받침할 수 있다는 뜻입니다.

그러므로 한국이 4G 이동통신 규격으로 와이브로를 선택해도 아무런 문제가 없습니다. 와이브로는 한국이 원천 기술을 가지고 있을 뿐만 아니라 LTE와 함께 4세대 표준으로 동시 채택이 유력시되고 있으며 막대한 설비투자를 통해서 이미 상용 서비스를 실시 중입니다. 장비 개발도 완료했으며 운영 노하우도 습득해놓은 상태이기 때문에 외국에 수출도 가능합니다.

이동통신 인프라가 아직 구축되어 있지 않은 국가들은 데이터 통신 중심의 와이브로에 많은 관심이 있으며 러시아를 포함한 구축 사례 또한 경쟁 기술인 LTE보다 앞서 있습니다. 와이브로를 통해서 한국이 다시 한 번 이동통신 강국으로 부상할 절호의 기회를 맞이하고 있는 것입니다.

하지만 통신사들은 현재 와이브로에 아무런 관심이 없습니다. 정보통신부를 해체함으로써 관료들이 기술에 관한 주도권을 잃고 있는 틈을 타 통신사들은 아무런 거리낌 없이 4G 서비스로 LTE를 채택할 것이라고 공언하고 있습니다. 3G 사업자 선정에서 탈락하여 절치부심하던 LG는 4G에서 시장 점유율을 높이기 위해 가장 적극적으로 LTE에 투자를 감행하고 있습니다. 애초에 와이브로 설비투자를 미루어왔던 SK텔레콤도 LTE 기지국 구축을 앞당기고 있으며 KT마저 이 대열에 동참하고 있습니다. 이렇게 와이브로는 한국에서 완전히 버려질 운명에 처해 있습니다.

그들은 새로운 기술로 모험을 하기보다는 시장에서 대세가 되고 있는 안전한 기술을 더 선호합니다. 더구나 LTE에는 음성통화 영역이 지정되어 있어 그들의 수익을 유지하는 데 더 적합합니다. 통신사의 이기주의로 인해 국가경쟁력이 상실되고 있는 것입니다.

하지만 장기적으로 보면 이런 행위가 통신사에도 결코 이익이 될 수 없습니다. 4G 서비스가 대중화되면 결국 음성통화는 인터넷전화가 대세가 될 것입니다. 인터넷전화는 요금이 쌀 뿐만 아니라 이름, 이메일 주소, 웹 사이트 아이디 등 개인을 식별할 수 있는 어떤 것으로도 통화가 가능합니다.

4G 통신 최근 애플이 아이폰에 페이스타임을 내장하여 공짜로 쓸 수 있게 하고 구글이 이메일 주소만 있으면 무료로 인터넷전화를 쓸 수 있는 구글톡 앱을 출시한 것은 미래의 인터넷전화 시장을 선점하기 위한 고도의 전략에서 나온 선택입니다. 애플은 한발 더 나아가 다음번 아이폰에서 3G 기능을 제거함으로써 완전한 데이터 전용 단말기로 만들려고 시도하고 있습니다.

애플이 콘텐츠와 모바일 플랫폼을 장악함으로써 통신사를 단순한 데이터 통로로 만들어버렸듯이 미래에는 사용자를 가장 많이 확보한 인터넷전화 사업자가 통신사를 압도해버릴 것입니다. 더 이상 단기간의 이익을 위해 통신사들이 음성통화 요금에 집착해서는 안 됩니다. 오히려 과감하게 음성통화 위주 정책을 포기하고 전 세계를 상대로 한 인터넷전화 사업에 뛰어드는 것이 최선의 생존 방안임을 하루빨리 깨달아야 할 것입니다.

장비 개발 업체인 삼성은 와이브로 장비를 수출하고 있는 한편 LTE 장비도 개발하고 있습니다. 모든 기술에 대해 다 대응해야 하는 것이 기술 약소국 업체의 운명이기 때문입니다. 하지만 최근에 삼성이 드디어 미국의 LTE 교환기 시장에 진출할 수 있게 된 것은 CDMA 기술을 국가 차원에서 지원했던 덕분임은 분명합니다.

유럽식 GSM에 대해 미국 퀄컴의 CDMA가 점유율이 낮았고 비동기식 WCDMA에 비해 동기식 CDMA2000이 더 낮은 점유율을 보였지만 우리나라가 그 분야에서 주도적인 위치를 차지했기 때문에 국산 휴대폰이 세계시장을 주도하는 것이 가능했습니다. LTE에 비해 와이브로가 더 미미한 점유율을 가지게 될지 모르지만 원천 기술을 확보한 한국이 이 기술에 전념한다면 4G를 넘어 5G에서는 장비 시장까지 점령할 수 있는 기반을 얻을 수 있을 것입니다.

와이브로는 진정한 데이터 통신으로서 이동통신이 나아가야 할 궁극의 방향을 선점한 기술입니다. 음성통화는 앞으로 스마트폰의 한 응용 프로그램에 불과하게 될 것입니다. 지금도 스카이프 같은 인터넷전화 프로그램으로 음성통화를 대신할 수 있습니다. 통신사들은 여전히 3G를 이용한 인터넷전화 사용을 강력하게 막고 있습니다. 하지만 가격이 싸고 음질 또한 훨씬 좋은 인터넷전화가 대세가 될 것은 분명한 사실입니다. 이동통신 업체들이 음성통화를 특별하게 취급하며 사용자들에게서 최대한의 이익을 짜내려는 행위를 포기한다면 결국 미래의 기술은 와이브로임을 깨닫게 될 것입니다. 더 늦기 전에 와이브로에 대한 국가적 지원이 강화되기를 바랍니다.

악 랄 한 통 신 사 의 횡 포

통신 업체와 휴대폰 제조사 그리고 콘텐츠 개발자와 사용자 간의 이상적인 관계는 어떤 것일까요? 제조사들은 안정적이면서도 사용하기 편리한 휴대폰을 낮은 가격에 공급합니다. 소프트웨어 제작자들도 재미있고 유익한 내용의 콘텐츠를 만듭니다. 통신사는 좋은 휴대폰과 양질의 콘텐츠를 공급하고 사용자들의 의견에 귀를 기울임으로써 통신 환경 개선에 힘씁니다. 물론 현실은 전혀 달랐습니다.

통신사들은 초기 설비투자비 회수를 위해 받던 기본료를 아직도 유지하고 있습니다. 설비투자에 들어간 돈은 이미 다 회수했음에도 불구하고 기본료를 없애지 않고 있으며 이 돈은 그대로 통신사의 수익이 되고 있습니다.

또한 통신사들은 설비투자를 게을리함으로써 정부의 기술 개발 의지를 꺾었습니다. 휴대폰 개발 환경을 통일시켜 소프트웨어 사업을 활성화하기 위해 정부가 제안한 위피를 악용하여 다양한 기능이 추가된 외국 휴대폰의 수입을 막았습니다. 이도 모자라 휴대폰의 하드웨어 식별 번호IMEI가 미리 등록된 휴대폰만 유통 가능하게 하고 컨트리록country lock과 유심록USIM lock을 이용하여 사용자들이 자유롭게 단말기를 바꾸지 못하게 하고 있습니다. 또한 전 세계시장에서 호평받는 국내 제조사의 휴대폰에서 통신사 수입에 영향을 미칠 수 있는 기능을 제거한 소위 '스펙 다운' 제품만을 유통시키고 있습니다.

'스펙 다운' 된 아레나폰 해외에서 인기를 끈 LG의 풀터치폰. 그러나 국내에서 출시되면서 무선랜, 3.5 파이 이어폰 단자와 GPS를 제거했으며 동영상 플레이 기능을 삭제하고 8GB의 내장 메모리를 0.03GB

로 줄이고 LCD까지 낮은 사양으로 바꾸어버렸습니다. 명품을 쓰레기로 만드는 너무나 지독한 처사에 분노한 사용자들은 오늘도 인터넷에 통신사에 대한 비난글을 올리고 있습니다.

통신사들은 자신들의 이익을 위해서라면 사용자들이 어떤 불편을 겪더라도 전혀 상관하지 않았습니다. 160바이트의 문자메시지 국제 표준을 80-90바이트로 제한한 후 그 이상의 메시지는 독자 규격의 '멀티미디어 문자 방식MMS', 즉 MMS를 사용하여 추가 비용을 받고 있습니다. 독자 규격 MMS는 악명 높은 통합메시지함과 더불어 호환성 문제를 일으켜 사용자의 통신사 이동을 방해하는 악랄한 상술의 전형입니다. 그들은 또 각종 인터넷 접속 기능을 통해 데이터 통화료를 받아 챙겼으며 최근까지 아무런 비용이 들지 않는 발신자번호 표시에도 요금을 받아왔습니다.

3G 이동통신은 화상통화를 장점으로 내세웠지만 데이터 통신에 더 많은 수요가 있었습니다. 3G 시대가 되면서 전 세계적으로 데이터 통신이 활성화되었지만 국내 통신 업체들은 3G 설비투자 지연으로 인해 데이터 통신 속도를 보장할 수 없었습니다. 하지만 외국과 같이 무선랜 기능을 제공하면 속도에 대한 소비자의 요구를 충족시켜줄 수 있었으나 그들은 수익이 줄어들 것을 우려해 악착같이 무선랜 기능을 막아왔습니다. 대신 그들은 소비자들의 데이터 통신 요구를 잠재우기 위해 무지막지한 3G 데이터 통신 요금 정책을 사용했습니다.

노래 다운받기 노래 한 곡의 가격은 700원에 불과하지만 패킷당 과금을 하기 때문에 엄청난 비용이 나올 수가 있습니다. 최근까지 통신사들은 비싼 요금을 받았는데 0.5KB인 한 패킷당 10원을 받던 시절(패킷당 100원이었던 시절도 있었음), 음질 낮은 5000KB 용량의 노래 한 곡을 받기 위해서 따로 1만 원을 지불해야 했습니다. 2008년경 이 사실을 모르고 데이터 통신에 열중하던 한 중학생이 370만 원의 요금고지서가 나오자 겁을 먹고 자살해버리는 사건까지 있었습니다.

통신사들은 3G 설비 구축을 완료한 후에 점차 데이터 통신 가격을 내리기는 했지만 여전히 가격이 비싸 휴대폰을 사면 비밀번호를 걸어서 실수로라도 데이터 통신이 안 되도록 해놓는 사람이 대부분이었습니다. 대신 사용자들은 자기만의 컬러링을 사용하고 벨소리를 다운받는 데 만족해야 했습니다. 제조사들이 만든 그대로 휴대폰을 출시했다면 공짜로 할 수 있는 이런 일들도 통신사에게 돈을 지불해야만 가능한 일이었습니다.

비싼 비용을 지불하고 데이터 통신을 사용하려고 해도 자유롭게 인터넷에 접근할 수 없었습니다. 오로지 통신사가 허락하는 페이지만 갈 수 있었고 그들이 보여주는 콘텐츠만 볼 수 있었습니다. 콘텐츠 업체들에 대해 통신사들이 우월한 지위를 차지하게 되자 소위 '갑을 관계'로 인한 부정이 만연해졌습니다. 콘텐츠 업체들은 소프트웨어 품질 향상보다는 접대와 로비에 의해서 통신사의 특혜를 얻어내는 데 더 치중하게 됩니다. 또한 자사 콘텐츠를 직원을 동원해 다운로드함으로써 인기 서비스를 조작하려는 행위도 만연하였고 제작자들은 쉽게 돈을 벌 수 있는 음란물 제작에 치중했습니다.

통신사들은 접속료로 이익을 낼 수 있었으나 수익이 많이 발생하는 콘텐츠에 대해서도 이익 배분을 재조정함으로써 더 많은 수익을 뺏어 갔습니다. 또한 마케팅 비용을 콘텐츠 업체가 내도록 하고 업체가 개발한 아이템을 뺏어 자회사로 넘기는 등 '갑'으로서의 지위를 이용하여 콘텐츠 업체에 대한 불공정 행위를 일삼았습니다.

스 마 트 폰 의 등 장

스마트폰과 PDA 최초의 스마트폰은 IBM이 1992년에 발표한 사이먼^{simon}이란 제품(위)이었습니다. 휴대전화 기능이 있었고 모든 작업은 터치스크린을 통해 이루어졌습니다. 이메일과 팩스 송수신은 물론 게임까지 할 수 있었습니다. 한편 애플은 1993년 최초의 PDA(아래)를 출시했으나 가격이 비싼 데다가 사용하기도 불편해 실패하고 말았습니다.

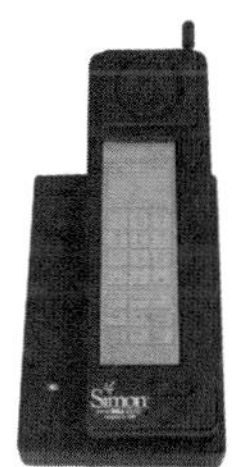

사람들은 오랜 세월 동안 '손안의 컴퓨터'를 꿈꿔왔습니다. 어디서나 무선으로 전화를 할 수 있고 필요한 작업을 할 수 있으며 음성까지 알아듣는 작은 기계를 원했습니다. 하지만 이런 것은 그저 공상과학 속에서나 가능한 일이었습니다.

기술이 발전하면서 다양한 업체들이 이 꿈에 도전했는데 현실적으로 성공을 거둔 것들은 필요한 최소한의 기능만을 가진 팜 PDA와, 무선 호출 기능과 이메일 기능에 특화된 블랙베리 그리고 노키아가 HP와 함께 만든 스마트폰이었습니다.

성공한 제품들 완벽한 PDA로 자리매김한 팜(왼쪽 위)은 PDA폰으로 MS의 스마트폰과 경쟁했습니다. 블랙베리(오른쪽 위)는 선구적인 이메일 푸시(자동 알림) 기능을 무기로 다양한 기능을 추가하면서 아직까지 많은 사용자를 확보하고 있습니다. HP와 공동 작업으로 만들어진 노키아 커뮤니케이터 시리즈(오른쪽 아래)는 이후 심비안 운영체제를 채택하면서 명실공히 스마트폰의 맹주로 자리매김합니다. (왼쪽 아래 그림은 컴팩과 합병하기 전 HP의 PDA)

이 분야에는 MS도 참여하고 있었습니다. MS는 실패를 거듭하면서도 수차례 윈도우 모바일의 이름을 바꾸고 성능을 향상시켜왔는데

2000년에 출시된 컴팩의 아이팩[iPAQ]이 윈도우와의 호환성을 무기로 크게 성공하면서 PDA 시장을 평정하게 되었습니다. 이후 3G 고속 데이터 통신이 활성화되면서 스마트폰에 대한 수요가 커지자 MS는 모바일용 윈도우를 기반으로 드디어 스마트폰 시장에 뛰어듭니다.

국산 PDA폰 셀빅 셀빅은 팜을 벤치마킹하여 만든 순수 국산 PDA였습니다. 셀빅은 이후 휴대폰 모듈이 추가된 XG까지 출시되었지만 팜과 마찬가지로 MS의 윈도우 모바일을 사용한 제품들과의 경쟁을 이겨내지 못하고 대기업에게 인수된 뒤 제품 개발이 중단되었습니다.

한국의 대기업들은 MS가 모바일용 윈도우를 발표할 때마다 이를 이용해서 제품을 출시했지만 운영체제의 불안정성 때문에 모두 실패하고 말았습니다. 윈도우 모바일은 버전이 윈도우 CE 4.0을 넘은 후에야 어느 정도 안정성을 가지게 되었고 그때부터 PDA 겸용의 휴대폰으로 쓸 만하다고 평가받는 제품들이 본격적으로 출시됩니다.

LG RW6100 당시 이동통신사가 아닌 KT에서 출시된 덕분에 기적적으로 무선랜이 제거되지 않았던 아이팩 계열의 스마트폰. LG가 만들어 HP에 OEM으로 납품한 RW6100은 윈도우 CE 4.21 버전이 사용되었으며 CDMA모듈과 무선랜이 함께 있다고 해서 '스윙폰'이라

고 불렸습니다. 고성능에 사용자가 손댈 수 있는 부분도 많아 동호회를 중심으로 애호가들의 많은 사랑을 받았습니다. KT가 사내 업무용으로 사용했기 때문에 사용자도 많아서 문제 처리도 빠른 편이었습니다. 소프트웨어 개발도 활발해서 대리 운전 업체를 비롯한 많은 분야에서 아직도 사용되고 있는 제품입니다.

하지만 윈도우 모바일은 데스크톱 윈도우의 인터페이스를 그대로 적용했기 때문에 사용하기가 매우 불편했습니다. 사용자가 원하는 대로 설정이 가능했으나 그만큼 많은 에러가 생겨서 초기화를 자주 해야 했습니다. 또한 배터리가 방전되면 스마트폰이 완전히 초기화되어서 이전에 작업한 내용이 완전히 지워지는 치명적인 문제점도 가지고 있었습니다. 통신사들이 윈도우 내장 전화 프로그램을 무시하고 통신사 고유의 프로그램을 강요한 탓에 간단한 멀티태스킹 작업을 해도 전화 프로그램과 충돌이 일어나 사용자 프로그램은 물론 전화 프로그램조차도 쓸 수 없는 경우가 많았습니다.

윈도우 모바일은 계속 버전업이 되었지만 불안정성은 전혀 개선되지 않았습니다. 해외에서는 노키아의 심비안 스마트폰이 큰 인기를 끌고 있었지만 한국에는 수입이 되지 않은 탓에 윈도우 모바일밖에 쓸 수 없었고 윈도우 모바일의 불안정성으로 인해서 스마트폰에 대한 인식이 나빠지고 말았습니다.

외산 스마트폰은 또 위피 의무화란 장해물이 있어 법인에만 판매한다는 편법을 동원해서 수입해야 했습니다. 스마트폰도 스펙 다운을 당했는데 무선랜을 제거하고 통신사 전용의 통합메시지함 그리고 MP3 음악에 대해 DRM(디지털 저작권 관리 기술)을 걸도록 강요함으로써 스마트폰 본연의 기능을 제대로 사용할 수 없게 만들었습니다. 스마트폰에는 웹 브라우저가 내장되어 있었지만 비싼 요금 때문에 웹 페이지 하나 마음 놓고 볼 수 없었습니다. 결국 스마트폰은 쓸데없이 화면만 크고 무거운 휴대폰에 불과하다는 인식이 퍼져 수요마저 점차 줄어들고 있었습니다.

이렇게 통신사들은 정부를 무력화하고 휴대폰 제조사를 마음대로 주무르며 콘텐츠 제작자들을 손아귀에 쥐고 사용자들로부터 최대한의 이익을 짜내는 시스템을 구축했습니다. 소비자의 원성과 콘텐츠 제작자들의 불만 그리고 의식 있는 사람들의 비판이 끊이지 않았으나 아무것도 바꿀 수 없었습니다. 국내에서는 그 어떤 노력도 이 상황을 개선시킬 수 없었습니다. 통신사를 견제할 세력은 보이지 않았으며 이 문제를 해결할 수 있는 가능성도 찾을 수 없었습니다. 그때 미국으로부터 희망적인 소식이 들려왔습니다. 아이폰이 출시된 것입니다.

아 이 폰 에 대 한 한 국 의 저 항

한국이 CDMA를 무기로 통신 시장에 화려하게 등장한 것처럼 휴대폰에 대한 경험이 전무하던 애플은 아이폰을 들고 단숨에 이동통신 시장의 최강자로 군림하게 되었습니다. 손가락 하나로 모든 것을 할 수 있는 완벽한 유저 인터페이스는 여태까지의 모든 스마트폰과 PDA가 얼마나 불편한 장비였는지를 깨닫게 만들었습니다.

아이폰 때문에 윈도우 모바일은 하루아침에 쓰레기로 전락해버렸고 오랜 역사를 가진 노키아의 심비안 운영체제는 아무도 찾지 않는 낡은 제품이 되어버렸으며 10년 이상 사랑받던 블랙베리의 앞날은 불투명해졌습니다. 아이폰으로 인해 휴대폰 시장은 순식간에 스마트폰이 대세가 되었습니다. 더 이상 사람들은 제한된 기능의 피처폰을 사용하지 않으려고 했고 오직 멀티터치가 가능한 풀터치폰만을 찾게 되었습니다.

아이폰은 또 와이파이를 기본으로 내장하고 통신사들이 제거하지 못하게 함으로써 무선인터넷을 휴대폰의 기본 기능으로 만들었습니다. 아이폰은 작은 화면으로도 완벽한 웹 브라우징이 가능하다는 것을 증명함으로써 사용자들이 이전과 다르게 많은 데이터를 사용하게 만들었고, 때문에 통신사들은 3G 데이터 통신 요금을 내릴 수밖에 없었습니다. 아이폰은 또 앱스토어를 통해서 통신사의 간섭 없이 개발자와 사용자가 만날 수 있게 함으로써 양쪽 모두 이득이 되는 콘텐츠 환경을 조성했습니다.

이 모든 것은 통신사 입장에서는 모두 재앙과 같은 일이었습니다. 특히 한국의 통신사들은 아이폰으로 인하여 생존의 위협을 느낄 정도였습니다. 아이폰에 대항할 스마트폰을 가지고 있지 못했던 국내 휴대폰 제조사도 당황하기는 마찬가지였습니다.

아이폰이라는 극약을 써서라도 이동통신 분야에서 점유율을 확대하고 싶었던 KT가 적극적으로 노력했지만 갖가지 규제를 동원한 방해 세력들의 저항으로 아이폰은 오랫동안 한국에 들어올 수 없었습니다. 그러나 통신사, 휴대폰 제조사, 언론과 관료의 방해에도 불구하고 마침내 아이폰이 한국에 도입되었습니다.

일개 스마트폰에 불과한 아이폰이 도대체 왜 이렇게 화제가 되고 있는 것일까요? 그 이유를 알기 위해서는 아이폰이 어떤 제품인지, 아이폰의 등장이 어떤 의미인지 그리고 우리는 아이폰에서 무엇을 배워야 하는지 따져볼 필요가 있습니다.

chapter 08

아이폰이 보여준
놀라운 세상

아이폰이 활성화됨으로써 웹 페이지들이 바뀌기 시작했습니다.
여태까지 그 어떤 방법으로도 열리지 않던 문이 아이폰으로 인해 활짝 열린 것입니다.
쇼핑몰을 중심으로 액티브 엑스 탈피 움직임이 가시화되었고
웹 페이지들은 모든 웹 브라우저를 지원할 수 있도록 표준을 지키게 되었습니다.
이름뿐이던 모바일 웹 페이지가 PC용 웹 페이지만큼 실용적으로 바뀌었습니다.

아이폰인지 스마트폰인지 외제 휴대폰 하나 들어왔다고 떠들썩합니다. 휴대폰은 전화만 잘되면 된다고 생각합니다. 문자도 많이 하지 않습니다. MP3도 없고 휴대폰으로 노래도 듣지 않습니다. 휴대폰에 달린 카메라는 구입 후 처음 몇 번 찍어보고는 사용하지 않습니다. 조그마한 휴대폰 액정으로 인터넷 같은 것을 하는 게 참 궁색해 보입니다. 정 필요하면 참았다가 큰 화면의 컴퓨터를 사용하면 될 일을 뭐가 그리 급하다고 지하철에서 잘 보이지도 않는 화면을 들여다보고 있는지 모르겠습니다.

효도폰 큼직한 숫자 버튼과 각각의 기능들을 위한 많은 버튼을 준비했습니다. 메뉴를 찾아 들어가는 복잡

한 작업 없이 라디오도 들을 수 있습니다. 중년 이상의 사람들에게 인기가 있는 휴대폰입니다.

요즘 젊은이들은 참 번잡하게 살아가는 것 같습니다. 앉으면 휴대폰으로 문자하기 바쁘고, 음식만 나오면 카메라 들이대고, 사전 대신 '조그만 컴퓨터'를 씁니다. 게임기도 들고 다니고 그 작은 것으로 영화를 보는데 제대로 감동을 느낄 수나 있을지 의문입니다. 기계를 상대하느라 소중한 시간을 다 쓰고 나면 인생이 뭔지도 모르고 지나가버릴 텐데…… 답답합니다.

스마트폰은 남의 것을 잠깐 들여다본 적이 있는데 그냥 휴대폰에 비해서 엄청 복잡합니다. 여러 가지 설정을 하는 것이 어려운 데다 시간도 많이 들고 무엇보다 귀찮습니다. 이런 것은 젊은 친구들이나 관심 가질 만한 물건이지요. 여태 스마트폰이나 아이폰 없이도 전혀 불편하지 않았습니다.

아 이 폰 의   제 품   콘 셉 트

아이폰은 딱 이런 분들을 위한 스마트폰입니다. 아이폰에는 우선 버튼이 없습니다. 전원 버튼, 음량 조절 버튼, 무조건 처음으로 돌아가는 버튼밖에 없습니다. 숫자 키도 없습니다. 대신 화면 전체가 필요할 때마다 버튼 기능을 합니다. 이게 오히려 불편하지 않을까요? 아닙니다.

전혀 불편하지 않습니다.

아이폰의 화면 화면 버튼은 큼직해서 입력하기 좋습니다. 물론 블랙베리와 같은 물리적 키보드에는 미치지 못하지만 손가락만으로 조작하기에 전혀 불편함이 없습니다. 문자 입력 창을 누르면 자동으로 키보드가 나타나고 쉽게 입력할 수 있습니다. 애플의 멀티터치 인터페이스는 작은 화면에서도 완벽한 조작이 가능하다는 것을 보여주고 있습니다. 애플은 자신들이 퍼뜨린 마우스 중심의 인터페이스를 폐기하고 미래의 기술을 선보인 것입니다.

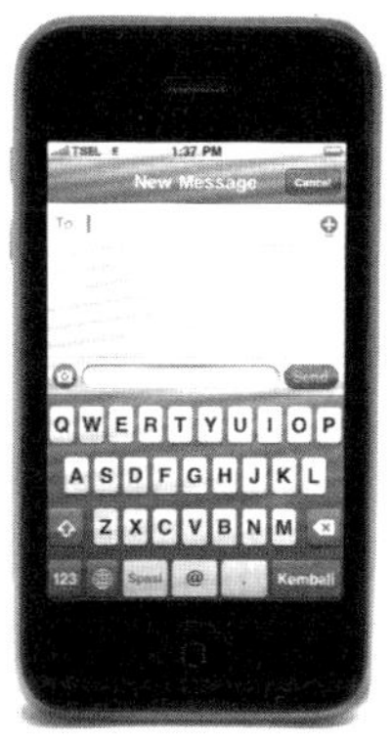

여태까지 구경했던 스마트폰은 모두 불편했는데 아이폰만 좋다고 하는 이유가 뭐냐고요? 아이폰은 다릅니다. 전혀 다릅니다. 애플은 철저히 스마트폰 초보자가 사용할 것이란 점을 염두에 두고 만들었습니다. 하드웨어와 소프트웨어를 유기적으로 통합하고 사용자의 행동 특성까지 고려했습니다. 화면 버튼으로 조작하는 것이 불편할 것이란 예상과 달리 쉽고 편리하게 사용할 수 있습니다. 페이지 넘기기, 화면 스크롤 등은 인간이란 동물의 인식구조를 정확히 꿰뚫고 있습니다. 어렵게 말할 필요가 없습니다. 주위에 있는 아이폰 혹은 아이팟 터치를 잠깐 빌려서 한 번만 화면을 조작해보시면 압니다. 누르는 대로의 즉각적인 반응, 휘리릭 넘어가는 페이지 그리고 처음에는 빨랐다가 서서히 느려지는 화면 스크롤을 경험하면 분명히 여러분도 스마트폰에 대한 선입견이 사라질 것입니다.

다른 스마트폰과 아이폰의 중요한 차이는 소프트웨어에 있습니다. 한국에 도입된 스마트폰들은 주로 윈도우 모바일을 사용했는데 그것은 그냥 용량 줄인 윈도우에 불과했습니다. 입력은 작은 펜으로 해야 하지만 정확한 곳을 누르기가 힘들고 메뉴도 아주 복잡하고 불편합니다. 문제가 생기면 사용자가 알아서 해결해야 합니다. 프로그램은 스마트폰을 컴퓨터에 연결해서 설치해야 되는데 연결하기가 어렵고 어떤 프로그램을 어디서 구해야 하는지도 막막합니다. 스마트폰이 나왔을 때 많은 사람들이 '다기능의 편리한 손안의 컴퓨터'를 기대했지만 윈도우 모바일의 불편한 인터페이스와 불안정성 때문에 실망하여 스마트폰 혐오자가 되었습니다.

윈도우 모바일은 초등학교의 교장과 같은 상태라고 생각할 수 있습니다. 천방지축인 학생들, 불만 많은 선생들, 상위 교육청의 교육지침, 학부모들의 감시까지…… 결국 MS가 할 수 있는 것은 어떤 경우에도 문제가 생기지 않는 무난한 제품을 만드는 것이었습니다. 필요한 기능은 하나도 빠뜨리지 말아야 하고, 구버전과 호환되어 개발자들의 불평을 막아야 하며, 사용법도 이전과 다르지 않아야 합니다. 버튼 위치 하나 맘대로 바꿀 수 없습니다. 이것이 윈도우 모바일이었습니다. 아이폰의 공격 때문에 뒤늦게 외양을 바꾸고 윈도우폰7이라고 이름까지 바꾸었지만 벌써 외국의 리뷰에서는 악평이 쏟아지고 있습니다.

완 전 한 통 합 성

윈도우 모바일이 불편한 운영체제였지만 꾸준히 개선되어온 것도 사실입니다. 하지만 한국 통신사들의 손에 들어가는 순간 정말 못쓸 물건이 되었습니다. 국내 통신사들은 외국 업체와 달리 무선랜 지원 같은 자신들에게 위협이 될 만한 기능을 제거했을 뿐 아니라 윈도우와 호환성이 떨어지는 자사 전용의 전화 프로그램만을 고집했습니다. 이 때문에 전화, 문자, 이메일 보내기 등을 통합적으로 편하게 할 수가 없었습니다. 전화 프로그램과 다른 프로그램의 충돌도 잦아서 음악을 듣는 동안 문자를 받을 수 없는 문제가 생겼습니다. 이 때문에 하루에 몇 번씩 초기화를 해야 합니다. 국내 통신사가 손댄 스마트폰은 최악의 단말기였습니다.

아이폰은 이런 부분도 남다릅니다. 전 세계의 이동통신 업체와 싸워서 자신들의 통합성을 지켜냈습니다. 특히 한국의 각종 규제와 통신사의 횡포를 극복하는 데는 2년이 넘게 걸렸습니다. 전화 프로그램과 응용 프로그램이 유기적으로 결합되어 동작하고 주소록, 전화번호, 이메일 주소, 현재 위치 등을 자동으로 인식합니다. 복잡한 버튼 조작 없이 전화, 문자뿐 아니라 이메일 주고받기, 노래 듣기, 인터넷 검색하기, 게임 등 각종 응용 프로그램을 생각하는 그대로 쉽게 사용할 수 있습니다.

사진을 찍으면 저장할 것인지 이메일로 전송할 것인지 멀티문자로 전송할 것인지 혹은 프린트할 것인지 상황에 맞는 메뉴가 자동으로 나옵니다. 몇 번의 버튼 조작으로 원하는 작업이 가능합니다. 절대 어렵지 않습니다. 아이폰을 접하고 나면 휴대폰은 전화 거는 것 이상의 용도가 있다는 것을 깨닫게 됩니다. 여태까지 이렇게 편리하게 쓸 수 없었기 때문에 사용을 못 했을 뿐입니다. 아이폰을 쓰는 사람들은 전문가들이 아닙니다. 아이폰은 초보자도 스마트폰으로 쉽고 편하게 다양한 작업을 할 수 있는 방법을 제시했기 때문에 열광적인 지지를 받고 있는 것입니다.

모든 것은 인터넷으로 통하는 시대

근처에 가장 싼 주유소 정보는 어떻게 알 수 있을까요? 물론 주위 사람에게 물어보거나 적당히 찾아보면 다 나옵니다. 하지만 시행착오 없이 정확히 그곳을 찾기는 어렵습니다. 정답은 "인터넷에 있다"입니다. 주변 맛집은? 가장 가까운 은행은? 역시 인터넷에 있습니다. 그럼 길을 가다가 이런 정보가 필요할 때는? PC방으로 가거나 컴퓨터를 쓸 수 있을 때까지 참으면 될까요? 아닙니다. 아이폰으로 하면 됩니다. 나이가 들면 무슨 생각을 했었는지 자주 까먹기 때문에 나중으로 미루는 것보다는 알고 싶을 때 바로 찾아보는 것이 더 낫습니다.

언제나 인터넷에 연결되어 있다는 것은 삶에 엄청난 변화를 가져옵니다. 아이폰에는 GPS와 가속센서가 있어서 현재의 내 위치와 이동 방향을 알기 때문에 많은 것을 알려줄 수 있습니다. 이제 모든 검색은 현 위치를 기준으로 해서 연관성이 높은 정보를 보여줍니다. 더구나 이미 많은 사람들이 지금 내가 있는 곳 주변에 관한 정보를 인터넷에 기록했기 때문에 점점 더 참고할 수 있는 데이터가 많아집니다. 마치 내비게이션 없이는 운전하기 어려워진 것처럼 이젠 인터넷에 연결된 스마트폰이 없이는 길을 다니기도 힘들게 될 것입니다.

이런 것은 다른 스마트폰도 할 수 있지 않나요? 물론 할 수 있습니다. 하지만 프로그램들이 서로 통합되지 않은 채로 작동하기 때문에 원하는 작업을 하려면 아이폰에 비해 많은 시간이 걸립니다. 아이폰이 출시된 지 2년이 넘었음에도 유기적 통합, 최적화된 소프트웨어, 즉각적인 응답성은 아직 다른 스마트폰들이 따라오지 못하고 있습니다.

아이폰은 최소한의 조작으로 글자 크기가 읽기 편하도록 조정되고 스크롤이 부드러워 맥을 끊지 않습니다. 키보드가 크고 편리해 웹 주소를 쓰기도 쉽습니다. 한 번이라도 갔던 사이트는 기록에 남아 처음 몇 자만 입력하면 바로 갈 수 있습니다. 인터넷 안 되는 컴퓨터를 상상하지 못하듯이 조만간 인터넷 안 되는 휴대폰은 대접받지 못하는 시대가 될 것입니다.

아 이 폰 출 시 의   진 정 한   가 치

아이폰은 누구나 꿈에 그리던 휴대형 '다기능의 편리한 손안의 컴퓨터'의 완성판이었고 진정한 의미의 이동형 개인 인터넷 단말기의 원형입니다. 하지만 아이폰은 한국의 통신과 인터넷 환경에 진정한 변혁을 몰고 온 혁신의 상징이라는 데 더 큰 의의가 있습니다.

아이폰으로 인해 무선랜 지원이 휴대폰의 기본 기능이 될 수 있었습니다. 여태껏 통신사들은 휴대폰으로는 3G 통신만 가능하게 함으로써 사용자들이 비싼 사용료를 내게 만들고 자유로운 인터넷 대신 그들이 설정한 페이지만 볼 수 있게 제한해왔습니다. 때문에 한국은 화면 꾸미기와 벨소리 산업만 기형적으로 발달한 모바일 데이터 통신 후진국이 되었습니다. 저렴한 데이터 통신료 정책을 취한 외국의 경우 핸드폰으로 인터넷을 하고, 메일을 주고받는 것이 일상화되어 있었지만 우리나라는 사용료 부담으로 인해 음성통화와 문자메시지 이외의 용도로는 핸드폰을 사용하지 않아 스마트폰의 많은 기능이 무용지물이 되고 말았습니다.

아이폰은 통신사의 '스펙 다운 정책'을 철저히 거부했습니다. 덕분에 다른 휴대용 기기와 호환되는 3.5파이 이어폰도 그대로 쓸 수 있었습니다. 통신사의 전용 전화 프로그램 대신 애플 고유의 전화 프로그램을 사용함으로써 다른 프로그램과 완벽한 호환성도 가질 수 있었습니다. MP3도 통신사 프로그램을 통하지 않고 컴퓨터에서 직접 다운로드해서 들을 수 있었습니다. 이렇게 한국의 아이폰은 외국에서 출시된 아이폰과 완벽하게 동일한 제품이었습니다. 애플은 통신사들이 아이폰을 기능을 제한하기는커녕 외부에 통신사 로고조차 넣지 못하게 했습니다.

아이폰은 휴대폰에서 저작권 보호 장치 없는 음악을 추가 변환 작업을 하지 않아도 들을 수 있게 만들었습니다. 애플의 앱스토어와 아이튠즈 스토어는 데이터 통신 비용 없이 소프트웨어와 음악을 휴대폰으로 다운로드할 수 있음을 증명했습니다.

아이폰으로 인해 난공불락이었던 규제들도 철폐되었습니다. 그동안 수입 규제로 작용하던 위피 의무화도 아이폰 때문에 폐기되었습니다. 외제 휴대폰의 지도 서비스와 GPS 기능을 못 쓰게 만들었던 위치정보 사업자에 관한 법률도 무력화했습니다.

이렇게 애플은 소비자 지향의 휴대폰이라면 통신사의 횡포와 정부의 규제도 이겨낼 수 있음을 보여주면서 우리나라 기업들과 사용자들에게 절대적인 지지를 받게 되었습니다. 한번 아이폰이 도입되어 자유로운 환경을 경험하고 나면 사람들은 더 이상 과거로 돌아갈 수 없었습니다. 그들은 국산 휴대폰에도 아이폰과 같은 편리함과 완성도를 요구했고 특히 통신사에 대해 엄청난 압력을 행사했습니다. 이렇게 아이폰의 도입은 소비자들을 각성시켰고 그들의 요구에 의해 새로운 휴대폰 환경이 열리도록 만들어주었다는 데 가장 큰 의의가 있습니다.

자 유 로 운 인 터 넷 접 속

와이파이가 허용되고 3G 데이터 통신 요금이 싸지면서 사람들은 이제 부담 없이 휴대폰으로 인터넷을 사용하기 시작했습니다. 이런 상황이 되면 스마트폰의 활용도도 커집니다. 근처의 주유소 휘발유 가격을 비교하고, 맛있는 음식점을 인터넷으로 찾아내고, 현장에서 찍은 사진을 웹으로 전송할 수도 있습니다. 스마트폰이 항상 인터넷에 연결된 상태로 진화하여 이런 일은 이미 일상이 되었습니다.

하지만 이렇게 되기까지 국내 통신사들의 저항은 상상을 초월했습니다. 최근까지도 국내에 출시된 휴대폰은 와이파이 내장을 허용하지 않았을 뿐만 아니라 아이폰으로 인해 와이파이 사용이 자유로워진 후에도 방송통신위원회를 움직여 가정의 무선공유기에 의무적으로 비밀번호를 걸도록 만들려고 했습니다. 그나마 개방된 무선인터넷에 스마트폰을 연결하는 것도 못 하게 막으려 한 것입니다. 자유롭게 무선랜을 공유하게 되면 보안 위험이 있다고 주장했지만 그 의도가 무엇이었는지는 명확합니다.

한국은 여태껏 통신사들에 의해 제한당해온 만큼 그 어떤 나라보다 빠르게 이동통신 데이터 사용량이 증가하고 있습니다. 버스를 기다리는 동안 노래를 들으며 인터넷을 하고 버스앱으로 기다리는 버스 시간을 확인하는 모습은 흔한 광경입니다. 뉴스 보기, 트위터, 페이스북과 같은 PC로 하던 작업을 아이폰이나 아이패드 같은 단말기로 처리하면서 PC 사용량이 줄어들고 있습니다. 와이파이로 연결되었다면 게임과 영화 보기도 부담 없이 할 수 있어 가정에서 PC의 필요성이 없어질 정도입니다.

언제나 인터넷에 연결되면서 필요한 정보를 즉각적으로 검색하여 활용할 수 있게 되었습니다. 이것은 대단히 가치 있는 일입니다. 휴대형 인터넷 단말기로 인해 개인들의 지적 능력이나 문제 해결 능력이 엄청나게 상승한 효과가 있기 때문입니다. 인터넷 강국이었던 한국답게 아이폰 쇼크로 인해 놀라운 스마트 혁명이 일어나고 있습니다. 마케터들은 또다시 재택근무 방식을 '스마트 워크'란 멋진 이름으로 포장했지만 사용자들은 이런 용어로도 설명하지 못할 정도로 더 진보적인 방식으로 새로운 세상을 만들고 있습니다.

갑작스런 환경 변화에 놀란 통신사들은 엄청난 데이터 통신 사용량 증가를 감당하기 위해 무선랜 기기를 확충하고 3G 기지국과 중계기를 증설하며 와이브로에 재투자하며 4G 도입 시기를 앞당기려 하고 있습니다. 휴대폰 제조 업체들은 아이폰을 견제하기 위해 한때 애국심 마케팅을 동원하여 윈도우 모바일폰으로 사용자를 현혹했으나 결국 역부족을 느끼고 안드로이드폰으로 전향하고 말았습니다.

아이폰으로 인해 통신사들의 경쟁이 가열되어 드디어 데이터 완전 무료 요금제가 출시되었습니다. 하지만 사용료는 아직도 비쌉니다. 사용자들은 통신사들을 압박하여 더 낮은 가격에 더 많은 데이터를 사용할 수 있도록 해야 합니다. 또한 스카이프 같은 인터넷전화를 와이파이뿐만 아니라 3G에서도 쓸 수 있도록 해야 합니다. 외국에서도 한때 3G에서 인터넷전화 사용을 막았으나 이제는 모두 허용하고 있습니다. 국내 통신사들은 여전히 이런 프로그램들을 막고 있지만 허용이 될 때까지 소비자들이 나서서 싸워야 합니다. 이런 싸움을 통해 음성통화와 데이터 통신이 전혀 다른 것이 아니란 점을 모든 사람들이 알게 만들어야 합니다. 통신사들이 음성통화를 특별 취급하여 과다한 수익을 얻는다는 사실이 공론화되어 더 이상 이런 과금 방식을 적용하지 못하고 데이터 요금으로 단일화할 수 있다면 그들이 4G 서비스를 와이브로로 선택하게 될지도 모르기 때문입니다.

사용자 중심으로의 환경 변화

아이폰이 가져온 또 다른 혁신은 개발자와 사용자가 통신사의 간섭 없이 직접 만날 수 있는 소프트웨어 거래소가 활성화된 것입니다. 여태까지 통신사들은 전용의 프로그램 판매 사이트를 구축한 후 콘텐츠 판매 수익을 독점하고 프로그램을 다운받을 때 필요한 데이터 통신 사용료까지 챙겨왔습니다. 이제 개발자는 통신사에 로비를 하지 않고도 마켓에서 프로그램을 팔 수 있고 사용자들은 공정한 경쟁이 있는 시장에서 좋은 프로그램을 싼값에 살 수 있습니다. 더 이상 통신사들이 개발자의 아이템을 뺏어가는 일도 일어나지 않게 되었습니다.

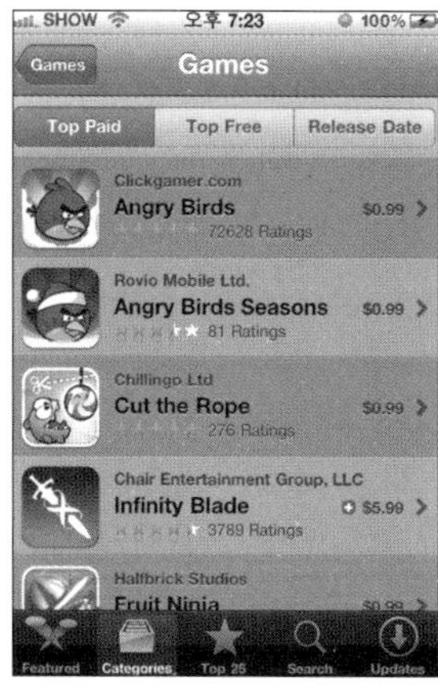

앱스토어 앱(App, 응용 프로그램을 뜻하는 'application'의 줄임말)을 등록하면 다운로드 횟수와 사용자들의 평가에 따라 인기가 정해집니다. 각 분야에서 인기 상위를 차지한 앱들은 수입이 엄청나 애플 앱 전용 회사를 운영할 수 있을 정도입니다. 특히 게임 분야는 수천만 다운로드를 달성할 수도 있습니다. 하지만 한국은 게임

물 등급분류란 규제를 통해 아직도 스마트폰 게임 앱스토어를 막고 있습니다.

마찬가지로 음악 다운로드도 과다한 패킷 요금을 물어야 했지만 와이파이를 통해서 공짜로 다운로드할 수 있게 되었습니다. 그냥 곡 자체의 값만 내면 됩니다. 벨소리도 컴퓨터에서 직접 만들어 휴대폰에 넣을 수 있게 되어 벨소리 사업 자체가 종말을 고하게 되었습니다. 바탕화면을 꾸미는 것도 자유로워졌습니다. 아이폰을 쓰면 통신사와 만날 일이 전혀 없는 것입니다.

최소한의 기준을 통과하면 누구에게나 열려 있는 앱스토어에는 양질의 프로그램들이 넘치고 있습니다. 제대로 만든 프로그램은 사용자들의 추천에 의해 인기 앱으로 등극하여 많은 수익을 기대할 수 있습니다. 좋은 아이디어만 가지고 있으면 앱스토어를 통해 1인 기업으로 성공할 수 있는 여건이 만들어졌습니다. 애플은 아이폰에 앱스토어를 연결함으로써 모바일 생태계를 혁명적으로 변모시켰습니다.

기능을 확장해주는 앱들로 인해 휴대폰은 이제 전화기, MP3 플레이어, 카메라, 캠코더, 녹음기, 내비게이션 기능을 수행할 수 있게 되었으며 게임기, GPS, 전자사전으로도 손색이 없습니다. 오늘도 기발한 앱들이 추가되어 휴대폰 하나만 있으면 모든 것이 가능한 완벽한 사용자 환경이 만들어지고 있습니다.

이 모든 것은 아이폰으로 인해 가능해진 것입니다. 여태까지 정부도, 휴대폰 제작사도, 소비자들도 통신사를 견제하여 이런 환경을 만드는 데 실패했습니다. 통신사들은 자신들의 이익을 위해 사용자의 권리를 제한하는 일에만 몰두해왔을 뿐입니다. 통신사의 간섭을 제거하면 휴대폰이 얼마나 편리한 제품이 되는지를 아이폰은 똑똑히 보여주고 있습니다.

M S 로 부 터 의 해 방

그동안 대부분의 스마트폰은 MS의 윈도우 모바일 위에서 작동했습니다. 이 운영체제는 엄청난 에러와 충돌을 일으켜 스마트폰을 휴대폰으로도, PDA로도 제대로 쓸 수 없게 했습니다. 윈도우 모바일 스마트폰을 썼던 사람들은 이를 갈다가 결국 스마트폰을 깨버리고 다시 일반 휴대폰으로 돌아갔습니다. 윈도우 모바일은 안정성도 사용자 편의성도 찾을 수 없는 그냥 아무것도 없는 껍데기에 불과했습니다. 사람들이 스마트폰을 저주했던 주요한 이유의 대부분은 MS에 있습니다.

다행히 아이폰으로 인해 최근에는 모바일 기기에서 MS 제품의 점유율이 5퍼센트 이하로 추락했습니다. 그들은 윈도우폰7 운영체제로 다시 돌아오려고 하고 있지만 MS같이 사용자 편의성에 관심 없는 회사의 제품이 다시 스마트폰 시장을 점령해서는 안 될 것입니다.

끔찍한 윈도우 모바일 PC용 윈도우 인터페이스를 그대로 가져왔기 때문에 프로그램을 불러오기 위해서는 화면 왼쪽 가장자리에 있는

'시작' 버튼을 눌러야 합니다. 그러나
화면의 버튼들이 너무 작아서 스타일
러스 펜으로도 제대로 찍기 힘듭니다.
일부 단말기들은 화면 모서리가 뛰어
나와 메뉴를 불러오는 일이 거의 불가
능하기도 했습니다. 터치는 사용할수
록 위치가 어긋나 자주 재조정을 해야

했으며 알 수 없는 에러로 하루에 한두 번씩 리셋을 해야 했고 가끔은
저절로 공장 초기화가 되어 모든 자료가 날아가기도 했습니다.

아이폰으로 인해 인터넷 사용이 활성화되면서 MS에 종속된 인터넷
환경에도 많은 변화가 생겼습니다. 최근에는 웹 브라우저 분야에서 파
이어폭스^{FireFox}의 점유율이 높아지면서 MS의 인터넷 익스플로러에 종
속적이었던 사이트들이 표준을 지키는 방향으로 많이 개선되었습니
다. 하지만 아직도 부족합니다. 여전히 결제 방식은 MS 의존적입니다.

오픈웹 소송 최소한 두 개
이상의 웹 브라우저에서 전
자결제가 가능하게 해달라
는 소송을 하고 있는 오픈웹
의 요청이 대법원에서마저
기각 당했습니다. 표준을 지

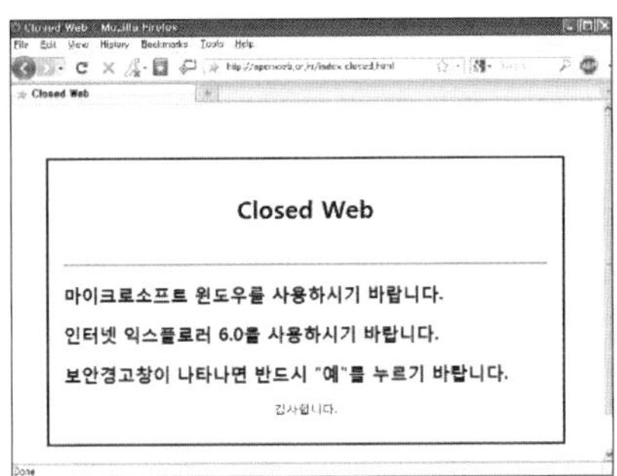

키라는 주장이 말살당하는 이 어처구니 없는 현실에 분노하여 오픈웹은 한때 사이트를 폐쇄했습니다. 그러나 절망할 필요는 없습니다. 그들은 이익에 민감합니다. 법으로 안 되는 것도 아이폰을 든 소비자의 힘으로는 가능합니다.

아이폰으로 인터넷을 하는 사람들이 많아지면서 자연스럽게 물건을 구입하고 결제까지 하려는 사람들이 생겨났습니다. 업체들은 이런 소비자의 요구에 따라 필연적으로 현재의 결제 방식을 바꿀 수밖에 없었습니다. '윈도우에서, 익스플로러로, 액티브 엑스 방식을 통해서만 결제가 가능'한, 이 끔찍하게 불합리한 환경이 드디어 도전을 받는 것입니다.

아이폰이 활성화됨으로써 웹 페이지들이 바뀌기 시작했습니다. 여태까지 그 어떤 방법으로도 열리지 않던 문이 아이폰으로 인해 활짝 열린 것입니다. 쇼핑몰을 중심으로 액티브 엑스 탈피 움직임이 가시화되었고 웹 페이지들은 모든 웹 브라우저를 지원할 수 있도록 표준을 지키게 되었습니다. 이름뿐이던 모바일 웹 페이지가 PC용 웹 페이지만큼 실용적으로 바뀌었습니다. 아이폰으로 인해 한국 웹 사이트에 일대 혁신의 바람이 불었는데 이것은 웹 다양성이란 측면에서 정말 바람직한 현상이 아닐 수 없습니다.

최근에는 MS조차도 자신들의 폐쇄적인 방식을 버리고 표준을 따르겠다고 선언했습니다. 하지만 아이폰이 변화를 이끌어내기는 했지만 아직도 많은 웹 페이지들은 인터넷 익스플로러가 아니면 제대로 볼 수 없습니다. 역사는 반복됩니다. 조선이 명나라가 망하고 수백 년이 지나도록 명나라의 연호를 사용했듯이 우리는 여전히 세계의 변화를 따라가지 못하고 MS조차 버린 액티브 엑스란 누더기를 부여안고 살고 있습니다.

아이폰은 이런 우리의 현실을 강제로 바꾸어주려고 나타난 거대한 외부 충격입니다. 이 충격에 자극받지 못한다면 희망이 없습니다. 오늘 국산 스마트폰 점유율이 높더라도 MS에 종속적인 소프트웨어 환경이 바뀌지 않는다면 내일 멸망이 올 수 있습니다. 아이폰은 우리가 미래의 희망을 새로 만들 수 있을지 여부를 알려주는 마지막 리트머스 시험지인 것입니다.

공정한 검색엔진 구글의 부상

아이폰이 일으킨 정말 중요한 현상 중 하나는 결코 바뀌지 않을 것 같던 검색 시장에 커다란 충격을 준 것입니다. 여전히 모바일 검색 시장에서 네이버가 위력을 떨치고 있기는 하지만 아이폰 덕택에 구글도 모바일 검색 시장에서 선전할 수 있었습니다. 데스크톱을 통한 검색 점유율은 3퍼센트를 넘기지 못하고 있지만 모바일 분야에서는 20퍼센트를 차지해 2위에 등극한 것입니다.

구글 음성 검색 사용자들이 많이 검색하는 단어를 정렬하면 사용자들이 잘못 입력한 검색어를 수정할 수 있습니다. 마찬가지로 음성으로 검색한 데이터가 많아질수록 부정확한 발음을 적절한 검색어와 매칭시킬 수 있게 됩니다. 현재도 구글의 음성 검색은 놀라운 수준을 자랑하는데 최근에는 말하는 대로 텍스트로 변환해주는 '구글 음성 입력 기능' 도 발표했습니다.

구글은 모바일에 특화된 검색 기능, 믿을 수 없을 정도로 훌륭한 음성 검색, 스마트폰에 최적화된 지메일, 지도 서비스인 구글 맵스를 통해서 모바일 환경에서도 자연스럽게 구글 검색을 사용하게 만드는 플랫폼을 구축했습니다. 구글은 자체 플랫폼을 기반으로 그동안 힘을 발휘하지 못했던 한국의 검색 시장을 점령해나가고 있습니다.

불공정하고 폐쇄적인 국내 포털에는 이런 변화가 재앙일 수 있겠지만 인터넷 사용자를 일방적으로 포털에 뺏긴 전문 사이트의 입장에서는 단비와 같은 소식이 아닐 수 없습니다. 한국에는 구글과 같은 공정한 검색엔진이 필요합니다. 구글이 검색 시장 1위로 등극해야 한국 인터넷 환경에 희망이 생길 수 있습니다.

국내 포털들은 최근에 구글을 기본 검색엔진으로 한 안드로이드 스마트폰들을 출시하는 것에 대해서 공정거래위원회에 제소를 했습니다. 그러나 그들은 이런 주장을 할 자격이 없습니다. 국내 포털은 컴퓨팅 환경의 개선에 대한 어떤 기여도 한 적이 없기 때문입니다. 구글이 개방적인 모바일 플랫폼을 개발하고, 크롬 운영체제로 클라우드에 기반한 컴퓨팅 환경을 개척하고, 공정한 검색 기능으로 웹 다양화에 기여하는 동안 국내 포털들은 콘텐츠 생산자들의 희생을 바탕으로 웹 트래픽을 독점하며 수익에만 몰두해왔습니다. 그들은 국내 휴대폰 제조사들이 세계적인 업체들과 싸우는 동안 한국 안에서 서로 트래픽 뺏어오기밖에 한 것이 없습니다. 재벌들은 그나마 수출이라도 해서 국내 경제에 도움을 주었다지만 국내 포털들은 이런 것조차 해본 적 없습니다. 국내 포털은 한마디로 수출하지 못하는 삼성전자, 내수에만 집중하는 현대자동차라고 말할 수 있습니다.

구글은 애플의 폐쇄성에 맞서 개방적인 모바일 환경을 제시하고 있습니다. 구글은 또 폐쇄적인 소셜 네트워크 페이스북에 맞서 모든 웹 사이트를 서로 연결하는 오픈 소셜 네트워크를 전파하고 있으며 자사만의 운영체제와 소프트웨어 사용을 강요하는 MS에 맞서 크롬 운영체제로 클라우드에 기반한 열린 컴퓨팅 환경을 만들기 위해 노력하고 있습니다. 결정적으로 그들의 검색 방식은 웹 생태계 활성화에 도움이 되고 있으며 한국 인터넷 환경에도 꼭 필요한 존재입니다.

그렇다면 애플보다 구글을 더 높이 사야 하는 것이 아닐까요? 철저하게 사용자의 선택권을 제한함으로써 안정성과 사용편의성을 추구하는 애플에 비해 구글의 열린 환경을 더 선호해야 하는 것이 아닐까요? 즉 애플의 아이폰보다는 구글의 안드로이드폰을 쓰는 것이 더 나은 선택이 아닐까요? 국내 휴대폰 업체들이 만든 안드로이드폰도 아이폰

못지않다고 하니까요. 아이폰이 좋다고 하지만 국산 휴대폰을 써주는 것이 애국이 아닐까요?

이런 주장은 분명히 일리가 있는 것입니다. 하지만 한국의 현실에서 안드로이드폰의 제품 포지션은 아직 문제가 많습니다. 통신사와 휴대폰 제조사 그리고 이들과 이해관계를 공유하는 집단 때문에 우리는 아이폰에 좀더 많은 도움을 받아야 할 필요가 있습니다. 왜 국산 안드로이드폰이 아니고 외국산 아이폰을 써야 하는지 의문이 든다면 다음과 같은 질문에 자신 있게 답할 수 있어야 합니다. 어떤 선택이 애국적인 행위인가? 도대체 애국이란 무엇인가?

chapter 09

인터넷 시대,
진정한 애국이란

우리의 전략을 수정해야 할 때입니다.
지금은 소비자들이 국내 기업에게 보복을 해야 할 시기입니다.
재벌들은 언론과 권력을 장악하고 소비자 위에 군림하는 괴물로 변했습니다.
이젠 그 어떤 조직도 이들과 맞설 수 없게 되었습니다.
이들을 바꿀 수 있는 것은 오로지 소비자들의 선택뿐입니다.

낯선 외국 공항에서 두려움을 느끼고 있을 때 만나는 우리나라 기업들의 거대한 광고판은 참으로 감동적입니다. 그 앞에 서면 갑자기 뿌듯한 자신감이 솟아나고 더 이상 외롭지 않습니다. 국내에 있을 때 우리 기업들을 비난했던 일이 미안해지면서 해외에서 꼭 성공하기를 기원하게 됩니다. 외국에서의 경험은 그들이 우리 편이었음을 깨닫게 만들고 우리를 애국자로 변모시킵니다.

전 세계에서 스마트폰 전쟁이 시작되었습니다. 어떻게 해야 이 전쟁에서 대한민국이 승리할 수 있을까요? 소비자로서 우리는 어떻게 행동해야 할까요? 당신이 애국자라면 선택은 자명합니다.

아이폰을 써야 할 수많은 이유

아이폰은 손가락만으로 완벽하게 제어할 수 있는 멀티터치 스마트폰의 원조입니다. 원조라고 해서 명성에 안주하고 있지도 않습니다. 해마다 신제품을 출시하며 발전해왔기 때문에 그 어떤 스마트폰보다 뛰어난 성능을 자랑합니다. 여전히 빼어난 디자인으로 가지고 싶게 만들고, 화려하면서도 막강한 사용자 인터페이스는 가장 만족스런 사용편의성을 주고 있습니다. 매뉴얼을 안 봐도 적응할 수 있을 정도로 쉽고 일관된 인터페이스를 보면 사용자가 복잡한 설정을 신경 쓸 필요가 없게 하기 위해서 애플 개발자들이 얼마나 노력했는지 알 수 있습니다. 추가 소프트웨어를 내려받는 방법도 전혀 어렵지 않습니다. 그들이 구축한 소프트웨어 시장인 앱스토어는 사용자뿐만 아니라 개발자에게도 기회를 제공하고 있습니다.

아이폰은 구형이 되어도 차별받지 않습니다. 애플은 휴대폰이 운영체제 업그레이드를 통해서 성능을 높이고 새로운 기능을 추가할 수 있다는 사실을 소비자에게 알려주었습니다. 이 업그레이드 때문에 그 어떤 스마트폰보다 오래 현역으로 뛸 수 있습니다. 신제품 가격이 오래도록 유지되어 중고품 가격도 높은 편입니다. 제품의 단점에 대한 사용자의 불만이 은폐되지 않고, 대표이사가 직접 사과를 하게 만들 정도로 언로도 열려 있습니다.

원조라는 명성과 유행을 주도하는 최신 스타일, 완벽한 기능에 아름다운 디자인, 가장 뛰어난 사용편의성, 기능을 무한대로 확장시켜주는 수많은 소프트웨어들 그리고 애플의 지속적인 지원까지, 이 모든 것들

은 현명한 소비를 지향하는 소비자라면 아이폰을 쓰지 않을 수 없게
만듭니다.

아이폰4 "당신은 이미 이 제품의 사용법
을 알고 있다"라는 애플의 광고 문구는 빈
말이 아닙니다. 고성능 CPU와 고해상도
화면으로 무장한 최신 아이폰의 완벽한
성능에도 안테나 오류라는 오점이 존재하
지만 그 때문에 구입을 망설일 이유는 없
습니다. 세상은 나쁜 제품의 한 가지 장점을 높이 쳐주는 반면 좋은 제
품의 작은 실수에 대해서 가혹한 법이니까요.

국 산 스 마 트 폰 을 써 야 할 단 한 가 지 이 유

난공불락처럼 보이는 아이폰에도 단점들이 있습니다. 배터리가 내장
이라 전화를 쓰지 못할 경우가 생길 수 있습니다. 관리를 위해서 전용
프로그램만 써야 합니다. 동영상을 보기 위해서는 귀찮은 변환 작업을
거쳐야 합니다. 결정적으로 아이폰4의 안테나를 감싸쥐면 통화가 끊
기는 문제가 있습니다. 이 문제로 인터넷이 들끓자 애플은 버티지 못
하고 안테나 문제를 해결하기 위해서 무료로 보호 덮개를 제공하고 그
래도 불만인 경우에는 환불해주겠다고 발표했습니다. 아직도 어도비

플래시^{Adobe Flash}는 지원되지 않으며 최근에는 개발 툴에 대한 규제까지 하면서 개발자들의 불만을 사고 있습니다. 애플이 오만해졌다는 이야기가 힘을 얻고 있으며 콘텐츠 독점의 우려가 높아져 점차 업계의 공적이 되어가고 있습니다.

모토로라 드로이드X 아이폰 못지않은 성능을 자랑하는 모토로라의 야심작, 아이폰의 대항마로 여겨지는 안드로이드폰의 대표주자. 사실 해외에서는 국산 스마트폰이 아이폰의 대항마라고 인정받지 못하고 있습니다.

구글의 안드로이드폰이 아이폰의 점유율을 앞서고 있고 외국에서는 윈도우폰도 출시되었습니다. 윈도우폰은 아이폰 같은 편리함에 윈도우와의 호환성을 무기로 안드로이드폰뿐만 아니라 아이폰까지 제압할 것이라고 여기는 사람들이 많습니다. 애플이 이제 정점을 지난 것일까요? 요즘 화제가 되는 국산 스마트폰을 쓰다가 윈도우폰이 나오면 그것으로 갈아타는 것이 가장 현명한 소비가 아닐까요?

하지만 윈도우폰은 아직 초기단계이기 때문에 섣불리 판단할 수 없습니다. MS는 아이폰이 나오자마자 윈도우폰 프로토타입 사진 한 장을 공개한 이후 3년을 끌다가 겨우 제품을 출시했으며 완전히 새로운 제품이기 때문에 좀더 검증을 받을 필요가 있습니다. 때문에 현재 아이폰의 가장 강력한 대항마로 여겨지는 것은 안드로이드폰입니다. 우리나라에서는 국산 안드로이드폰들이 선전하고 있습니다. 안드로이드 폰은 선명한 화면과 다양한 동영상 재생 능력을 자랑합니다. 뉴스에 따르면 현재 엄청난 판매량을 달성하고 있으며 곧 세계시장에서도 아이폰을 능가할 것처럼 보입니다.

하지만 따져보면 비관적일 뿐입니다. 이들이 장점으로 내세우는 화면은 아이폰의 높은 해상도에 뒤지며 다양한 동영상 재생은 아이폰에서도 가능하기 때문에 안드로이드폰만의 장점이라고 말할 수 없습니다. 또한 안타깝게도 안드로이드 운영체제는 현재 미완성 상태입니다. 구글은 소프트웨어 문제를 해결해주는 일보다는 대규모 성능 업그레이드에 더 관심이 있습니다. 운영체제 업그레이드에 직접적으로 책임이 있는 휴대폰 제조사들은 늦장 대응으로 일관하며 아직도 치명적인 문제들을 해결하지 못하고 있습니다.

또한 수많은 업체들이 만들어낸 각기 다른 스펙의 다양한 안드로이폰들은 소프트웨어 제작자의 혼란과 호환성 문제를 일으키고 있습니다. 개방과 자유를 기치로 내건 안드로이드는 현실에서 사용자들에게 복잡한 관리 문제와 불편만 초래하고 있습니다. 더구나 이 개방과 자유는 소프트웨어를 공짜로 쓰는 것이라고 오해한 사용자들이 불법으로 소프트웨어를 공유하고 있어 개발자의 생계마저 위협받고 있습니다.

국산 스마트폰은 제품 사이클이 짧습니다. 신제품은 금방 구형이 되어버리고 제조사로부터 버림받았습니다. 여태까지 모든 스마트폰이 같은 길을 걸어왔습니다. 고가로 거래되던 제품이 어느 날 갑자기 공짜폰으로 풀려 제값 주고 산 사람들을 바보로 만들어버립니다. 구형이 되는 순간부터 설움이 시작됩니다. 업그레이드 약속은 하염없이 연기되고 치명적인 버그도 해결될 길이 없습니다. 독하게 마음 먹고 소비자센터에서 난동이라도 부려야 겨우 환불받을 수 있습니다. 최근에는 구글의 잦은 운영체제 업그레이드에 대한 비판적인 언론 플레이를 통해서 국내 제조사들이 제품 업그레이드를 하지 않아도 되는 분위기로 몰아가고 있습니다.

옴니아 한때 아이폰의 대항마로 집중적인 마케팅의 대상이었던 제품. 최근 해당 통신사는 마케팅이 없었으면 결코 많이 팔릴 수 없었던 문제 많은 제품이라고 고백한 바 있습니다. 1년도 되기 전에 버림받은 이 제품의 해외 사용자들은 쓰레기 같은 윈도우 모바일 운영체제에 질려 스스로 안드로이드를 포팅해서 안드로이드폰으로 변신시켜 쓰고 있습니다.

신형 안드로이드폰도 문제가 많습니다. 제조사가 고쳐놓은 인터페이스와 통신사가 손댄 소프트웨어는 극악한 사용자 인터페이스를 보여줍니다. 다운받은 소프트웨어의 호환성 문제에 시달려야 하며 인터넷까지 검색해 문제를 스스로 해결해야 그나마 쓸 수 있습니다. 이 모든 것들은 스마트폰을 활용하기에도 바쁜 사용자들이 스마트폰 자체를 관리해야 하는 부담으로 작용합니다.

모자란 디자인, 불편한 인터페이스, 해결되지 않는 버그들, 신제품에만 신경 쓰는 제조사로부터 곧 버림받을 위험 그리고 사용자가 알아서 관리해야 하는 부담까지, 기계 자체만 보면 국산 스마트폰을 사야 할 이유를 찾기 힘듭니다.

그래도 그 이유를 찾으라면 두 가지를 들 수 있습니다. 첫번째는 '가격'입니다. 안드로이드폰이 아이폰을 넘어서는 점유율을 보이는 이유는 가격이 저렴하기 때문입니다. 애플이 독점 공급하는 아이폰과 달리 안드로이드폰은 수많은 업체들이 생산하기 때문에 필연적으로 가격경쟁이 일어날 수밖에 없습니다. 외국에서는 약정만 하면 안드로이드폰을 거의 공짜로 구입할 수 있습니다. 국산 스마트폰도 외국에서는 아주 싼값에 팔립니다.

만약 안드로이드폰을 싼값에 구할 수 있다면 그것을 선택하는 것이 최선입니다. 하지만 국내에서는 아이폰 가격과 별 차이가 없습니다. 가격이 싸지 않다면 구입할 이유가 전혀 없습니다. 그러면 이제 국산 스마트폰을 써야 할 유일한 이유만 남았습니다. 그것은 바로 '애국심'입니다.

갤럭시U 아이폰보다 나은 점이 별로 없는 갤럭시S에서 그나마 장점이었던 부분까지 모두 제거한 다운그레이드 버전. 소비자를 위해서 성능을 낮추었다는 뻔뻔한 말로 변명을 하지만 사줄 이유를 도저히 찾기 힘든 제품입니다.

국산 스마트폰의 애국심 마케팅

스마트폰 전쟁에서 우리 기업들이 승리하기 위해서는 우리가 밀어주지 않으면 안 됩니다. 국내에서의 성공을 기반으로 세계에 진출함으로써 그들이 외화를 벌어올 것이기 때문입니다. 일반 휴대폰 전쟁에서 그랬던 것처럼 모토로라, 노키아를 제치고 마침내 애플까지 쓰러뜨려 세계 스마트폰 시장을 석권하는 날을 보고 싶습니다.

기왕이면 부품까지 100퍼센트 국산화하고, 소프트웨어까지 우리나라 개발자들 것으로 채울 수 있다면 그보다 더 좋은 일은 없을 것입니다. 비록 성능이 떨어지고 사용하는 데 조금 불편하며 가격이 비싸더라도 국산 스마트폰을 써주는 나 하나의 애국심이 결국 우리나라를 부강하게 만들 것이란 사실을 믿어 의심치 않습니다. '지금은 국산 스마트폰을 쓰는 게 옳은 일입니다.' 아무도 나서지 않았는데도 이런 분위기가 형성되어 한국에서는 국산 안드로이드폰이 대세가 되고 있습니다.

그런데 이상한 일입니다. 이런 정신으로 수십 년간 우리 기업들을 밀어주었는데 그들은 아직도 멀었다고 합니다. 계속 성장해야 하기 때문에 분배는 안 된다고 합니다. 여전히 외국보다 더 비싸게 사달라고 하고 환율이 올랐을 때 높인 가격은 환율이 내려도 낮추지 않습니다. 다국적기업들과 점유율 1, 2위를 다투는 세계적인 기업이 되었는데도 여전히 우리의 희생을 요구합니다. 그들은 외국 기업과의 게임을 유리하게 끌고 가기 위해 '우리나라 국민들의 희생'이라는 히든카드를 결코 버리고 싶어하지 않습니다.

50년 가까운 세월 동안 그들의 제품을 비싸게 사준 이유는 우리도 언젠가는 혜택을 받을 수 있을 것이라는 믿음 때문이었습니다. 그들이 우리에게 여태까지의 희생을 보답할 날이 언제일까요? 아니 우리는 언제쯤 최소한 외국 소비자만큼이라도 대우를 받을 수 있을까요? 앞으로 10년만 더 기다리면 될까요? 아니면 50년을 더 희생해야 하나요? 과연 우리가 죽기 전에 그런 날이 올 수 있을까요?

그들은 믿음을 배신했을 뿐만 아니라 도덕심도 없습니다. 각종 편법을 일삼고 기형적인 회사 지분 구조를 이용해 회사를 사유화하고 있기 때문에 그들의 제품에서는 긍지를 느낄 수 없습니다.

현재 인터넷에는 아이폰 사용 경험자들의 분노에 찬 글들이 넘쳐나고 있습니다. 주로 여태까지 통신사에 속아 국산 스마트폰을 구입했던 것을 후회하는 내용입니다. 아이폰을 만져본 사람들의 찬양 글도 넘치고 각종 팁과 사용법에 관한 블로그도 많아졌습니다. 머리를 쥐어뜯으며 국산 휴대폰 구입을 후회하는 주위 사람들도 볼 수 있습니다. 대세는 아이폰인 듯합니다.

그러나 이런 주장을 드러내놓고 하면 안 될 것 같은 기분이 듭니다. 국내 휴대폰 제조사가 아무리 밉다고 외제 상품을 구입하라고 외치는 것은 매국노가 되는 기분입니다. 애국심, 국산품 애용 같은 정신교육을 받고 자라서 그럴까요? 국산 휴대폰은 우리편이고 아이폰은 적이라는 도식이 우리의 무의식에 자리 잡고 있습니다. 아이폰의 장점을 이야기하는 글을 공격하는 사람들이 대개는 애국심에 불타는 보통 사람들이라는 데 문제가 있습니다.

그러나 애국심의 발로임을 감안하더라도 아이폰 사용자의 경험담을 '매국노' '애플빠'의 찬양으로 몰아가고 국산과 외제의 대결 구도로 만들려는 태도는 우려할 수준입니다. 공정함을 요구하지만 그 잣대가 심각하게 휘어져 있습니다. 감정적이고 공격적인 반응들은 대단히 폭력적입니다.

과학 기술은 논리적이고 객관적 진실을 중시한다고 생각하지만 사실상 가치 판단을 우선하는 경향이 더 강합니다. 게시판에서 이루어지는 아이폰에 관한 수많은 논쟁이 결국 말싸움으로 끝나는 것이 이 때문입니다. 그나마 자유로운 게시판에서는 아이폰에 대한 호감을 나타내는 글이 많지만 공적인 매체에서는 완전히 달라집니다. 공적인 매체에서 국산 휴대폰에 대해 좋은 쪽으로 왜곡을 하면 별 문제가 없지만 아이폰에 대해서는 조금의 과장도 허용되지 않습니다. 의도를 가진 사람들뿐만 아니라 자발적 애국자들이 이 부분을 집중적으로 물고 늘어지기 때문입니다. 진보주의자들이 이 사회에서 겪는 것처럼, 아이폰에 대해서는 정확한 사실에 근거하고 증명할 수 있는 내용만 이야기해야 합니다. 논리적으로도 완전무결해야 하며 아이폰에 대한 조금의 편향도 허용되지 않습니다. 그리고 이것은 개인에게도 크게 다르지 않습니다.

아이폰의 장점을 이야기하는 것은 개인적으로도 위험한 일입니다. 애국심 깊은 분들의 집요한 공격이나 감정적인 대응도 견뎌야 합니다. 외제품에 대해서 말할 때는 어떠한 실수도 해서는 안 됩니다. 국산 휴대폰에 대한 편향된 기사들은 국내 업체로부터 광고를 비롯한 금전적인 대가가 있을지도 모른다는 의심을 받지만 아무도 따지지 않기 때문에 별 문제가 되지 않습니다. 제대로 만든 외제 휴대폰 하나 칭찬하는 것과 진보적인 것과는 하등의 관계가 없음에도 사회가 받아들이는 행태와 대응 방식은 진보주의자에 대한 것과 흡사합니다. 일반인들의 오해를 받아야 하고 언론의 왜곡된 공격도 견뎌야 합니다. 애플 제품을 옹호한다고 해서 애플사나 애플 제품 사용자들이 특별한 지원을 해주지는 않기 때문에 그들의 도움을 기대할 수도 없습니다. 투명성을 경쟁하는 진보주의자처럼 오로지 자기 신념에 따라 홀로 싸워나가야 합니다.

아이폰에 대한 옹호 글을 씀으로 해서 개인적인 영화를 바랄 수도 없습니다. 오히려 철저히 주류와는 단절된 길을 갈 각오가 되어 있어야 합니다. 하지만 한번 써본 아이폰의 그 뛰어난 성능에 대해서 입을 닫을 수 없다는 양심, 국산 휴대폰 제조 업체와 통신 업체가 이런 식으로 가다가는 세계시장에서 살아남을 수 없을 것이라는 안타까움, 그들에게 올바른 길을 제시해야 한다는 의무감은 결국 이런 식으로 우리를 몰아갑니다.

애플에도 많은 문제가 있습니다. 애플은 그 어떤 기업보다 폐쇄적이고 독단적인 기업이며 시장을 독점하려는 의지가 강한 곳입니다. 아이폰도 완벽한 기계는 아닙니다. 애플을 옹호하는 사람들이 아이폰과 애플 자체에 애정이 있기 때문이라고 말하기도 어렵습니다. 다만 전략적으로 지금 이 순간 우리에게 도움이 되는 것이 선善일 수밖에 없습니다. 지금 우리에게 아이폰은 선한 것입니다. 여태까지 그 어떤 노력으

로도 바꾸지 못했던 한국적 인터넷의 폐쇄성이 개선되도록 만들었고
이동통신 업체들의 횡포를 저지할 수 있는 가능성을 열어준 아이폰을
옹호하지 않을 수 없습니다. 애플은 현재 한국에서 좀더 적극적으로
수용해야 할 가치 있는 기업입니다.

아이폰의 대항마 아이폰 같은 사용편
리성에 더해 개방성까지 가진 안드로이
드 휴대폰. 국내에도 앞다투어 출시되고
있습니다. 하지만 애플과 같이 구글이
하드웨어와 소프트웨어를 통제하는 방
식이 아니라서 통신사와 제조사가 장점을 다 죽여버렸기 때문에 아무
런 혁신을 가져오지 못하고 있습니다.

애 국 심 게 임

안타깝게도 우리의 애국심은 배신당했습니다. 끝없는 희생과 인내는
오히려 우리를 얕보게 만들었을 뿐만 아니라 그들이 특권의식에 사로
잡혀 법 위에 군림하는 괴물로 변하는 결과만 낳았을 따름입니다. 이
문제를 어떻게 해결해야 할까요? 정치가들은 그들에게 매수되어 입을
다물고 뇌물을 챙긴 법조인들은 그들에게 면죄부를 주고 있습니다. 기
업 광고로 연명하는 언론인들은 그들의 눈치를 보고 있고 인터넷의 폭

로는 철저하게 검열당하고 있습니다.

　권력이 기업으로 넘어가버려 이들을 견제할 아무런 방법이 보이지 않습니다. 하지만 놀랍게도 이 문제에 대한 가장 간단한 해결책을 찾아낸 사람들이 있었습니다. 그들은 바로 게임이론가들이었습니다. 괴물이 된 기업을 바로잡을 해결책이 무엇인지 알기 위해서는 게임이론가들 사이에 있었던 한 실험에 주목할 필요가 있습니다.

애 국 심 을 위 한 첫 번 째 규 칙

세상의 모든 존재는 이기적입니다. 오로지 자신의 이익에만 관심이 있으며 필요하다면 상대를 이용하고 기회가 생기면 가차 없이 배신을 합니다. 게임이론가들은 이런 조건 속에서 최선의 생존전략은 어떤 것인지 알고 싶어했습니다. 그래서 전 세계 이론가들이 각각 자신만의 전략을 준비하여 게임을 해보기로 했습니다.

　규칙은 다음과 같았습니다.

－각자 임의의 상대와 만나면 협력할 것인지 배신할 것인지 결정한다.
－둘 다 배신하면 둘 다 낮은 점수 1점을 얻는다.
－둘 다 협력하면 둘 다 높은 점수 3점을 얻는다.

－한쪽이 협력했지만 다른 쪽이 배신하면 협력한 쪽은 점수를 얻지
못하고 배신한 쪽은 최고 점수 5점을 얻는다.

		경기자 A	
		협력	배반
경기자 B	협력	상호 협력에 대한 보상 A=B=3	A=5(착취) B=0(빈손)
	배반	A=0(빈손) B=5(착취)	상호 배반에 대한 처벌 A=B=1

죄수의 딜레마 두 죄수는 각각 독방에 갇혀 범죄에 대해 자백을 강요
받습니다. 서로 상대편의 선택을 알 수 없기 때문에 자백을 거부하는
것보다 배신을 하는 것이 더 큰 보상을 받을 수 있습니다. 현대식 컴퓨
터 구조를 설계한 폰 노이만에 의해 만들어진 이 게임은 수많은 딜레
마 상황에 대한 모델링으로 사용되고 있습니다.

이제 혼자만의 판단으로 선택을 해야 합니다. 협력을 선택하면 상대
방의 선택에 따라 3점을 얻든지 점수를 얻지 못합니다. 배신을 선택하
면 최고점수인 5점을 얻든지 낮은 점수 1점을 얻습니다. 그 평균값을
내보면 어떤 경우에도 상대를 배신하는 것이 더 이익이 됩니다. 소위
이 '죄수의 딜레마'를 반복해서 시행한 게임의 우승자는 팃포탯(눈에는
눈, Tit for Tat)이라는 전략을 쓰는 팀이었습니다.

팃포탯 전략의 첫번째 규칙은 먼저 협력해주고 상대가 협력적으로
나오는 한 '먼저 배신하지 않는다' 라는 것이었습니다.

이 전략이 성공적이었던 것은 협력적인 상대를 어렵지 않게 찾아낼

수 있었기 때문입니다. 배신 전략을 쓰는 95퍼센트의 상대에게 이용당하더라도 그 과정에서 찾아낸 5퍼센트의 협력적인 상대와 계속 교류를 함으로써 최종 점수를 높일 수 있었습니다.

배신만 선택하는 존재들은 서로 낮은 점수밖에 얻지 못했는데, 가끔 협력적인 존재를 배신함으로써 높은 점수를 뺏어내기도 했지만 결국에는 그 합이 팃포탯 전략의 최종 점수를 넘어설 수 없었습니다. 세상은 애국심을 가진 마음씨 좋은 자가 일등을 하게 되어 있었던 것입니다.

애국심을 위한 두번째 규칙

협력 전략을 택하게 되면 협력적인 상대를 찾기 전에는 배신 전략을 취한 상대에게 늘 당하고 살아야 합니다. 그래서 팃포탯의 두번째 규칙은 만약 상대가 배신한다면 '즉각적인 보복을 한다'라는 것이었습니다.

팃포탯과 비슷한 협력적 규칙들 중에는 상대가 두 번 이상 배신할 때까지 기다려준다거나 과거의 협력 비율이 배신 비율보다 높은 동안에는 계속 협력한다는 것들이 있었지만 별로 성공적이지 못했습니다. 왜냐하면 배신하는 상대가 이러한 복잡한 행동을 예측할 수 없어 자주 오해를 했기 때문입니다.

반면에 팃포탯은 배신에는 즉각적인 보복을 가하는 가장 단순한 전략을 택했고 이 단순성 때문에 배신 전략을 택한 상대조차도 팃포탯의 행동을 쉽게 예측할 수 있어 다음부터는 협력적으로 나오게 되었습니다.

기업이 협력할 때까지 인내심 있게 기다리는 너그러운 전략이나 과거의 공과를 따지는 행위로는 기업이 스스로 국내 소비자를 정상적으로 대우하게 만들 수 없습니다. 팃포탯 전략은 그들의 행태가 기대에 미치지 못한다면 즉각적인 보복을 하는 것만이 유일한 해결책임을 보여줍니다.

애 국 심 을 위 한 세 번 째 규 칙

상대의 배신을 두 번 이상 기다려주는 너그러운 전략이 실패한 또 다른 이유는 인내심의 한계를 넘어서는 순간 너그러운 전략들이 상대와의 협력을 완전히 포기하기 때문입니다.

배신을 택했던 전략이 그들의 보복을 받은 후에 협력하기로 규칙을 바꾸더라도 너그러운 전략은 더 이상 그들을 믿지 않았습니다. 때문에 이후 그들 사이에서는 배신과 보복만이 메아리치는 영원한 악순환이 반복되었습니다.

팃포탯 전략이 이 위험을 극복하고 최후의 승리자가 될 수 있었던 이유는 즉각적인 보복을 한 후에 그들을 '용서하는 것'을 세번째 규칙으로 삼았기 때문이었습니다.

팃포탯은 선의를 배신한 상대에게 보복한 후 다시 만났을 때 이전의 배신을 문제 삼지 않고 새롭게 협력을 시도했습니다. 배신했던 상대는 팃포탯이 배신을 응징한다는 사실을 기억하게 되었고 협력에는 협력으로 대응한다는 것을 깨달았기 때문에 그 후에는 계속해서 협력적으로 나왔습니다.

또한 팃포탯은 보복의 강도를 배신의 강도보다는 약하게 함으로써 한동안 배신과 보복이 계속되더라도 언젠가는 그 악순환이 멈출 수 있는 가능성을 열어두었습니다.

언 제 까 지 보 복 을 할 것 인 가

그 후 팃포탯은 수많은 게임을 통해 불신 상황 속에서 가장 우수한 생존전략임이 증명되었습니다. '먼저 협력하라. 배신에는 즉각적으로 보복하라. 배신자들을 용서하라.' 오랜 연구 끝에 이 규칙은 지능이 없는 미생물들도 선택하고 있는 생존전략임이 밝혀졌습니다.

우리들은 애국심 게임에서 반복적으로 배신하는 국내 기업들을 끝없이 용서하는 너그러운 전략을 써왔습니다. 기업들은 우리의 행동 패턴에 익숙해져 마음 놓고 배신을 하면서도 전혀 걱정을 하지 않고 있습니다. 나쁜 사마리아인이 되지 않으려면 국내 기업을 보호해야 한다는 논리에 동의하더라도 그 기간이 너무나 길었습니다.

이제 우리의 전략을 수정해야 할 때입니다. 지금은 소비자들이 국내 기업에게 보복을 해야 할 시기입니다. 재벌들은 언론과 권력을 장악하고 소비자 위에 군림하는 괴물로 변했습니다. 이젠 그 어떤 조직도 이들과 맞설 수 없게 되었습니다. 이들을 바꿀 수 있는 것은 오로지 소비자들의 선택뿐입니다.

우리가 구입하는 국산 제품의 품질이 그들이 외국에 파는 것만큼 좋아질 때까지, 국내 가격이 최소한 외국 가격만큼 싸질 때까지, 국내 소비자를 최소한 외국 소비자만큼 존중하게 될 때까지 우리의 보복은 계속되어야 합니다.

물론 아무리 미워도 그들은 우리나라 기업입니다. 때문에 그 보복은 관계 단절이 아닌 '용서를 전제로 한 보복'이어야 합니다. 그들의 제품이 외국에서 호평을 받는 것을 우리의 성공처럼 진심으로 기뻐하기 위해서는 그들이 우리들을 정당하게 대우하도록 변화시켜야 합니다. 그것만이 여태껏 착취의 수단으로 이용당한 애국심이 존중받는 길이기 때문입니다.

아 이 폰 구 입 이   진 정 한   애 국

"휴대폰은 통화와 문자나 하면 돼, 스마트폰 그거 불편해, 국산 휴대폰도 좋아. 안드로이드폰 사용자는 바보냐? 윈도우폰도 잘 나왔다던데? 배터리 못 바꾸는 휴대폰이 휴대폰이냐? 게임하다가 전화 못 받으면 어떡하려고? 아이폰은 외제폰이잖아? 그거 좋다고 막 사면 국산 휴대폰 업체 망하는데 그래도 좋아? 미우나 고우나 우리나라 폰 사줘야 애국이잖아. 우리가 남이냐? 애플은 더해. 걔들이 얼마나 폐쇄적인데, 다 지들도 우리 피 빨려고 하는 거지 우리 생각해서 만든 줄 알아? 그저 외제 좋다는 놈치고 제정신인 놈 못 봤어. 아무리 잘나봤자 핸드폰이 그게 그거지 뭐가 달라? 똑같애, 다 똑같애! 그냥 국산 휴대폰 써!"

편안하고 안전한 세상에서 공동체와 마찰 없는 안락한 삶을 원하시나요? 애국심에 가득 찬 당신의 신념을 배신하는 세상의 진실이 두려우신가요? 기존의 질서를 파괴하려는 불온한 자들의 메시지가 불편하신가요? 그렇다면 그냥 국산 휴대폰 쓰시고 이런 쓸데없는 논쟁에 관심을 갖지 마시기 바랍니다.

그러나 오늘도 당위에 눈뜬 자들은 ICT의 미래를 걱정하고 진정한 개혁을 이야기합니다. 하지만 극우화된 세상은 다른 이야기를 용납하지 못하고 있습니다. 그래도 좋습니다. 이런 식의 노력을 좌익으로밖에 매도할 수 없는 사회라면 그 비난을 감수하고 나아가야 합니다. 이 시점에서 한국 ICT의 미래를 위해서는 아이폰을 구입하는 것이 진정한 애국입니다. 아이폰을 손에 든 소비자의 요구만이 희망을 잃어가는 한국 ICT를 살릴 수 있습니다.

여러분은 어떤가요? 아이폰에 대해서 어떤 입장에 서고 어떤 사실을 받아들이고 어떤 의견을 주장하는 것이 최선이라고 생각하시나요? 다 떠나서 우선 잠깐 빌려서라도 아이폰을 한번 써보시고 나서 말씀하시는 것은 어떨까요? 아, 기억하세요. 이 아이폰이란 빨간 약을 먹고 나면 다시는 과거로 돌아갈 수 없다는 사실을.

그러나 인간은 이성적으로만 살지는 않습니다. 그 어떤 이유로도 국산품을 애용하는 것이 마음 편하다면 그렇게 하시기 바랍니다. 하지만 당신의 자녀에게까지 그것을 강요해서는 안 됩니다. 비싸게 주고 산 제품의 불량을 개인적으로 운이 없는 탓이라 여기며 감수할 당신과는 달리 당신의 자녀는 그것에 대해 목소리를 높이고 인터넷에 글을 올리며 겁 없이 싸우려고 할 것이기 때문입니다.

그들과 싸우는 것은 보통 어려운 일이 아닙니다. 그들은 문제를 제기하는 소비자를 언론 플레이를 통해 악질 소비자로 만들어버립니다. 소비자가 포기할 때까지 직원들이 돌아가며 끝없이 괴롭힙니다. 인터넷에 진상을 고발하면 그들 편에 서서 글을 삭제해버리는 포털의 횡포를 경험할 수 있습니다.

결국 당신의 자녀는 권력의 횡포에 굴복하여 불의를 보더라도 침묵하는 자가 됩니다. 그렇지 않고 끝까지 저항하다가는 정상적인 사회생활을 할 수 없는 문제아로 낙인 찍힐 수도 있습니다. 어쩌면 결코 바꿀 수 있을 것 같지 않은 거대한 악에 절망하여 스스로 삶을 포기할지도 모릅니다.

소비자가 정당한 대접을 받는 세상, 기업이 법을 지키며 제품에 대해 거짓말을 하지 않는 세상, 이런 세상을 만들기 위해서는 현명한 소비자들의 선택이 필요합니다. 이 일을 위해 힘 있는 조직을 만들 필요도 없습니다.

95퍼센트의 배신 전략 사이에서 5퍼센트의 협력 전략이 결국 승리하여 우위를 차지했듯이 단 몇 명의 깨어 있는 소비자들만 있어도 배신하는 자들을 응징하는 사회 분위기를 전파할 수 있기 때문입니다.

그 깨어 있는 시민이 당신이기를 기원합니다.

chapter 10

아이폰,
애플의 다섯번째 한국 도전

애플컴퓨터로 개인용 컴퓨터 시대를 열었고
맥으로 사용자 편의를 최우선으로 하는 디자인 개념을 확립했습니다.
오에스텐으로 사용하기 쉬우면서도 아름다운 운영체제를 완성했고
아이팟으로 온라인 콘텐츠 판매 시장을 구축했습니다.
아이폰은 이 모두가 적용된 것이며 거기에 더해 사용자들을 온라인 세상에
로그인시켜줄 휴대형 인터넷 단말기의 원형이기도 합니다.

혁신과 창의성을 추구해온 애플의 역사

당신이 애플의 사장이라고 가정해볼까요? 자, 여기 한국 시장이 있습니다. 이 시장에 들어오고 싶은 생각이 드시나요? 수요가 얼마 되지도 않으면서 국산품 애용 정신으로 똘똘 뭉쳐 배타성과 폐쇄성이 심각한 곳입니다. 자신들만의 특별한 규격을 요구하고 고압적이며 부패한 정부 관료들이 지배하는 나라입니다. 제품이 들어오기도 전에 온갖 비방과 물타기를 하며 시간을 끄는 건 황당하기까지 합니다. 바로 옆엔 애플 제품이라면 예술품처럼 떠받드는 일본과 거대한 매출이 기대되는 중국이 있습니다.

어떠신가요? 제가 애플의 사장이라면 이런 시장은 웬만하면 포기하겠습니다. 애플은 사실 전 세계적으로 물건이 없어서 못 파는 지경이니까요. 그러나 애플은 한국 시장을 무시하지 않았습니다. 그들은 수

십 년 동안 한국에서 성공하기 위해 노력해왔습니다. 들어보시겠습니까? 애플과 한국의 지긋지긋할 만큼 기이한 인연을.

첫 번 째 도 전 : 애 플 II 컴 퓨 터

애플컴퓨터는 천재적인 엔지니어 스티브 워즈니악의 독자 발명품이었던 개인용 컴퓨터를 가지고 스티브 잡스가 주도하여 시작한 회사였습니다. 그때 당시 컴퓨터 해커들은 모임을 만들어 저마다의 아이디어를 구현한 자작품을 서로 공개했습니다. 그중에서도 돋보였던 워즈니악은 개인용 컴퓨터에 대해 가격이 싸면서도 구조가 간단하며 개방적인 하드웨어가 되어야 한다는 생각을 가지고 있었습니다.

이 철학을 바탕으로 그는 그때까지 누구도 할 수 없었던 부품 최소화에 성공합니다. 프로그래머들이 가장 짧은 코드로 문제를 해결하는 것을 자랑스럽게 여기듯이 하드웨어 엔지니어였던 워즈니악은 모든 사람들이 경악할 정도로 극단적인 간소화를 이루어낸 것입니다. 그래서일까요? 애플의 초기 하드웨어 내부는 아름답기까지 합니다.

잡스는 제작비를 우려해 슬롯을 줄이려 했으나 사용자들이 추가 부품을 장착해 활용성을 높이기를 원했던 워즈니악의 고집을 꺾지는 못했습니다. 이 확장 슬롯 때문에 빈약한 본체에 수많은 기능을 추가할 수 있었고 표준화된 기능의 부품 경쟁이 활발해져서 가격 하락까지 가능해졌습니다.

애플컴퓨터는 모든 사람의 예상을 초월하는 폭발적인 인기를 끌었습니다. 가운을 입은 전문가들만 만질 수 있다고 믿었던 컴퓨터를 애플 덕분에 누구나 책상에 올려놓고 쓸 수 있게 된 것입니다. PC라는 이 혁명적 제품은 전 세계인을 흥분시켰습니다. 애플은 단숨에 세계시장을 점령했으나 수요를 감당 못 할 정도가 되자 곧 복제품이 나돌았습니다. 워낙 구조가 간단하고 기기 자체가 오픈되어 있어 누구라도 쉽게 복제할 수 있었기 때문입니다.

한국은 어땠을까요? 한국 시장에 애플컴퓨터가 들어왔을까요? 그 당시 대중적으로 가장 인기가 있었던 애플 II를 일부 사람들이 수입을 했지만 시장에 유통되던 것들은 대부분 청계천의 복제품이었습니다. 세계적인 판매량을 자랑했던 애플컴퓨터가 탱크도 복제해낸다는 청계천의 기술력을 극복하지 못해 정식으로 들어오지도 못했습니다. 애플이 첫번째 좌절을 겪는 순간이었습니다. 사람들은 애플컴퓨터를 가지고 싶어했으나 국내에서는 복제품밖에 구할 수 없었습니다. 지금도 애플 로고가 붙어 있어 정품이라고 믿던 소장품이 '청계천제' 라는 사실을 알고 좌절하는 사람들이 많습니다. 비록 판매는 못 했지만 대신 많은 사람들에게 애플의 로고는 새로움과 갖고 싶은 어떤 것의 상징으로 기억되었습니다.

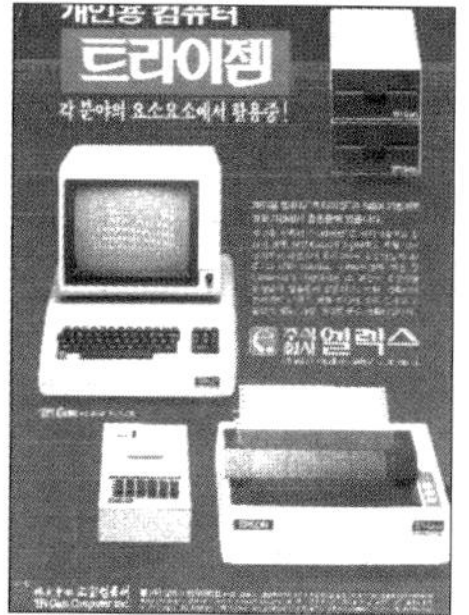

청계천제 애플 II 삼보는 복제품 제조로 사업을 시작했고 나중에 애플 한국 대리점이 된 엘렉스도 처음에는 복제품을 판매했습니다.

두 번 째 도 전 : 매 킨 토 시

애플 II의 성공에 취해 워즈니악을 배제한 채 애플 III라는 최악의 제품
을 만들어 돈과 시간을 낭비하던 애플은 기적적으로 제록스 연구소가
숨겨놓은 우주선을 발견하는 바람에 IBM PC에 맞서 화려한 그래픽
인터페이스의 매킨토시(이하 맥)를 발표할 수 있었습니다. 『모모』의 시
간을 훔쳐가는 인간들과 흡사한 이미지였던 파란색 셔츠 차림의 IBM
맨들, 이 1984년의 빅브라더를 공격하는 자유 투사의 광고와 함께 등
장한 맥은 출시되자마자 전 세계적인 히트 상품이 되었습니다.

애플 맥 이 위대한 컴퓨터를 잡스가 소개
하자 발표장의 모든 사람들이 경악과 환호
속에서 오랫동안 기립박수를 멈추지 못했
습니다. 잡스는 마치 창조주인 양 그들을
흐뭇하게 내려다보고 있었습니다. 이후 폭
스바겐이 자동차의 아이콘이 되었듯 맥은
사람들 뇌리 속에 자리 잡은 컴퓨터의 아이콘이 됩니다.

텍스트 방식의 불편한 도스와 완벽히 차별화된 직관적인 그래픽 인
터페이스, 마우스라는 편리한 입력 장치, 보이는 그대로 출력되는 미
려한 글꼴 디자인, 모니터 일체형의 아름다운 본체…… 여태까지의 컴
퓨터와 차원이 달랐던 맥은 다시 한 번 PC의 개념을 바꾸어버립니다.
이 제품은 개인들의 구매로도 이어졌지만 전자출판 시장에서 특히 인

기를 끌었고 학습 시장에서도 선전했습니다. 애플은 그 후 수많은 어려움 속에서도 맥 덕분에 회사를 이어갈 수 있었습니다.

맥은 한국에서도 인기가 있었습니다. 맥은 꼭 가지고 싶은 '꿈의 컴퓨터'로 사람들의 머릿속에 자리 잡고 있었습니다. 엘렉스 컴퓨터를 통해 정식으로 수입이 되었기 때문에 마음만 먹으면 구입할 수 있었습니다. 하지만 문제는 가격이었습니다. 용산을 중심으로 값싼 조립 PC가 성행하던 상황에서 개인이 감당 못 할 정도로 비싼 가격은 아무도 맥을 구입할 수 없도록 만들었습니다.

컴퓨터를 사러 나선 사람들은 우선 맥이 있는 엘렉스 매장부터 찾아갔습니다. 깔끔하고 세련된 매장에 전시된 맥을 만져보고 더욱 구매 욕구가 생겼지만 가격에 놀라고 말았습니다. 게다가 IBM PC용으로 나온 수많은 게임과 프로그램들이 작동하지 않는다는 것을 알고 다시 한 번 좌절했습니다. 아무리 비싼 게임과 소프트웨어라도 불법복제를 통해 쉽게 구할 수 있었던 환경에서 그 많은 공짜 프로그램을 쓸 수 없다는 것은 맥의 치명적인 약점이었습니다. 그리하여 사람들은 맥을 비싸고 화려하기만 한 쓸모없는 장난감이라고 스스로를 세뇌하며 아무런 감흥도 없는 칙칙한 용산 조립 PC를 들고 집으로 돌아갔습니다.

하지만 사람들의 애플컴퓨터에 대한 갈구는 줄어들지 않았습니다. 손에 쥘 가능성이 멀어지면 멀어질수록 그 욕망은 점점 더 커졌습니다. 한국에서 맥은 비싼 가격을 감당할 능력이 있었던 극히 일부의 출판 업계에서만 쓰였습니다. 그들은 폭리를 취하는 엘렉스를 저주했지만 다른 대안이 없었습니다. 엘렉스는 오히려 하드웨어뿐만 아니라 폰

트를 포함한 소프트웨어까지 점점 가격을 올렸습니다. 비싸고 폐쇄적이며 고압적인 회사라는 애플의 이미지는 이렇게 만들어지게 되었습니다. 애플의 한국 입성이 또다시 실패한 것입니다.

세 번 째 도 전 : 운 영 체 제 오 에 스 텐

맥이 발표된 후 MS는 재빨리 이를 베낀 윈도우를 출시해서 맥 수요층을 다 가져가버립니다. 한편 매출 감소와 더불어 방만한 재정관리로 인해 애플은 심각한 경영난에 빠집니다. 그 책임을 물어 스티브 잡스를 쫓아냈지만 마치 핵심 엔지니어가 빠져나가고 영업팀만 남은 기술 벤처처럼 애플은 뇌 없는 상태가 되어 점점 더 황당한 일만 벌여나갔습니다.

스티브 잡스도 따로 회사를 차려 넥스트컴퓨터를 만들었는데 화려한 회사 건물에 최고의 프로그래머를 고용하여 몇 단계나 앞선 최첨단의 이론을 적용한 '넥스트스텝'이란 운영체제를 만드느라 엄청난 인건비를 지불해야 했습니다. 그리고 비현실적으로 선구적인 하드웨어를 고집함으로써 호환성 부족에도 시달렸습니다. 찰리의 초콜릿 공장보다 더 아름다운 생산라인에서 티끌 하나 없는 제품을 만들어내느라 엄청난 생산비가 들어 가격이 비싸지는 바람에 잘 팔리지도 않는 데다가 만들수록 손해가 나는 상황까지 갔습니다.

넥스트큐브 엔지니어들이 영혼을 팔아서라도 구입하고 싶어했던 워크스테이션. 그러나 꿈을 이루기에는 너무 희생이 컸습니다. 감당할 수 없는 가격 때문에 캐논 매장의 전시품을 만져보는 것으로 위안을 삼아야 했던 비운의 컴퓨터.

사람들은 이제 잡스를 비웃기 시작했습니다. 회사 운영 자금이 없다는 소문이 돌았습니다. 애플 시절 잡스의 추문도 흘러나왔습니다. 애플컴퓨터 개발에 아무런 기여도 없으면서 자기가 만든 것처럼 행세했다는 주장. 맥 개발팀을 중간에 가로채서 자기 공으로 만들었으며 맥은 사실 제록스 연구소의 아이디어를 훔친 것이라는 이야기들이었습니다. 이때 독선적인 성격에 부하 직원을 종처럼 부리는 '독재자' 라는 이미지가 만들어졌습니다. 성공한 자들은 성공의 비결을 잘 알고 있고 재현할 수도 있다고 믿지만 성공했던 조직에서 벗어나는 순간 그것이 불가능한 일임을 이렇게 마지막 순간에 깨닫게 됩니다.

사람들은 화려한 성에 고립된 독재자의 종말이 언제가 될지 고대하고 있었습니다. 그에게 '묻지마 투자' 를 감행했던 억만장자 로스 패로도 비웃음거리가 되었습니다. 하지만 잡스는 넥스트 사의 실패까지는 감당할 수 있었습니다. 정작 그에게 위기를 불러온 것은 다른 곳에 있었습니다. 〈스타워즈〉 감독 조지 루카스로부터 인수한 '픽사' 라는 그래픽 회사가 '돈 먹는 하마' 가 되고 있었던 것입니다. 조지 루카스도 감당하지 못하고 넘긴 이 회사는 첨단 그래픽으로 사실적인 영상을 만들어낼 수 있었지만 투입되는 비용은 천문학적인 반면에 버는 돈은 얼마 되지 않았습니다.

잡스는 3D 그래픽이라는 비전만 보고 제대로 돈벌이를 못 했던 픽사를 인수했습니다. 누구나 비전을 가질 수 있습니다. 그러나 비전 하나만 보고 잡스처럼 구멍 뚫린 픽사에 전 재산을 쏟아부으며 10년씩이나 기다려주기는 힘들 것입니다. 더구나 파산 직전에 몰렸으면서도 끝끝내 포기하지 않기는 더욱 힘듭니다. 이런 믿음에 대한 보답이었을까요? 〈토이 스토리〉가 믿을 수 없는 성공을 거둠으로써 이 위기를 기적적으로 벗어날 수 있었습니다. 픽사는 마치 초창기 애플처럼 '3D 애니메이션'이라는 혁명적 시장을 개척하여 전 세계인을 놀라게 만들었습니다. 극적인 재기에 성공한 잡스의 삶은 고난 극복의 영웅담이 되었고 잡스는 혁신과 창의성의 상징이 되었습니다.

이 여세를 몰아 경영난을 견디지 못하고 있던 애플에 화려하게 복귀합니다. 그리고 나니 넥스트스텝 운영체제도 꼭 실패라고 할 수 없게 되었습니다. 하드웨어가 발전하면서 드디어 이 뛰어난 운영체제가 제대로 쓰일 수 있는 환경이 마련되었기 때문입니다. 잡스는 애플로 복귀하면서 넥스트스텝을 애플의 차세대 운영체제의 기반으로 삼기로 결정합니다. 그 결과물이 바로 '오에스텐OS X'이었습니다.

오에스텐 오에스텐은 안정적인 유닉스에 기반한 객체 지향의 대화형 운영체제였습니다. 절정에 이른 오에스텐의 그래픽 유저 인터페이스

는 편리함을 넘어 아름다움
마저 느끼게 했습니다. 매력
적인 하드웨어에 담긴 오에
스텐은 참을 수 없는 구매 욕
구를 자극했습니다. 가격이
싸지는 않지만 그렇다고 불

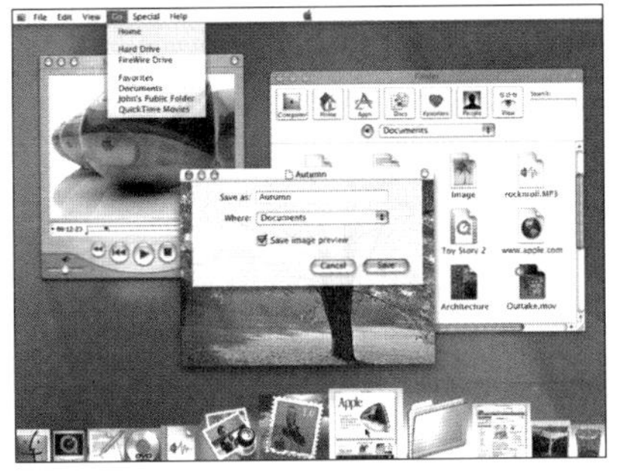

가능할 정도는 아닙니다. 이젠 능력이 된다면 손에 쥘 수 있었습니다.

때가 왔습니다. 이번에야말로 애플의 한국 도전이 실패하지 않을 듯
했습니다. 애플코리아가 가격도 현실적으로 책정했으니까요. 사용자
들의 기대도 상당했습니다. 드디어 맥을 손에 쥘 수 있게 된 것입니다.
하지만 또 한 번 애플은 높은 한국의 장벽을 실감해야 했습니다. 바로
윈도우 운영체제에서만 사용 가능한 한국의 인터넷 환경 때문이었습
니다. 웹의 비호환성으로 인해 맥으로는 컴퓨터를 제대로 활용할 수
없었습니다. 윈도우-익스플로러-액티브 엑스의 조합이 자유로운 기
종 선택을 제한하고 웹과 사용자 환경의 획일성을 유발하고 있었던 것
입니다.

하지만 이번에는 대안이 있었습니다. 애플 하드웨어에 윈도우를 설
치해서 쓰는 것이었습니다. 그러나 이 방법은 별로 권장할 만한 것이
아니었습니다. 맥은 하드웨어와 조화롭게 동작하는 오에스텐 운영체
제에서만 그 가치를 발휘합니다. 윈도우를 설치한 맥은 껍데기가 멋지
다는 것 말고는 저가형 노트북과 다를 바가 없었던 것입니다.

그러나 이젠 많이 달라졌습니다. 어쩔 수 없이 윈도우로 부팅해서 써야 할 때를 제외하고는 가능하면 오에스텐에서 컴퓨터 작업을 하려는 사람들이 생기고 있습니다. "운영체제가 그게 그거지, 맥이라고 특별할 게 있나? 쓸데없는 짓 하지 말고 그냥 윈도우 써." 이 획일화된 사회에서 특이한 사람 취급당하고 '애플빠'라는 비아냥을 들으면서도 소신을 지키고자 하는 사람들. 이런 사람들이 있기 때문에 사회의 다양성이 이루어진다고 믿습니다. 그러나 여전히 그들은 극소수에 불과했습니다. 그리하여 또다시 애플은 한국에서의 성공을 다음으로 미루어야 했습니다.

네 번 째   도 전 :   아 이 팟

MP3 플레이어는 세계 최초로 한국 기업이 만든 것입니다. 세계 최초의 휴대용 라디오, 휴대용 카세트인 워크맨 그리고 휴대용 CD 플레이어를 만들었던 소니가 가망 없는 MD 플레이어에 집착하고 있는 사이 디지털 강국으로 부상하던 한국에서 먼저 나온 혁신적인 제품이었습니다. 한동안은 뛰어난 디자인에 다기능으로 무장한 한국 제품이 세계를 점령할 수 있었습니다. 냅스터 같은 P2P 방식의 파일 공유가 출현하여 노래는 공짜로 다운받아 듣는 것이 대세였기 때문에 음반 업계에서는 MP3와 온라인 시장을 포기한 상태였습니다.

이런 상황에서 애플이 MP3 시장에 들어왔습니다. 애플은 근본적으로 시장을 다르게 보고 있었는데 '노래는 돈 내고 구입해서 들어야 하는 것'이라는 전제를 깔고 있었기 때문입니다. 따라서 그들은 하드웨어와 더불어 손쉽게 음악을 구입할 수 있는 온라인 시장과, 그곳을 쉽게 이용할 수 있는 전용 프로그램을 함께 만들었습니다. 애플의 MP3 플레이어를 구입하면 뛰어난 디자인이 적용된 하드웨어와, 그것을 편하게 다룰 수 있는 아이튠즈 소프트웨어 그리고 원하는 노래를 빠르고 쉽게 구할 수 있는 아이튠즈 스토어까지 한 번에 가질 수 있었습니다.

따지고 보면 불법 공유가 무료이기는 하지만 초보자는 공유 프로그램을 제대로 사용할 줄 모르고, 검색하기도 힘들 뿐만 아니라 원하는 노래를 얻기까지 많은 시간을 낭비해야 합니다. 차라리 비용을 지불하더라도 쓸데없는 시간 소모 없이 음원을 구하는 것이 더 싸게 먹히는 것일 수 있습니다. 애플은 이 비즈니스 모델로 엄청난 성공을 거둡니다. 아이튠즈 스토어를 통해 2010년 9월까지 120억 곡의 음원을 팔아치워 미국 온라인 음원 판매 시장의 69퍼센트를 차지했고 MP3는 세계시장에서 75퍼센트 이상의 점유율을 기록하고 있습니다. 후발 주자였지만 또 한 번 혁신과 창의성을 바탕으로 음반 시장의 혁명을 이끌어낸 것입니다.

아이팟나노 애플 II 이후로 다시 애플이 메이저로 등극하게 만들어준 제품. 삼성이 새로 개발한 저가형 낸드 플래시를 독점함으로써 최초로 애플이 가격으로도 경쟁 업체를 압도할 수 있었습니다. 이때부터 애플은 고가 정책을 버리고 범용 시장의 맹주가 되는 길을 선택합니다.

전 세계 75퍼센트 점유율이라면 대부분의 나라에서 MP3 시장이 초토화되었다는 뜻입니다. MP3 종주국이라는 한국은 어떨까요? 맞습니다. 역시 한국은 달랐습니다. 한국에서만큼은 아직까지 아이팟이 시장을 지배하지 못하고 있습니다. 인기 제품인 아이팟 터치가 판매액 기준 점유율에서 1위를 하기도 하지만 판매량으로는 전체 30퍼센트 이내를 차지합니다. 상당히 선전하고 있으나 전 세계 점유율에 비해 턱없이 낮습니다. 왜 그런 것일까요? 이번엔 어떤 장벽이 있었을까요?

애플 제품의 매력은 사실 사용자의 자유를 일정 정도 제한함으로써 얻어지는 경우가 많습니다. 단일한 사용법만을 준수하게 함으로써 사용법이 단순해지고 안정적이 됩니다. 실력 있는 사용자가 세세하게 설정을 바꾸지 못하는 대신 더 많은 사람들이 편하게 쓸 수 있게 된 것입니다. 그에 반해 한국의 MP3는 다기능에 사용자의 요구를 모두 수용하는 쪽으로 진화해왔습니다.

한국 MP3는 노래 듣기, 라디오, 이동형 저장 장치, 녹음기, 이 네 가지 기본 기능 이외에도 점점 더 많은 기능이 추가되고 있습니다. 아이팟은 노래 듣는 기능 이외에는 부가 기능이 거의 없습니다. 전용 프로그램을 사용해서 음악을 넣어야 하는 애플과 달리 한국 제품은 컴퓨터에 꽂기만 하면 바로 외장 하드로 인식해서 자유롭게 노래를 넣고 뺄 수 있습니다. 애플은 아이튠즈 스토어에서 음악을 구입하는 것을 가정하지만 한국 제품은 불법복제한 공짜 음원 위주로 사용하기에 편리하게 만들어져 있는 것입니다.

동영상 재생 기능이 있는 아이팟터치는 동영상을 유료로 다운받아 보는 방식이라서 판매용 동영상이 쓰는 포맷만 지원하지만 한국 제품은 포맷을 가리지 않고 컴퓨터에서 보는 동영상은 다 지원하려는 정책을 쓰고 있습니다. 불법복제한 동영상을 그대로 볼 수 있는 한국 제품을 두고 동영상 포맷을 일일이 바꾸는 번거로운 작업을 거쳐야 하는 애플 제품을 선뜻 구매하기는 힘듭니다. 불법복제가 보호 장벽으로 작용하여 아이팟을 쓰기 불편한 기계로 만들고 있는 것입니다.

아이팟이 보여주는 혁신성은 그 하드웨어에도 있지만 그보다는 '간편한 콘텐츠의 판매 방식'을 확립했다는 데 있습니다. 우리나라엔 이동통신 회사가 무시무시한 데이터 통신료를 챙겨갈 목적으로 만든 휴대폰용 음원 판매 사이트가 있을 뿐, MP3 업체들끼리 혹은 음원 판매 업체끼리 협의하여 MP3 플레이어에서 직접 검색과 결제 그리고 다운로드가 되도록 해주는 판매 모델이 없습니다. 아이튠즈 매장에는 한국 노래가 거의 없습니다. 그리하여 한국 노래를 듣기 위해서는 그냥 불법복제에 최적화된 한국 MP3가 편합니다.

저는 아이팟에 대해서만은 한국 도전이 실패하기를 바라고 있습니다. 아이팟은 너무 성공적이라 오히려 독점적 요소가 있고 우리나라가 발명한 제품을 우리가 주도하지 못한다는 안타까움도 느끼기 때문입니다. 그러나 불법복제나 기능 추가 또는 가격경쟁으로는 애플을 극복하는 것은 불가능한 일입니다. 애플 제품을 이기기 위해서는 '콘텐츠 판매 모델'을 확립하는 것이 핵심입니다. MP3 종주국으로서의 자존심을 지키고 싶으면 아이팟의 혁신성을 배워 하루빨리 우리 것으로 만들어야 할 것입니다.

아이리버 한때 세계 MP3 시장을 석권했으나 애플에 밀려 수많은 MP3 업체 중의 하나로 전락한 업체. 그러나 아직 죽지 않았음을 증명하고 싶은 것일까요? 디자인에 관해서는 남다른 감각을 과시하고 있습니다. 하지만 안타깝게도 '기능 많고 예쁜 MP3' 콘셉트로는 아무것도 바꿀 수 없습니다. 음원 판매 방식에 대한 고민이 없는 업체들은 결국 애플에게 자리를 내주고 말 것입니다.

다 섯 번 째 도 전 : 아 이 폰

과거를 되돌아봤을 때 어쩌면 애플은 아이폰을 만들기 위해서 태어난 회사였다고 말할 수도 있습니다. 애플컴퓨터로 PC 시대를 열었고 맥으로 사용자 편의를 최우선으로 하는 디자인 개념을 확립했습니다. 오에스텐으로 사용하기 쉬우면서도 아름다운 운영체제를 완성했고 아이팟으로 온라인 콘텐츠 판매 시장을 구축했습니다. 아이폰은 이 모두가 적용된 것이며 거기에 더해 사용자들을 온라인 세상에 로그인시켜줄

'휴대형 인터넷 단말기의 원형'이기도 합니다.

아이폰은 멋진 디자인의 아이팟터치에 전화 기능이 추가된 정도의 기기가 아닙니다. 온라인 시장에서 다운받은 프로그램을 활용해 상상할 수 있는 모든 것을 가능하게 해주는 미래의 새로운 플랫폼입니다. 이것은 정확히 우리나라에서 와이브로를 만들 당시의 입안자와 개발자 들이 꿈꾸었던 세상이었습니다. 우리는 어려움을 극복하지 못하여 그 꿈을 포기했지만 애플은 끝내 그것을 현실로 만들어냈습니다.

증강현실 궁금한 지역을 카메라로 잡  으면 인터넷을 통해 그 정보를 확인할 수 있습니다. 실시간으로 건물에 대한 정보, 그 매장에 대한 방문 후기, 맛집 의 추천 음식 등이 나오고 가고자 하는 지역을 선택했다면 가야 할 방향도 알려줄 수 있습니다. 아직은 초기 단계지만 이동형 무선인터넷 단말기가 가져올 혁명적인 응용의 한 예로 부족함이 없습니다.

음성통화 위주의 통신 환경을 고집하는 이동통신 업체와 큰 화면에 깔끔한 디자인에만 전념하는 휴대폰 제조 업체들은 아이폰에 대항할 아무런 준비가 되어 있지 않았습니다. 그래서일까요? 이 제품은 한국에 들어오는 것 자체가 엄청난 사건이 되었습니다. 한국 시장의 저항은 상상을 초월했는데 도입되는 과정에서 온갖 비방이 난무하고 경쟁 업체의 언론 플레이로 의심되는 기사들도 쏟아졌습니다. 아이폰 효과를 무력화시키기 위한 노력은 눈물겨울 정도였습니다. 그럼에도 아이폰은 이해관계에 얽힌 조직들과의 힘겨운 싸움을 이겨내고 결국 우리에게 다가왔습니다. 타협하지 않는 애플로 인해 한국의 불합리한 사회 구조가 낱낱이 드러나버리고 말았습니다. 아이폰이 도입된 이후에도 이 싸움은 끝나지 않았습니다. 그러나 이 과정은 애플의 혁신성을 한국이 흡수하기 위해 겪어내야 할 진통이라고 믿습니다.

아이폰 오랜 세월이 지났음에도 잡스는 또다시 혁신적인 제품을 들고 나타났습니다. 아이폰으로 상징되는 통신의 미래가 그의 손안에서 빛나고 있었던 것입니다. 사람들은 또 한 번 놀라움과 찬사 속에서 무대 위에 선 시대정신을 위해 끝없는 기립박수를 이어갔습니다.

애플의 혁신과 한국 모바일 환경의 미래

지금까지 애플에 대해서 이야기했지만 엄밀히 말하면 사용자의 선택권을 극단적으로 제한함으로써 사용편의성을 극대화하는 데 성공한 애플 또한 잠시 세상을 지배한 후 잊혀져갈 악덕 기업의 하나에 불과합니다. 애플은 사용자들이 간절히 원하는 기능도 무자비하게 삭제해버리고 자기들이 허용하는 방법으로만 소프트웨어를 개발할 수 있도록 허용하며 제품에 대한 독점적 권리를 그 어떤 통신사에게도 나누어주지 않는 등 갈수록 폐쇄적으로 변해가고 있습니다. 이런 기업은 결코 오래갈 수 없습니다. 애플은 매킨토시 시절과 마찬가지로 결국 개방을 추구하는 업체에 시장을 내주고 말 것입니다.

하지만 아직 애플은 가치 있는 기업입니다. 사용편의성과 통합성이란 부분에서 그 어떤 업체도 애플과 같은 혁신성을 보여주지 못하고 있습니다. 특히 한국에서는 이동통신 분야의 각종 불합리한 규제를 철폐시켰고 인터넷 환경까지 변화시킴으로써 전 사회에 새로운 변화의 활력을 불어넣어주었습니다. 앞으로도 오랫동안 한국에서는 애플의 폐쇄성을 비난할 수가 없습니다. 그것은 애플이 추구하는 혁신성을 모두 우리 것으로 만든 후에 하더라도 늦지 않습니다. 지금 이 순간 애플은 한국이 나아가야 할 방향을 제시하는 구원자와 같은 위치에 있는 기업입니다.

애플의 혁신이 곳곳에 전파될 수 있도록 좀더 많은 사람들이 애플 제품을 사용해야 합니다. 하루빨리 애플의 콘텐츠 판매 방식을 우리 것으로 만들어야 합니다. MP3 업체들이 연합하여 아이튠즈 스토어 같은 음악 판매 단일 시장을 구축해야 합니다. 전자책 온라인 마켓도 만들어 한글로 된 책을 우리가 주도적으로 사고팔 수 있게 해야 합니다.

우리 기업들도 사용자들을 매혹하는 제품을 만들어낼 수 있어야 합니다. 매뉴얼이 필요 없을 정도로 쉬운 유저 인터페이스를 제공할 능력도 갖추어야 합니다. 이를 위해서는 적극적으로 애플을 연구해야 합니다. 그리하여 우리나라도 혁신을 주도하고, 하드웨어와 플랫폼 그리고 콘텐츠까지 융합하며 사용자와 개발자를 우선하는 정책을 추진하는 애플과 같은 기업을 가질 수 있게 되기를 바랍니다.

인터넷 환경이 모바일로 변화되는 것은 개발자들에게도 좋은 기회입니다. 모바일 앱의 시대가 될수록 창의적인 아이디어가 더욱더 중요해지고 있습니다. 국내 업체에 납품하거나 한국 소비자만을 상대하기보다는 처음부터 전 세계를 대상으로 하는 콘텐츠를 개발해야 거대기업으로 성장할 수 있습니다. 소셜 게임으로 10억 달러의 매출을 올리는 것이 더 이상 허황된 꿈이 아닌 세상이 되었습니다. 여태까지 많은 벤처들이 세상을 바꿀 아이디어를 가졌음에도 자신의 성장 가능성을 믿지 못하는 바람에 경쟁에서 탈락하거나 시장에서 퇴출되고 말았습니다. 이제 스스로 한계를 정하기보다는 세계를 지배하겠다는 거대한 꿈을 꾸는 개발자들이 많아지기를 바랍니다.

아이폰과 안드로이드폰이 흔들어놓은 휴대폰 시장은 결국 한국 기업들이 차지하게 될 가능성이 높습니다. 그러나 이것은 통신사들만 유리한 플랫폼이나 윈도우처럼 사용환경을 자사 제품으로만 제한하려는 운영체제로는 불가능한 일입니다. 모바일 분야에서 기술력 있는 업체들 간의 사활을 건 경쟁이 계속되고 있기 때문에 휴대폰 점유율이 높은 업체라고 해서 독자적인 플랫폼만을 밀어붙이다가는 시장에서 퇴출당할 수 있습니다. 답은 '개방적인 플랫폼' 뿐입니다. 안드로이드와 같이 모든 업체들의 지지를 받는 플랫폼으로 승부해야 치열한 주도권

경쟁에서 승리할 수 있습니다. 여태까지와 마찬가지로 모바일 분야에서 한국 기업들의 선전을 기대합니다.

통신사들은 하루빨리 음성통화 위주의 정책을 포기하고 '이동형 무선인터넷 전문 업체'로 변신하기를 바랍니다. 인터넷전화 시장을 선점하기 위해 할 수 있는 모든 것을 다 해야 합니다. 인기 많은 인터넷전화 단말기를 한국인만을 대상으로 팔 것이 아니라 전 세계인들이 사용하도록 만들어야 합니다. 인터넷전화가 성공하기 위해서는 인터넷에서 개인을 식별할 데이터를 최대한 확보해야 합니다. 이메일뿐만 아니라 소셜 네트워크의 개인 아이디도 중요합니다. 통신사들이 살아남기 위해서는 이런 콘텐츠를 가진 업체에 투자해야만 합니다. 통신사의 미래는 얼마나 많은 콘텐츠 업체와 협력하고 있는지에 달려 있습니다. 통신사의 정의 자체가 달라지고 있는 것입니다. 결국 폐기될 음성통화 시장과 아무도 사용하지 않을 전화번호에만 매달리기보다는 새로운 시장을 차지하기 위해 무엇이 최선인지 빨리 깨닫기를 바랍니다.

그러나 이런 일들이 저절로 이루어질 수는 없습니다. 소비자가 각성하지 않는다면 계속해서 업체들에 기만당할 것이고 그들은 우리에게서 끝없이 이익만을 챙겨가려고 할 것입니다.

휴대폰 제조사들이 최고 제품을 가장 싸게 제공하게 만들고, 통신사들이 음성통화 시장을 포기하고 와이브로를 무기로 전 세계 통신 시장을 장악하게 만들기 위해서는 소비자들이 나서야 합니다. 현명한 소비를 통해서 기업들과 정책 입안자들을 올바로 이끄는 것, 그것이 바로 진정한 애국이기 때문입니다.

chapter 11

TV 강국 한국과 스마트TV

스마트TV란 분야로 볼 때 한국은 하드웨어 구축을 통한 가입자 확대에만 매달릴 뿐
콘텐츠 유통마켓을 통한 매출 증대와 플랫폼 선점에는 아무런 관심이 없습니다.
세계적인 점유율을 자랑하는 한국의 TV 제조사들도
외국의 플랫폼을 들여와 하드웨어 수출량 늘리기에만 급급할 뿐입니다.

T V 업 계 에 부 는 변 화 의 바 람

한국 전자산업의 발전은 TV 수출의 역사와 함께합니다. 1960년대 최초로 흑백TV을 개발한 이후 1970년대에는 세계 최대 흑백TV 생산국이 됩니다. 1980년대에는 일본에 컬러TV를 역수출하는 등 일본을 추월할 발판을 만들었으며 2000년대에 들어 마침내 평판 디스플레이로 세계 TV 시장을 평정하기에 이릅니다.

한국은 현재 LCD와 PDP 분야에서 세계 최대의 점유율을 가지고 있으며 차세대 평판 디스플레이 개발에서도 다른 나라를 멀찍이 따돌리고 세계 최대의 화면, 세계 최초의 제품들을 끝없이 만들어내고 있습니다. 앞선 양산 기술로 가격경쟁력을 확보한 후 상대가 버티지 못할 때까지 가격 하락을 계속하는 치킨게임을 통해 경쟁 업체들을 시장에서 퇴출시켰을 뿐 아니라 고품질과 신기술로 고가 시장까지 점령하고 있습니다.

　한국은 인터넷 강국, 통신 강국, 반도체 강국이지만 디지털TV 분야에서는 초강대국의 지위를 가지고 있습니다. 이 분야에서 한국의 강세는 앞으로도 오랫동안 계속될 것으로 보입니다. PDP, LCD는 가정용 디스플레이의 한계 크기라고 생각되는 100인치를 향해 가고 있으며 '꿈의 디스플레이'라고 일컬어지는 OLED 개발도 가장 앞서 나가고 있습니다. 3D TV 또한 양산 중이고 휘어지는 디스플레이도 순조롭게 개발되고 있습니다. 평판TV 대형화에 대응하느라 공장 증설에 바쁘고 스마트폰, 태블릿, 모니터 등의 고해상도 제품은 주문량을 맞추기 위해 생산라인을 풀가동하고 있으며 소형 OLED 제품은 만성적인 공급 부족을 해결하지 못할 정도입니다.

　이렇게 제품 양산으로 시장을 점령하고 있을 뿐만 아니라 차세대 기술에 대한 주도권도 놓치지 않음으로써 TV 시장에서 한국의 지위가 공고해졌습니다. 더 이상 한국을 위협할 해외 업체는 나오지 않을 것 같았습니다. 그러나 상상도 하지 못할 일이 일어났습니다. '스마트 TV'가 출현한 것입니다.

　스마트TV는 TV 분야와 전혀 상관없어 보였던 구글과 같은 인터넷 업체, 서로 상생하는 기업이라고 여겼던 MS와 닌텐도 같은 게임기 업체뿐만 아니라 콘텐츠 유통마켓을 가진 애플과 같은 업체들까지 모두 경쟁자로 만들어버렸습니다. 스마트TV는 전통적인 TV의 개념을 뛰어넘어 새로운 패러다임을 구축하고 있습니다. 모든 업체의 무한 경쟁을 유도하고 있는 스마트TV가 도대체 무엇인지 파악하기 위해서는 잠시 TV의 역사를 짚어볼 필요가 있습니다.

TV 시청 방식을 변화시킨 기술들

TV의 출현은 인간의 생활 방식을 완전히 바꾸어놓은 일대 사건이었습니다. 인류의 문화생활은 TV 발명 이전과 이후로 나눌 수 있을 정도입니다. 사람들은 일과를 끝마친 후 TV가 있는 방에 모여 드라마를 보면서 주인공과 함께 울고 웃었습니다. 광고를 주수입원으로 하는 지상파 방송은 한 나라의 모든 사람들이 같은 정보를 공유할 수 있게 했고 사람들은 다음날 TV가 보여준 주제에 대해 대화를 했습니다. TV는 거대한 정보 통로로서 모든 사람들의 관심을 하나로 묶으면서 아직도 막강한 영향력을 행사하고 있습니다. TV 방송이 시작되면서 라디오와 영화 산업이 위기를 맞았지만 영화는 대형화면으로 진화하고 라디오는 대안 매체로 자리 잡으면서 오히려 더욱 발전하게 됩니다.

흑백TV는 컬러TV로 진화했고 아날로그에서 디지털로 변화했습니다. 방송의 화질도 표준 화질SD를 넘어 고화질HD을 지나 초고화질UD까지 개발되고 있습니다. 대화면에 대한 욕구가 커지면서 브라운관의 크기를 키우기 위한 다양한 방법이 시도되었지만 물리적 한계에 부딪혀 38인치 이상의 제품은 나오지 않고 있습니다. 한때 프로젝터를 내장한 40인치 이상의 프로젝션TV가 출현했고 현재도 100인치 이상의 스크린으로 가정을 극장으로 만들어주는 프로젝터가 인기를 끌고 있습니다. 하지만 무게와 크기, 가격과 유지비에 이점이 있는 평판 디스플레이로 주도권이 넘어감으로써 브라운관TV와 프로젝션TV는 시장에서 퇴출되었고 평판 디스플레이의 크기가 프로젝터의 일반적인 화면 크기인 100인치에 근접하자 프로젝터 시장까지 위협받고 있습니다.

하지만 이런 기술들은 TV 자체만을 변화시켰을 뿐입니다. 비디오와 DVD, 블루레이도 큰 영향을 주지 못했습니다. 사용자의 TV 시청 방식을 바꾼 것은 리모컨과 PC였습니다. 둘 다 시청 방식과 TV 관련 산업을 변화시켰다는 공통점이 있으나 좀더 직접적인 영향을 준 것은 리모컨이었습니다.

리모컨은 수동적인 매체인 TV의 시청자들을 더욱 게으르게 만들어주었지만 정작 방송사들에는 커다란 위협이 되었습니다. 리모컨 덕분에 100개 이상의 채널이 있는 케이블방송도 가능해졌습니다. 시청자들은 소파에 누워 그저 리모컨으로 채널을 돌리면 그만이었습니다. 그들은 방송 내용이 재미없거나 광고가 나오는 순간이면 가차 없이 채널을 돌려버렸습니다. 방송은 초 단위의 재미를 추구하는 시청자들의 기호에 맞추기 위해 극단적으로 짧은 흥미 위주의 방송으로 변해갔습니다. 광고가 오히려 제일 재미있는 콘텐츠가 되고 있는 현상도 모두 리모컨 때문이라고 할 수 있습니다. 리모컨 덕택에 채널이 다양해졌을 뿐만 아니라 케이블과 위성방송 등 방송 소스도 다양해졌습니다. 때문에 시청자들을 여러 채널로 분산시킴으로써 지상파방송의 위력이 감소되었습니다.

디지털 녹화기 방송을 실시간으로 녹화해주는 디지털 녹화기^{DVR} 또는 '타임머신' 기능도 방송 시청 방식을 바꾸었습니다. 사용자들은 이제 원하는 시간에 원하는 방송을 볼 수 있었기 때문에 더 이상 지정된 시간에 TV 앞에 앉아 있을 필요가 없어졌습니다. 또한 이 기능은 광고 건너뛰기 용으로도 사용되는 바람에 방송사들과 재전송 업체들의 고민이 깊어지고 있습니다.

컴퓨터는 아예 사람들을 TV로부터 멀어지게 만드는 강력한 경쟁자였습니다. 컴퓨터로 인해 인터넷에 빠져듦으로써 TV 시청 시간이 점점 줄어들고 있습니다. 대신 인터넷에서 화제가 되는 방송의 하이라이트만 챙겨 보는 경향이 늘어났습니다. 방송사는 지상파, 위성, 케이블뿐만 아니라 PC와 스마트폰, 태블릿 등에 동영상 다운로드와 스트리밍으로 콘텐츠 판매를 다변화함으로써 수익을 보전하고 있지만 케이블과 위성 사업자 그리고 TV 제조 업체들의 입장에서는 위기가 아닐 수 없었습니다.

TV 관련 업체들은 컴퓨터에 대응하여 지능형 셋톱을 제공하거나 TV에 셋톱 기능을 내장하고 항상 인터넷에 연결되어 있게 만들었습니다. 또한 TV를 홈오토메이션의 중앙제어시스템처럼 사용하도록 기능을 추가했습니다. 인터넷 전화가 걸려오면 TV 화면에 표시되고 원한다면 TV로 화상통화도 가능합니다. 인터넷에 연결된 TV는 실시간 방송뿐만 아니라 인터넷에 있는 모든 동영상을 볼 수 있는 기능을 갖추었고 검색이 쉽도록 키보드가 장착된 리모컨도 제공되었습니다.

TV는 이제 방송과 인터넷, 동영상 다운로드와 스트리밍, 검색과 메일 처리, 게임과 웹 서핑, 홈오토메이션 제어와 화상통화까지 모든 것이 가능한 '스마트 미디어'가 되었습니다. 이것이 바로 미래형 TV라고 말하는 스마트TV입니다. 여러 가지 방식과 서로 다른 개념들이 혼재하고 있지만 방송국에서 보내주는 화면을 수동적으로 보여주던 TV의 발전형인, 인터넷에 연결된 지능형 TV는 모두 스마트TV라고 말할 수 있습니다.

스마트TV를 선점하기 위한
업체들의 다양한 방식

스마트TV를 바라보는 시각은 소비자의 입장뿐만 아니라 저마다의 이해관계에 따라 여러 분야에서 다양한 관점이 존재합니다. 영화사 같은 콘텐츠 저작권자, 방송사, TV 제조사, 케이블과 위성 사업자, 셋톱 제작자, 플랫폼 제안자, 콘텐츠 유통사 그리고 수직적 통합을 추구함으로써 이들 모두와 경쟁하려고 하는 구글과 애플 같은 업체들이 있습니다. 어떤 이들에게는 TV가 하드웨어로 보이며 콘텐츠는 하드웨어 매출을 높이기 위한 미끼 상품에 불과합니다. 또 다른 이들에게 TV는 콘텐츠를 팔기 위한 다양한 매체 중의 하나일 뿐입니다. 한편 플랫폼을 장악함으로써 콘텐츠 유통마켓뿐만 아니라 TV와 셋톱 같은 하드웨어까지 모두 자신들이 독점할 수 있다고 믿는 측도 있습니다.

현재 이들 모두는 여러 가지 관점에 따라 자기 나름의 방식으로 스마트TV에 대한 사업을 진행하고 있습니다. 아직은 어떤 방식이 대세가 될지 아무도 알 수 없는 상태입니다. 스마트TV가 기술적인 발전 과정의 필연적인 결과물임에는 틀림없지만 업체들은 기술적인 부분에만 매달려 있을 뿐 아직 소비자들의 정확한 욕구를 파악하고 있지 못합니다. 현재로서는 관련 업체들의 다양한 시도를 살펴봄으로써 스마트TV의 가능성을 짚어보는 것이 최대한입니다.

1. 물리적 전송망 구축에 열심인 사업자들

물리적 전송망 장악을 통해 스마트TV 시장을 선점하려는 업체들이 많습니다. 대규모 설비투자가 필요한 반면 시장에서 받아들여지지 않을 경우 회사 존립이 위태로울 정도로 위험한 방식입니다. 하지만 일단 사용자를 확보하기만 하면 안정적인 수입이 가능하기 때문에 기술력은 없지만 투자 여력이 있는 업체라면 누구나 뛰어들 수 있는 사업 모델입니다.

안타깝게도 이것은 주로 한국에서 이루어지고 있는 방식입니다. 콘텐츠나 플랫폼에 대한 고민이 없이 무조건 설비를 깔아놓고 이를 기득권 삼아 관련 업계를 지배하려는 것은 분명 가장 한국적인 방식입니다. 다음 장에서 구체적으로 살펴볼 IPTV 사업이 가장 좋은 예라고 할 수 있습니다.

디지털 케이블망이 전국에 완성되었음에도 중복 투자에 가까운 IPTV 사업에 SK, KT, LG 3사가 각자 전용망을 구축한 후 경쟁적으로 가입자를 모집하고 있습니다. 이들은 휴대폰과 초고속 인터넷, 인터넷 전화와 IPTV를 묶음 상품으로 팔고 있는데 과도한 경쟁으로 사용료가 덤핑 수준까지 낮아져 앞으로도 오랫동안 수익을 볼 수 없게 되었습니다.

지상파방송사들도 디지털로 완전히 전환한 후에 남게 되는 아날로그 방송 전파 영역을 정부에 반납하지 않고 독자적으로 활용할 욕심을 부리고 있습니다. 이 전파 영역으로 표준 화질^{SD}의 디지털 채널 20여 개를 방송할 수 있기 때문입니다. 이렇게 되면 지상파방송사가 케이블과 위성방송뿐만 아니라 IPTV, DMB 방송들과도 직접적으로 경쟁하게 됩니다. 때문에 전송 사업자들뿐만 아니라 전파 부족에 시달리는 통신 업계까지 형평성 문제를 제기하고 있습니다.

한국은 그 어느 나라보다도 많은 전송 방식을 가지고 있습니다. 지상파뿐만 아니라 위성, 케이블 그리고 IPTV와 DMB까지 방송을 실시간으로 재전송하고 있습니다. 이들은 모두 물리적인 방송망을 구축한 다음 사용자를 확보하여 월 사용료를 통해 수익을 얻는 방식만을 고수했을 뿐 좋은 콘텐츠를 확보하여 사용자를 끌어들이는 방법에 대한 고민은 하지 않았습니다. 때문에 IPTV를 포함한 모든 업체들은 지상파 방송의 실시간 재전송에 목을 매고 있습니다.

미국 모바일 통신 표준 한국 기업 
들은 미국의 차세대 모바일 디지털
TV 규격을 주도함으로써 미국 모바일 방송 사업에서 유리한 위치를
차지하게 되었습니다. 미국은 4G 통신 시대가 되면 모바일 IPTV 사업
도 활성화될 것으로 예상됩니다. 이렇게 한국은 기반기술 분야에서 강
세를 보이고 있으나 아직 그 이상의 콘텐츠와 플랫폼 영역에 대해서는
아무런 생각조차 하지 못하는 수준입니다.

IPTV는 인터넷을 활용한 차세대 방송 방식임에도 콘텐츠에 대한 고
민은 뒷전이고 지상파방송이 가능하게 만들기 위해서 사용 가능한 자
금의 대부분을 물리적인 실시간 방송망 구축에 쏟아붓고 있습니다.

디지털 케이블방송은 초고속 인터넷과 양방향 서비스 그리고 주문
형 비디오^{VOD}를 추가하여 스마트TV로 진화하고 있으나 오히려 IPTV
는 실시간 방송을 위해서 멀티캐스트란 통신 방식을 구현하며 디지털
케이블을 닮아가고 있습니다.

IPTV는 그 어떤 것보다 강력한 스마트TV 플랫폼이지만 한국에서는
SK, KT, LG 각 사업자들이 각자의 전용망을 통해서 자신들이 확보한
콘텐츠만을 서비스함으로써 통합에 따른 시너지 효과를 불가능하게
만들고 있습니다. IPTV가 활성화되기 위해서는 콘텐츠 유통마켓이 활
성화되어야 합니다. IPTV 사업자들은 망 유지에 노력하고 국가 공동
IPTV망 위에서 수많은 콘텐츠 제작자들이 자신들의 채널을 경쟁적으
로 서비스할 수 있도록 해야 발전이 가능합니다. 그러나 망 사업자들

이 IPTV를 폐쇄적으로 운영하고 있는 탓에 디지털 케이블과 차별화가 불가능한 상태가 되었고 수익은커녕 대규모 투자비 회수도 불가능할 정도로 상황이 악화되고 있습니다.

  2. 다기능 셋톱으로 시장을 점령하려는 업체들

전용망에 대한 설비투자는 대규모 비용이 들어감에도 불구하고 전용망이 연결된 지역에서만 가입자를 유치할 수 있기 때문에 서비스에 지역적인 한계가 있습니다. 이에 반해 다기능 셋톱은 전용망이 없어도 가입자를 모을 수 있기 때문에 설비투자비용이 필요 없다는 장점이 있습니다. 이렇게 사용자들이 직접 구매해서 TV 아래에 설치하는 다기능 셋톱을 통해 스마트TV 시장의 주도권을 쥐려는 업체들이 나타났습니다.

거실을 노리는 제품들 MS의 엑스박스360, 소니의 플레이스테이션 3^{PS3}, 닌텐도의 위^{Wii}, 애플의 애플TV, 구글의 구글TV, 로쿠^{Roku} TV 같은 디지털 미디어 플레이어들이 거실을 점령하기 위해 서로 싸우고 있습니다. 2010년 12월을 기준으로 각각 4천만 대 가까이 팔린

엑스박스360과 PS3 그리고 이들보다 두 배 이상 팔린 닌텐도 위는 각각 거실의 TV 아래를 차지하고 게임뿐만 아니라 DVD와 블루레이 플레이어 그리고 각종 콘텐츠를 볼 수 있는 미디어센터로 쓰이고 있습니다.

MS와 소니는 게임기보다는 게임 소프트웨어를 통해 수익을 얻을 목적으로 게임기 본체는 거의 원가 이하로 판매를 합니다. 게임기가 많이 보급될수록 그들의 사업은 힘을 얻게 됩니다. 또 그들은 사용자들이 게임기를 인터넷에 연결하도록 여러 유인 요소를 만들고 있는데 그렇게 되면 인터넷 서핑과 같은 작업뿐만 아니라 VOD와 스트리밍 방송까지 서비스할 수 있습니다. 이렇게 다기능 셋톱을 가정에 도입시켜놓으면 콘텐츠를 판매함으로써 영구적인 수익을 얻는 것이 가능합니다.

다기능 셋톱을 보급하는 방식은 IPTV 같은 전용망을 구축하는 것보다 훨씬 비용이 적게 들어가며 콘텐츠 판매를 통해 초기부터 수익을 낼 수 있습니다. 또 셋톱은 인터넷이 연결된 곳은 어디라도 설치할 수 있기 때문에 전 세계적인 콘텐츠 유통망을 구축할 수 있다는 장점이 있습니다.

게임기 업체들이 선구적인 노력으로 이 시장을 개척했으나 제품 포지셔닝 자체가 게임기로 인식되는 탓에 온라인으로 게임을 판매하는 것 이상의 큰 성과는 보지 못하고 있습니다. 대신 이들은 인터넷을 통한 콘텐츠 판매 비즈니스 모델을 가지고 있는 업체들의 유통수단으로 셋톱을 제공하는 방식을 꾀하고 있습니다.

콘텐츠 공유 네트워크 전자 제품들이 각자 TV를 차지하기 위해 공통 네트워크 규약을 만들었습니다. 'DLNA'라는 규격은 홈네트워크상에서 전자 기기들이 서로 디지털 콘텐츠를 주고받을 수 있는 규격입니다. 이 규격을 따르게 되면 컴퓨터에 있는 영화를 TV로 볼 수 있으며 게임기에 있는 동영상을 스마트폰에서 재생할 수 있습니다. 선을 연결하고 복잡한 설정을 할 필요 없이 간편하게 콘텐츠를 보려는 이 규격의 용도는, 물론 거실을 차지하려고 싸우는 기기들이 TV를 장악하기 위한 것입니다.

3. TV에 스마트 프로그램을 내장하려는 TV 제조 업체들

스마트TV가 유행하게 되자 TV 제조 업체들은 TV가 아무런 기능이 없는 '더미 터미널(dummy terminal, 데이터 처리능력은 없고 단순히 입출력만 할 수 있는 단말기)'이 될 경우 하드웨어만으로는 경쟁력이 없어질 것을 우려하여 TV에 다기능 셋톱과 같은 기능을 내장하는 쪽으로 개발을 진행하고 있습니다.

내장형 스마트TV는 방송뿐만 아니라 각종 동영상 재생 기능을 가지고 있고 전용 플랫폼에서 작동하는 프로그램을 추가하여 기능을 확장할 수 있습니다. 이를 위해서 스마트폰과 같은 방식의 앱스토어가 제공되는데 개발자들은 TV의 기능을 확장해주는 프로그램을 만들어 판매를 할 수도 있습니다. 내장형 스마트TV는 웹 서핑이 가능하며 인터넷에 있는 동영상을 즉시 재생해서 볼 수도 있습니다. 또한 VOD와 스트리밍 같은 콘텐츠 유통망에 대한 연결을 지원하기 때문에 원하는 방송과 영화를 볼 수도 있습니다.

TV 제조 업체들은 판매를 늘리기 위해서 스마트TV 안에 어떤 기능이라도 제한 없이 추가하고 있으며 인터넷을 통한 콘텐츠 유통망을 적극적으로 수용하고 있습니다. 그들은 스마트폰에서처럼 플랫폼에 대한 주도권을 빼앗겨 단순한 하드웨어 생산 업체로 전락하지 않기 위해서 적극적으로 노력하고 있습니다.

내장형 스마트TV 이런 제품들은 TV만으로 모든 것을 제공할 수 있습니다. 삼성은 야후와 제휴해 커네티드Conneted TV를 채택했고 LG는 플렉스PLEX의 넷캐스트 플랫폼을 사용하고 있으며 소니는 업계 최초로 구글TV를 내장했습니다.  내장형 스마트TV는 모두 전용의 앱스토어를 가지고 있으며 넷플릭스Netflix, 훌루Hulu 같은 다양한 콘텐츠 마켓과의 연결도 지원하고 있습니다.

TV 제조사들은 플랫폼 업체들이 분열하여 아무도 지배적인 점유율을 차지하지 못하고, 콘텐츠 마켓들이 다양화되어 한 업체가 유통망을 장악하는 일이 일어나지 않기를 바라고 있습니다. 어느 누구도 스마트 TV에 대한 주도권을 가지지 못해야 TV 하드웨어가 플랫폼에 종속되어버리는 위험을 피할 수 있기 때문입니다. 하지만 ICT 분야에서 위력을 떨치고 있는 업체들이 TV 제조사들이 가장 두려워하는 일을 벌이려 하고 있습니다.

4. 플랫폼을 장악하려는 업체들

하드웨어로서의 TV가 성능과 품질 면에서 업체 간 차별성이 거의 없어지면서 플랫폼을 장악한 업체가 위력을 발휘하게 될 것으로 보고 자사 플랫폼의 점유율을 높이기 위해 노력하는 업체들이 있습니다. 현재 많은 업체들이 이런 시도를 하고 있지만 가장 앞선 곳은 애플과 구글입니다.

애플은 아이팟과 아이폰 그리고 아이튠즈 스토어를 통해 음악 시장을 장악했고 이제 동영상까지 판매하고 있습니다. 아이패드와 북스토어로 전자책 시장에 진출했고 신문과 잡지 시장까지 위협하고 있습니다. 매킨토시도 PC 시장에서 점점 점유율이 높아지고 있습니다. 여기에 애플TV를 99달러에 판매함으로써 스트리밍 시장까지 점령하려고 하고 있습니다.

구글은 안드로이드에 기반한 구글TV를 선보이고 있는데 원하는 업체의 어떤 하드웨어도 다 지원하는 정책을 통해 소프트웨어 제공, 전용 셋톱, TV 내장형 등 다양한 형태로 제품을 확산시키고 있습니다. 구글

TV에서도 전용 앱과 웹 서핑, VOD와 스트리밍 서비스 이용이 가능하며 인터넷을 통해 유튜브를 포함한 무료 동영상을 볼 수 있습니다.

N-스크린　하나의 콘텐츠를 PC, TV, 모바일 디바이스 등의 여러 기기에서 시청할 수 있는 기술을 의미합니다. 기술 용어이기도 하지만 업체들이 저마다 자신에게 유리한 방식으로 해석하면서 다양한 의미를 가지게 되었습니다. 소비자 입장에서는 콘텐츠를 아무 장비에서나 이어서 볼 수 있게 되는 것이며, 하드웨어 업체들은 자신의 기기들이 서로 콘텐츠를 공유할 수 있는 기능을 가지고 있다는 것입니다. 한편 콘텐츠 유통사 입장에서는 클라우드에 있는 콘텐츠를 한 사용자가 소유한 모든 기기에 전송해줄 수 있다는 뜻입니다. 애플은 자사 기기들 간의 N-스크린을 '에어플레이airplay'라는 마케팅 용어로 새롭게 포장하고 있습니다.

구글과 애플은 모두 플랫폼 장악을 통해서 스마트TV의 전체 주도권을 차지하려고 하고 있습니다. 애플은 애플TV의 실패를 통해 TV가 극히 수동적인 매체임을 인정하고 애플 브랜드와 값싼 애플TV 하드웨어를 통해 독자적인 콘텐츠 유통망을 구축하려고 시도하고 있습니다. 차후에는 애플TV 기능이 내장된 TV까지 출시함으로써 매킨토시와 아이팟, 아이폰과 아이패드 그리고 애플TV로 라인업을 구성할 것으로 예상됩니다. 애플이 성공한다면 국내 제조사들이 애플과 직접적으로 경쟁하는 것은 불가능해지고 브랜드 가치를 상실한 채 단순 하드웨어 제조사로 전락하여 대만과 중국의 애플TV 납품 업체와 싸워야 될 것입니다.

구글은 애플과 달리 'TV의 컴퓨터화'를 추구하고 있습니다. 안드로이드 운영체제를 채택하여 앱마켓의 소프트웨어를 TV에서 사용할 수 있게 했으며 키보드가 달린 리모컨을 제공하여 검색을 할 수 있게 하고 사용자가 적극적으로 동영상을 찾아 보도록 유도하고 있습니다. 또한 구글은 모든 것을 개방하고 모든 서비스를 다 수용하는 오픈 TV 정책으로 모든 TV에 구글TV 플랫폼을 올린 후, 콘텐츠를 무료로 제공함으로써 경쟁 업체들을 몰아낸 다음 광고를 통해 수익을 얻으려 하고 있습니다. 구글의 정책이 성공한다면 콘텐츠 유통 업자, 유료 셋톱 업자, 케이블방송 사업자 등은 몰락하게 될 것입니다. 구글의 광고 수익 모델은 방송사의 수익원을 침해함으로써 콘텐츠 저작권자를 제외한 모든 업체들의 생존을 위협하게 될 가능성이 높습니다.

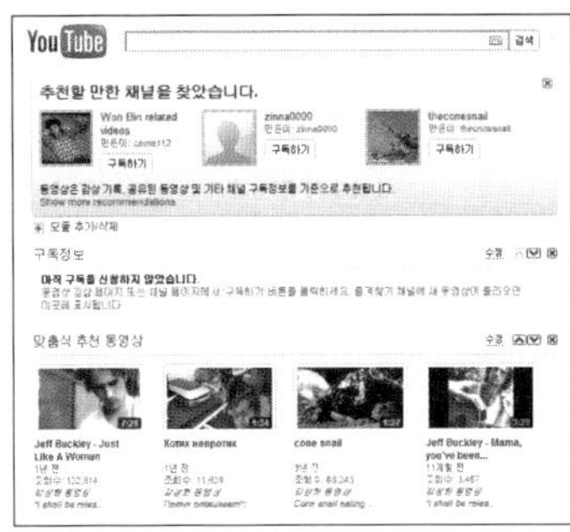

유튜브 인터넷 동영상 유통 사이트 1위를 차지하고 있는 유튜브. 저작권자에게 광고 수익을 분배하는 방식으로 불법동영상 문제를 해결함으로써 안정적인 서비스 기반을 마련하였습니다. 구글의 막강한

검색 기능을 활용하여 키워드 광고로 매출을 올리고 있습니다. 현재 구글의 지원을 받아 모든 스마트TV 제품으로 서비스를 확장하고 있으며 영화를 상영하는 구글 시네마, 공연 등의 생방송 그리고 카테고리별 채널 방송을 활성화해서 방송사 형태의 진화까지 모색하고 있습니다.

콘텐츠 유통망의 강자 넷플릭스의 성공 방식

스마트TV가 TV의 미래라는 것에는 다들 동의하지만 현재 스마트TV로 수익을 내는 곳은 전무합니다. 스트리밍으로 기능을 제한하고 가격을 낮춘 애플TV를 출시한 애플조차도 큰 성과를 얻지 못하고 있습니다. 구글은 애초에 모든 것을 무료로 제공하고 있지만 광고 시장이 활성화되지 못하고 방송사들의 견제도 심해 어려움을 겪고 있습니다. TV 제조사에 플랫폼을 제공하는 업체들도 별 성과가 없으며 IPTV 사업자도 막대한 투자에 비해 가입자가 늘지 않고 월 사용료도 적어 손해를 보고 있습니다.

이런 상황에서도 스마트TV 분야에서 유일하게 성장을 계속하고 수익까지 내고 있는 업체로 '넷플릭스'가 있습니다. 때문에 스마트TV 사업을 고민하고 있는 사람들이 넷플릭스의 성공에 주목하는 것은 너무나 당연한 일일 것입니다.

넷플릭스는 원래 월 회비를 내면 일정량의 DVD를 우편으로 배달해 주는 사업을 하던 업체였습니다. 기존의 대여 시장에서는 연체료가 있었지만 넷플릭스는 기발한 아이디어로 연체료를 없애는 데 성공합니다. 사용자도 편리하고 업체도 이익이 되는 사업 모델 덕에 넷플릭스는 미국의 비디오 대여점인 '블록버스터'를 위협할 정도로 성장을 했습니다. 하지만 DVD가 사양되자 넷플릭스는 VOD 서비스로 전향함으로써 생존을 꾀하게 됩니다. 처음에는 월 정액을 낸 사용자에게 무료로 서비스를 했지만 VOD 유료 모델을 성공적으로 런칭한 후 스트리밍 서비스까지 유료화함으로써 가장 대중적인 온라인 콘텐츠 유통 모델을 확립했습니다.

넷플릭스 월 회비를 낸 회원은 연체료가 없는 대신 빌린 DVD를 반납해야만 다른 DVD를 빌려볼 수가 있습니다. 보고 싶은 DVD가 있는 회원은 알아서 DVD를 반납하고 급하지 않은 회원은 연체료 부담 없이 DVD를 가지고 있어도 되는 시스템입니다. 업체도 빌려준 DVD 가격을 월 회비로 이미 회수했기 때문에 회원이 아무리 오래 DVD를 가지고 있어도 상관이 없습니다. 오히려 빨리 보고 반납할수록 배송료가 들어가 더 손해이므로 회전율이 낮은 것이 더 이익이 되는 특이한 모델이었습니다.

온라인 콘텐츠 마켓을 확보한 넷플릭스는 이후 다양한 콘텐츠 유통 경로를 구축하게 됩니다. 넷플릭스는 모든 기기에서 자사 마켓에 접근할 수 있도록 업체들과 제휴를 시도합니다. 현재 넷플릭스 마켓은 전용 셋톱뿐만 아니라 소니의 PS3, MS의 엑스박스360, 닌텐도 위, 여러 업체의 블루레이 플레이어, 구글TV, 애플TV 그리고 모든 내장형 스마트TV의 기본 서비스로 제공되고 있습니다.

초고속 인터넷 사용자가 많아지면서 넷플릭스의 월 정액제 무제한 스트리밍 서비스로 인해 미국의 케이블방송 가입자가 줄어들고 있습니다. 또 넷플릭스는 할리우드 영화 제작사들과 콘텐츠 사용 계약에 성공하여 다양한 콘텐츠를 확보함으로써 안정적인 서비스가 가능해졌습니다. 드디어 넷플릭스는 미국뿐만 아니라 캐나다를 시작으로 해외 서비스에 나섰는데 앞으로 전 세계를 상대로 한 온라인 콘텐츠 유통망의 대세가 될 것으로 예상됩니다.

케이블방송 업체가 유선망 위주의 가입자를 모으고, IPTV가 폐쇄적인 네트워크를 구축하고 있을 때, 넷플릭스는 인터넷을 활용한 온라인 콘텐츠 마켓을 확보하여 이들을 모두 뛰어넘었습니다. 게임기 제조사들이 다기능 셋톱을 퍼뜨리고 있을 때, 넷플릭스는 이들과 경쟁하기보다는 오히려 다기능 셋톱의 기본 프로그램으로 들어감으로써 플랫폼 업체들의 하드웨어를 자사 마켓 확장의 발판으로 삼았습니다. 마찬가지로 넷플릭스는 내장형 스마트TV가 퍼질수록 자사에 도움이 되는 구조를 만들어냈습니다. 구글과 애플이 자체 플랫폼을 밀어붙이고 있지만 아직 넷플릭스에 당할 수 없어 그들 또한 넷플릭스를 자기들 플랫폼에 포용해야 했습니다.

이렇게 볼 때 미래의 스마트TV에 있어서 콘텐츠 마켓은 넷플릭스가 장악할지도 모릅니다. TV가 대형화될수록 극장과 차이가 없어지면서 사람들은 개봉 영화를 거실에 있는 100인치 스마트TV로 보고싶어할 것입니다. 이때 넷플릭스의 최신 영화 스트리밍 서비스가 전 세계의 스마트TV 플랫폼을 통해서 극장과 동시 상영을 하게 될 수도있습니다.

TV를 수동적인 매체로 보고 스마트TV의 미래를 비관적으로 보는 사람들도 많습니다. TV를 사용한 검색이나 사용자가 참여하는 양방향 커뮤니케이션 그리고 컴퓨터에서 사용하는 앱을 TV에서 사용하는 행위는 크게 활성화되지 않을 것이라고 말하는 사람들도 있습니다. 하지만 이들도 스마트TV에서 온라인 콘텐츠 유통망이 활성화 될 것이라는데는 이견이 없습니다. 사람들이 TV를 통해 웹 서핑과 검색은 하지 않더라도 넷플릭스의 최신 영화와 드라마는 적극적으로 볼 것이라는 뜻입니다. 어쩌면 스마트TV의 모든 과실은 결국 넷플릭스가 챙겨갈지도모를 일입니다.

콘 텐 츠 소 유 자 의 입 장 에 서 본 스 마 트 T V

영화사와 방송사 등 콘텐츠 저작권자들은 타 업체에 콘텐츠를 판매할뿐만 아니라 인터넷을 활용한 자체 콘텐츠 유통망도 확보하고 있습니다. 훌루Hulu 서비스는 TV 드라마를 중심으로 한 방송사들의 연합 콘텐츠 유통망입니다. 저작권자들은 지상파, 케이블, 위성, DMB,

DVD, 블루레이, VOD, 스트리밍 등 그 어떤 콘텐츠 판매망에 대해서도 우호적인 지원을 하고 있습니다. 저작권자들 입장에서는 새로운 콘텐츠 전송 방식이 생길 때마다 추가로 전송료뿐만 아니라 광고 수익도 얻을 수 있기 때문입니다.

대신 저작권자들은 어느 한 업체가 유통망을 장악하는 것을 경계합니다. 유통망을 움켜쥔 업체가 콘텐츠에 대한 선별권을 가질 수 있기 때문입니다. 그래서 그들은 넷플릭스 이외에도 아마존 같은 인터넷 쇼핑 업체를 지원하여 서로 경쟁을 유도할 뿐만 아니라 자체 콘텐츠 유통망도 구축하고 있는 것입니다.

하지만 저작권자들은 자신들에게 이익이 되지 않는다고 판단되는 경우에는 가차 없이 지원을 중단해왔습니다. 애플TV에 대해서 콘텐츠 공급을 거부한 이유는 애플이 제시한 드라마 편당 0.99달러란 콘텐츠 판매 가격이 너무 낮아서 입니다. 이런 저가격을 허용하게 되면 전체적으로 콘텐츠 가격이 낮아질 뿐만 아니라 애플TV로 판매가 집중되어 애플의 영향력이 커지게 되는 위험도 있습니다. 저작권자들은 애플이 음악 시장을 장악한 것처럼 영화와 드라마 시장도 장악하게 될지 모른다는 걱정을 하고 있습니다.

그들은 또 구글TV에도 콘텐츠 공급을 거부했는데 구글의 비즈니스 모델이 광고를 통해 수익을 얻는 것이어서 방송사의 수익원과 직접적으로 충돌하기 때문입니다. 구글은 또 모든 인터넷 콘텐츠에 대해 제한 없는 접근을 허용하고 있습니다. 이를 통해 TV에서 무료로 모든 콘텐츠를 볼 수 있도록 만든 다음 자신들은 검색을 통해 광고를 판매하려고 하기 때문에 수익 모델에 대한 변경이 없다면 저작권자의 지지를 얻기는 힘들 것으로 보입니다. 엄밀히 말해서 구글은 플랫폼을 장악하려는 것이 아니고 모든 플랫폼을 해체하여 그 어떤 동영상에 대해서도 구글의 광고가 들어갈 수 있는 환경을 만들려는 것입니다. 때문에 그들은 저작권을 지키는 것이나 불법 콘텐츠가 유통되지 못하게 하는 것에 별 관심이 없어 저작권자와의 갈등을 해결하기는 어려울 것으로 보입니다.

다 양 한 이 해 관 계 의 충 돌

아날로그 방송 전파를 반납하지 않고 재사용함으로써 채널을 확보하고 그것을 이용해 이익을 극대화하려는 지상파방송사는 케이블과 위성방송, IPTV 그리고 DMB 업체 들과 이해관계가 엇갈리고 있습니다. 다기능 셋톱으로 VOD와 스트리밍 서비스를 하려는 업체들도 기존에 셋톱을 사용하던 위성과 케이블방송 사업자 같은 업체들과 충돌하고 있습니다. TV 제조사들은 스마트TV 기능을 내장함으로써 케이블과 IPTV 그리고 다기능 셋톱 제조 업체들과의 갈등을 피하지 못하게 되었습니다. 방송사들은 유통망에서 점점 점유율이 높아지고 있는 넷플릭스와 같은 스트리밍 서비스 업체들을 견제하고 있습니다. 구글과 애플같이 플랫폼을 장악하려는 업체들은 거의 모든 분야의 업체들과 갈등을 빚고 있는데 결국 이 모두와 싸워 이겨야 하는 힘겨운 전쟁을 치르는 중입니다.

이 모든 업체들이 서로 물고 물리는 싸움을 하고 있는 것은 자신들의 플랫폼 안에 사용자들을 묶어두려고 하기 때문입니다. 하지만 스마트TV 시대에는 한 업체가 방송 방식을 독점하는 것이 불가능합니다. 모든 디바이스와 데이터 전송 방식은 N-스크린의 일부로서만 의미가 있기 때문입니다. 사실 아직까지 업체들은 스마트TV를 자기들만의 방식으로 정의하고 있을 뿐 어떤 것이 진정한 스마트TV의 모습인지에 대해서는 아무도 말하지 못하고 있습니다.

인터넷에 연결되어 있어 VOD와 스트리밍이 가능하고 원하는 콘텐츠를 간편한 검색을 통해서 쉽게 찾아 볼 수 있으며 소프트웨어 다운로드를 통해서 기능을 확장할 수 있는 TV가 모든 사람들이 동의하는 스마트TV의 모습입니다. 하지만 사용자들이 스마트TV의 어떤 부분을 가장 적극적으로 수용할지, 어떤 입력 장치가 선호될지, 그것을 어떤 식으로 사용하게 될지, 또한 '킬러 애플리케이션'은 무엇일지 아직 아무도 알 수 없습니다. 확실한 것은 여러 업체들의 다양한 시도를 통해 점차 미래의 스마트TV가 만들어지게 될 것이란 점입니다.

아이패드 키보드가 제거됨으로써 PC에 비해 간결해진 하드웨어, 리모컨과 비교가 불가능할 정도로 쉽고 편리한 인터페이스,

콘텐츠를 보고 즐기기에 적당한 크기와 이동성, 온라인 스토어를 통해 다운받을 수 있는 다양한 앱, 책과 음악 그리고 동영상을 간편하게 구입할 수 있는 온라인 콘텐츠 마켓까지, 아이패드는 완벽한 '콘텐츠 소비 기기'로 자리매김함으로써 사실상 스마트TV가 지향하는 거의 대부분의 영역을 침범하고 있습니다. 스마트TV가 성공하기 위해서는 아이패드만큼 쉬운 인터페이스와 간편한 콘텐츠 접근 방법을 구현해야 합니다. TV는 어디까지나 게으른 사람들을 위한 수동적 매체이므로 이 모든 것을 소파에 누워 처리가 가능하도록 획기적인 입력 장치도 만들어야 합니다. 사실 이것은 불가능한 과제여서 애플조차도 아직 그 해법을 찾아내지 못하고 있습니다.

한 국 의 문 제 점

한국은 저작권에 대한 보호가 제대로 되고 있지 않아 돈 받고 콘텐츠를 팔 수 있는 시장이 거의 없습니다. 웹하드 업체들은 불법동영상을 제휴 콘텐츠란 명목으로 싼값에 제공하고 있습니다. 그보다 많은 양의 콘텐츠가 P2P 네트워크를 통해서 무료로 공유되고 있습니다. 도서 대여점 때문에 책과 만화는 손익분기점을 넘기 힘들고 곧바로 불법복제되어 일반 판매는 거의 일어나지 않습니다. DVD 시장은 죽어버렸고 블루레이 시장은 형성되지도 못했습니다.

케이블방송과 위성방송 시장에 IPTV까지 가세함으로써 설비구축

비용도 건지지 못할 정도의 덤핑 시장으로 변해버렸습니다. 스마트 TV란 분야로 볼 때 한국은 하드웨어 구축을 통한 가입자 확대에만 매달릴 뿐 콘텐츠 유통마켓을 통한 매출 증대와 플랫폼 선점에는 아무런 관심이 없습니다. 세계적인 점유율을 자랑하는 한국의 TV 제조사들도 외국의 플랫폼을 들여와 하드웨어 수출량 늘리기에만 급급할 뿐입니다.

전 사회적으로 콘텐츠 제작자에 대한 지원은 전무합니다. 플랫폼은 다양한 아이디어가 구현된 인터넷 사이트들의 경쟁을 통해 만들어질 수 있는 것이지만 포털이 독점한 한국의 인터넷에서는 새로운 서비스가 자생할 수 있는 기반 자체가 없습니다.

사업을 한다고 하면 일단 대규모 설비투자부터 시작하는 한국의 상황을 이해하기 위해서는 스마트TV 사업 명목으로 가장 많은 비용이 투입된 한국의 IPTV를 들여다보면서 어떤 문제가 있고 해결책은 무엇인지 살펴볼 필요가 있습니다.

chapter 12

IPTV의
현재와 미래

업체끼리 호환되지 않는 IPTV 방식은 소비자 채널 선택권을 제한하고
중복 투자로 인한 금전적 피해는 결국 국민의 부담으로 남게 될 것입니다.
더 많은 콘텐츠를 확보한 업체를 선호하게 됨으로써
1등만 살아남는 환경을 소비자 스스로 만들 수밖에 없습니다.
이것은 다시 유통사 위주의 시장을 형성시켜 콘텐츠 산업의 몰락을 가져오는
악순환만을 반복하게 될 것입니다.

IPTV의 대공세

요즘 IPTV 공세가 장난이 아닙니다. 주위에선 벌써 신청해서 잘 쓰고 있다고 합니다. 아이들 영어공부에도 도움이 많이 된다고 자랑이 대단하지요. 놓친 드라마도 다 볼 수 있다네요. 얼마 전까지만 해도 재방송만 볼 수 있었는데 이젠 MBC 같은 공중파도 바로 나온답니다. 케이블 방송과 달리 채널 제한도 없어 앞으로 수백 개까지 방송이 늘어날 거라고 합니다. 일단 공짜로 써보고 가입할 수도 있습니다. 더구나 지금 인터넷하고 인터넷전화를 함께 신청하면 할인까지 해준답니다. 이달 말까지 30만 원 현금 지급에 6개월 공짜 행사하는 곳도 있네요. 대박입니다. 아직 스포츠 채널이 부족하지만 곧 해결될 거라고 합니다. 치사하게 스포츠 채널 움켜쥐고 있는 케이블이 미워서라도 이 참에 차세대 방송으로 옮겨가고 싶습니다. 그냥 확 신청해버릴까요?

IPTV 인터넷 프로토콜[IP]을 통해 TV를 본다는 뜻으로 지어진 이름. VoIP를 인터넷전화라고 불러서 친근해졌듯이 IPTV도 적절한 다른 이름을 붙여야 더 많이 확산될 수 있을 것으로 보입니다.

스마트TV 중에 현재 한국에서 가장 집중적으로 투자되고 있는 것이 바로 IPTV입니다. IPTV는 인터넷을 이용해서 방송을 보는 것입니다. 초고속 인터넷 선 하나만 집에 들여놓으면 텔레비전으로 방송 시청, 웹 서핑 그리고 인터넷전화 사용까지 모두 해결 가능합니다. IPTV는 생방송뿐만 아니라 미처 못 본 드라마도 원할 때 다시 볼 수 있습니다. 성장이 정체되고 있는 디지털 케이블TV와는 달리 폭발적인 가입자 수 증가로 2010년 말 기준으로 이미 250만 가입자를 돌파했습니다. 앞으로 한국의 디지털 방송 전송 방식의 대세는 IPTV가 될 가능성이 높아 보입니다.

그러나 사실 이런 말들이 무슨 뜻인지 잘 알아듣기 힘듭니다. 기술 발전이 너무나 빨라 따라가기도 버겁습니다. 현업에 종사하고 있는 사람들도 전체를 제대로 파악하지 못하고 있습니다. 스마트TV, IPTV, 디지털 케이블, 망 중립성, HDTV, H.264…… 이런 복잡한 혼란을 뚫고 지나갈 기준이 필요합니다. 그러기 위해서는 먼저 방송에 대한 이해가 필요합니다.

다채널 동시 전송이 기본인
기존의 방송 송출시스템

지상파 전송시스템 방송국들이 만든 방송 데이터를 지정된 주파수의 전파에 담아 송신 안테나로 공중에 보냅니다. 모든 채널의 전파가

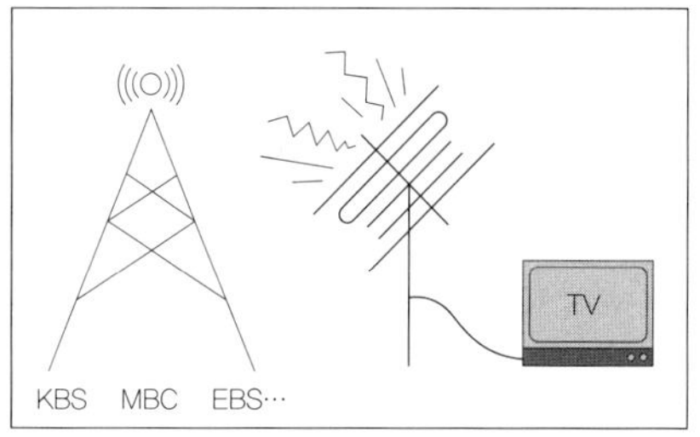

TV 안테나에 도달하지만 TV 튜너로 원하는 채널에 해당하는 주파수만 골라내 시청합니다.

위성방송 위성방송국은 방송 내용을 만들어내는 곳이 아니라 MBC, SBS와 같은 방송 채널을 모아서 보내주는 전송사업자일

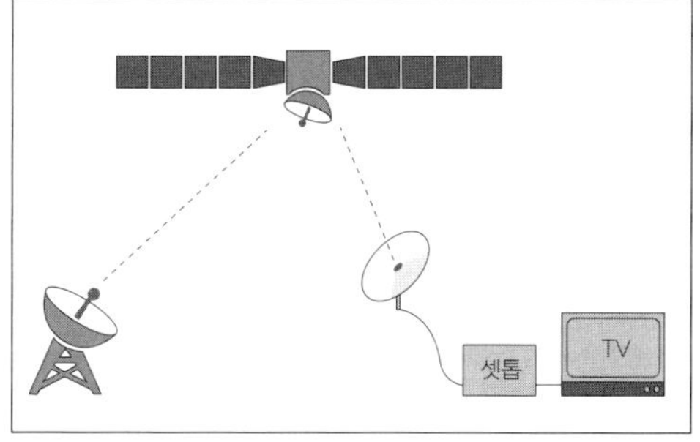

뿐입니다. 인공위성은 위성방송국이 거대한 위성 안테나를 통해 보내준 전파를 다시 넓은 지역에 쏘아줍니다. 인공위성이 보내는 전파에도 모든 채널의 방송이 들어 있습니다. 접시 안테나를 통해 전파를 수신한 셋톱은 원하는 채널의 방송만 골라내서 TV로 보내줍니다.

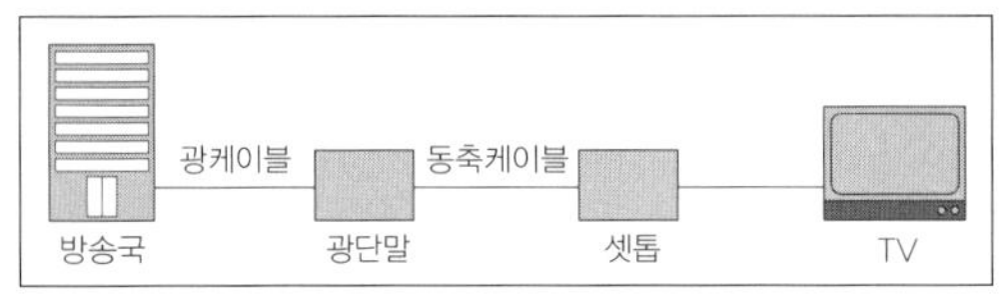

케이블방송 케이블방송 또한 단순한 전송사업자입니다. 그들도 여러 채널을 동시에 유선으로 전송합니다. 셋톱 박스는 도달한 모든 채널 중 하나를 골라 TV를 통해 보여줍니다.

방송 전달의 주요 특징은 '전 채널의 동시 전송'이라는 것입니다. 서울의 교통방송 라디오 채널이 95.1MHz, MBC FM이 95.9MHz에 지정되어 있듯이 케이블방송도 6MHz 단위의 주파수 대역을 한 채널로 해서 1백여 개의 채널을 서로 겹치지 않게 주파수를 지정해놓습니다. 셋톱은 그중에서 한 채널만 골라서 TV로 보내기 때문에 나머지 방송 채널 데이터는 그냥 버려집니다. 지상파, 위성, 유선 케이블방송은 이렇게 모든 데이터를 모든 셋톱에 동시에 전송하는 것에 최적화되어 있습니다.

필요한 채널만 송출 가능한 IPTV 방식

이와는 달리 인터넷을 통해 방송을 보는 방식인 스마트TV가 나타났습니다. 초기에는 인터넷 방송이란 형태로 웹에 접속해서 선택한 동영상을 보는 것이었습니다. 실시간으로 방송하는 웹TV도 있었는데 시청하는 동시 사용자 수가 많아지면 느려지거나 끊기곤 했습니다. 유료 성인방송 위주의 인터넷 방송은 시청자가 올린 글에 출연자가 즉각 반응을 할 수 있어서 호응이 좋았습니다. 인기가 많아지면서 경쟁이 치열해졌고 그에 따라 방송 수위가 도를 넘게 되자 대부분 단속당해 사라졌습니다. 그 후 여러 형태로 변형되기는 했지만 인터넷 방송은 시청자와 양방향 대화가 가능하다는 점 때문에 아직도 인기 있는 인터넷 서비스 모델로 남아 있습니다.

아프리카 누구나 자신만의 방송을 할 수 있도록 해준 아프리카 방송국. 현재 수많은 개인 채널이 만들어졌는데  시청자들이 '별풍선'을 구입하여 선물함으로써 방송국과 개인방송을 하는 사람들이 수익을 낼 수 있는 구조를 만들어냈습니다.

인터넷을 이용한 동영상 서비스와 소규모 실시간 방송 위주의 인터넷 방송과 달리 IPTV 서비스는 전용 셋톱과 '프리미엄망'이라고 부르는 전용 회선을 구축할 능력이 있는 KT, SK, LG와 같은 망 사업자가 주도하는 사업입니다. IPTV는 또한 '인터넷 멀티미디어 방송사업법'으로 규정된 정식 방송 사업입니다.

IPTV는 인터넷에 연결된 셋톱과 TV를 사용해서 실시간으로 방송을 시청할 수 있는 서비스이지만 초고속 인터넷이 갖추어지지 않은 곳에서는 주문형 비디오 서비스인 VOD만 가능한 경우도 있습니다. 사업자들은 생방송이 되지 않아도 IPTV라고 부르므로 이 글에서도 이 모두를 IPTV라고 지칭합니다.

IPTV의 주요한 특징은 무엇일까요? 그것은 '인터넷을 이용한 TV'라는 것입니다. 인터넷을 이용했다는 것은 정확히 어떤 뜻일까요? 인터넷이라는 네트워크의 특성을 그대로 가지고 있다는 것을 뜻합니다. 그렇다면 인터넷 네트워크의 특성이란 무엇일까요?

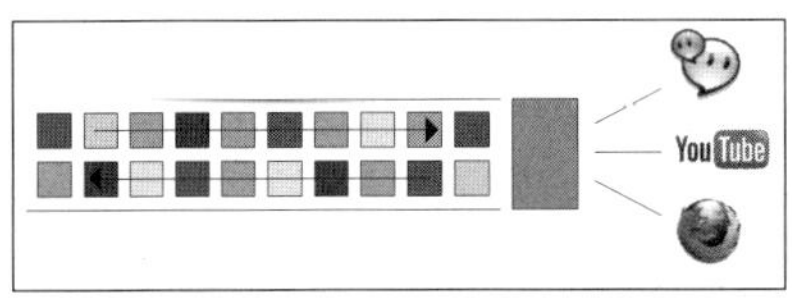

인터넷 네트워크 인터넷에서는 데이터를 작은 단위의 조각으로 나누어 전달합니다. 이 작은 단위를 '패킷'이라고 부릅니다. 동영상, 웹 페이지 등을 요청하면 서버에 있는 데이터가 여러 개의 패킷으로 쪼개져서 오게 됩니다.

모든 패킷들은 순서대로 보내지지만 인터넷이 거미줄처럼 되어 있기 때문에 중간 경로는 다양하게 바뀔 수 있습니다. 미국의 유튜브 영상의 일부 패킷은 태평양을 넘어서 오고 다른 패킷들은 영국과 유럽을 거쳐 동남아를 통해 한국으로 올 수도 있습니다. 이런 이유로 패킷의 순서가 바뀔 수 있으므로 마지막으로 컴퓨터는 여유 공간에 패킷들을 담아두고 다시 순서에 맞게 재정렬을 해야 합니다.

복잡한 중간 과정을 무시한다면 서버에서 동영상을 패킷으로 쪼갠 다음 순서대로 보내고 마지막으로 컴퓨터에서 차례대로 패킷을 조립하여 동영상을 보여주는 것이라고 생각할 수 있습니다. 즉 인터넷은 패킷들이 줄지어서 이동하는 편도 1차선(왕복 2차선) 길이라고 생각해도 좋습니다.

컴퓨터는 한 번에 여러 작업을 할 수 있습니다. 파일을 받는 동안 웹 서핑을 하고 인터넷에서 실시간으로 음악을 들을 수 있습니다. 그런데 어떻게 편도 1차선인 도로를 통해 여러 프로그램이 작업에 필요한 패킷들을 동시에 받을 수 있을까요? 그 비밀은 속도에 있습니다.

작은 조각으로 나누어진 패킷은 아주 빠른 속도로 전송되므로 프로그램들이 원하는 초당 데이터양을 모두 만족시킬 수 있습니다. 이것은 마치 고속으로 돌아가는 스키장의 1인용 리프트와 비슷합니다. 많은 사람들이 탑승장에서 기다리고 한 번에 1명씩만 탈 수 있지만 엄청난 속도 때문에 대기자가 없이 모든 사람들이 신속하게 꼭대기까지 갈 수 있습니다. 그래서 파일 다운로드를 최대 속도로 하면서도 메신저 대화가 바로 전달되고 노래는 끊기지 않으며 링크를 클릭한 순간에 웹 페이지가 뜨는 것입니다.

IPTV도 마찬가지입니다. 인터넷 데이터 전송이란 입장에서 보면 IPTV도 한 개의 응용 프로그램일 뿐입니다. 케이블TV는 방송을 보지 않는 동안에도 셋톱까지 모든 채널의 방송 데이터를 항상 보내주지만 IPTV는 방송을 보지 않을 때는 방송 데이터가 전혀 오지 않습니다. IPTV는 TV와 셋톱을 켜고 어떤 방송을 보겠다고 선택해야만 비로소 그 요청이 방송국에 전달되며 그때서야 선택한 한 개 채널의 방송 데이터가 전송됩니다.

요약하자면 IPTV에서는 케이블TV와 달리 항상 방송이 흘러오는 것이 아니고, 요청할 때만 방송을 보내주며 한 번에 한 채널만 보냅니다. 이 데이터는 인터넷을 통해 패킷 형태로 다른 프로그램 데이터들과 섞여서 옵니다. 이게 어떤 차이인지 파악이 되시나요? 기존 방송 시스템과 인터넷을 이용한 스마트TV가 무엇이 다른지를 이해하기 위해서는 이 차이가 의미하는 것을 알아야 할 필요가 있습니다.

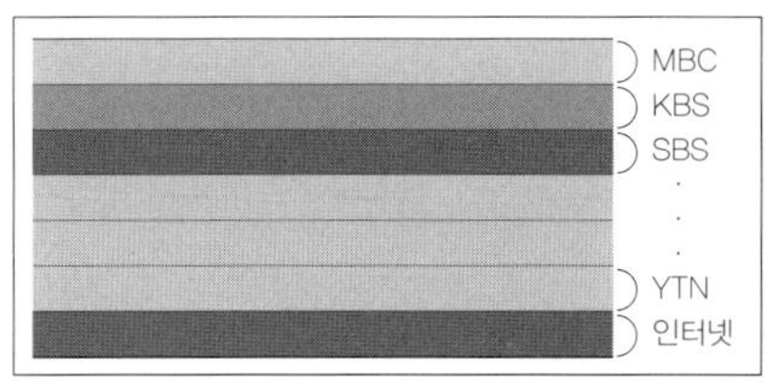

케이블 채널 케이블TV는 다량의 방송 데이터를 동시에 모든 셋톱으로 보냅니다. 모든 채널은 자신만의 주파수가 지정되어 있습니다. 따라서 케이블TV의 채널 수는 동시에 보낼 수 있는 데이터양에 제한을 받습니다.

지상파방송, 위성방송, 케이블방송은 모두 방송법에 의해서 주파수의 사용, 채널 송신 방법 등에 제약을 받습니다. 지정된 대역은 지정된 용도로만 써야 합니다. 때문에 특정 채널을 다른 용도로 변경하는 등의 일을 마음대로 할 수 없습니다. 그러나 IPTV는 다릅니다. 지정된 주파수도 없고 모든 채널을 동시에 보낼 의무도 없습니다. 한 번에 한 개의 채널만 보내면 되고 그 채널에 고유한 주파수가 지정되지도 않았습니다. 즉 IPTV는 무제한의 방송 채널을 가지고 있는 것과 같다는 뜻입니다.

이 차이점을 명확히 이해해야 합니다. 케이블방송의 셋톱은 동시에 전송된 채널을 고르는 튜너인 반면 IPTV는 전용 셋톱이라는 컴퓨터를 가지고 IPTV 방송국에 인터넷으로 접속해서 방송 데이터를 내려받아 TV로 보여주는 작업을 하고 있는 웹 프로그램일 뿐입니다.

방송 프로그램 셋톱을 켜면 실행되는 IPTV 프로그램을 리모컨으로 조작할 수 있습니다. 이 프로그램은 IPTV 방송국에서 내려 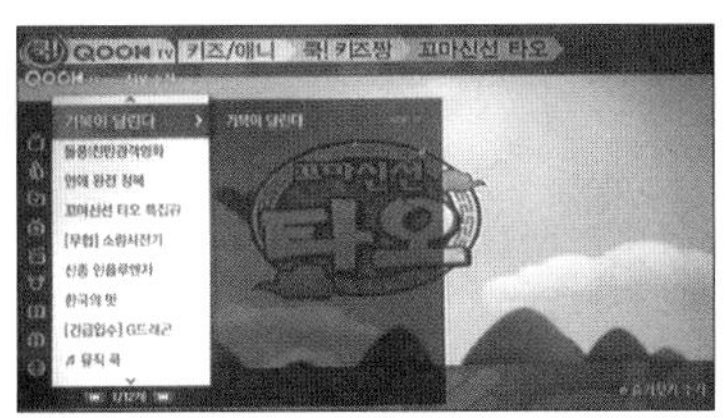 받은 메뉴를 보여줍니다. 이 과정은 TV를 본다기보다는 인터넷에 연결된 컴퓨터를 사용하고 있다고 말하는 것이 더 정확한 표현입니다.

이런 전송 방식의 차이 때문에 또 다른 중요한 차이가 생깁니다. 케이블TV를 위한 유선은 초당 데이터 전송률(bps, bit per second)이 1기가1000Mbps급인 반면에 IPTV는 100메가100Mbps급이라는 것입니다. 케이블TV는 할당받은 모든 방송을 동시에 전송하기 위해서 큰 대역폭이 필요합니다. 따라서 가정까지 1000Mbps의 속도가 보장되어야 합니다. 하지만 IPTV는 한 번에 한 개의 채널만 보내면 되기 때문에 속도가 그렇게 빠를 필요가 없습니다.

그러나 100Mbps급의 초고속 인터넷도 20Mbps 정도의 데이터가 실시간으로 와야 하는 IPTV는 부담스럽습니다. 더구나 컴퓨터로 인터넷을 쓰고 동시에 인터넷전화까지 사용한다면 자칫 TV 수신이 제대로 되지 않을 수도 있습니다. 이런 문제를 해결하기 위해 IPTV업체들은 여러 가지 방법을 강구했습니다.

인터넷 속도를 높이고 프리미엄망이라는 IPTV 전용망을 깔았으며 '멀티캐스트' 라고 하는 케이블방송과 비슷한 실시간 방송 전용 방식을 채택했고 '손실압축 기법' 을 동원하여 동영상 데이터양을 줄였습니다. 그러나 이런 노력들이 오히려 문제를 일으키고 있습니다. 그중에서 우선 방송 품질에 영향을 주는 요인이 있습니다. 방송 품질에 관한 주제를 이해하기 위해서는 또 다른 개념을 알고 있어야 합니다. 바로 아날로그와 디지털 영상의 결정적인 차이인 손실압축에 관한 것입니다.

디 지 털 마 법 , 동 영 상 손 실 압 축

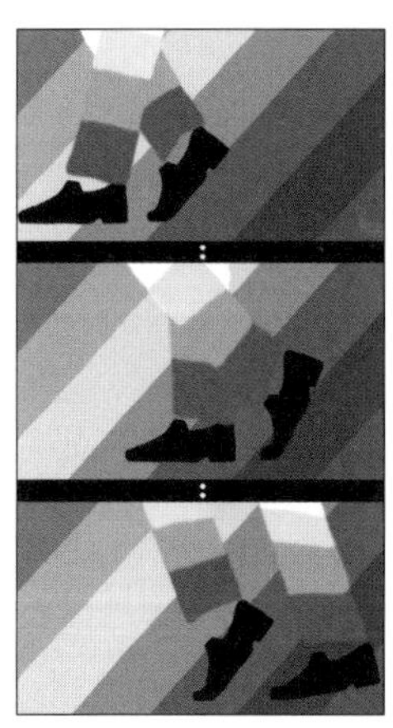

필름 마이클 잭슨이 문워크를 하는 동안 24분의 1초에 한 번씩 필름에 그 장면을 기록합니다. 이 한 컷, 한 컷을 '프레임' 이라고 합니다. 이 필름을 극장에서 틀면 영화가 됩니다. 비록 구식이지만 아날로그 필름은 현재까지 우리가 접할 수 있는 궁극의 화질을 가지고 있습니다.

디지털화 아날로그 화면의 색상을 숫자로 구별하는 방법으로 디지털화합니다. 자연의 색은 무한하지만 디지털에서는 제한된 색 수만 사용

하기 때문에 픽셀들의 색 구별 정도는 필름에 비해 나빠집니다.

필름은 분자 수준의 입자로 이미지가 구성되어 있지만 이것을 그대로 디지털화하면 무한대의 데이터양이 되기 때문에 필름 입자보다 훨씬 큰 단위인 픽셀이라는 개념을 씁니다. HDTV의 화면 크기로 계산하면 필름에 세로로 1920개의 줄을 긋고 가로로 1080개의 줄을 그어 만들어지는 작은 사각형들을 한 개의 픽셀로 처리합니다. 이 정도만 해도 인간의 시력으로는 필름과 차이를 느끼기 힘들다고 하지만 화질이 열화劣化되는 것은 분명한 사실입니다.

디지털 영상 데이터 이제 영상 파일은 컴퓨터에 파일로 저장됩니다. 일반 파일을 압축하듯 동영상 파일도 압축할 수 있습니다. 같은 숫자가 많기 때문에 효율이 높아 화질 변화 없이 거의 3분의 1까지 크기를 줄일 수 있습니다.

영화는 영사기가 물리적으로 필름을 감기 때문에 필름에 어떤 복잡

한 영상이 있든 상관없이 초당 24장을 안정적으로 보여줄 수 있습니다. 하지만 디지털화된 데이터는 다릅니다. HDTV 화면 한 개는 50MB(1920×1080×24bit) 크기이며 1초에 24장이 지나가므로 1200MB 정도의 데이터양이 됩니다. 즉 음성을 제외한 디지털 영상만을 보기 위해서도 초당 1200MB의 데이터를 처리할 수 있는 컴퓨터가 있어야 한다는 뜻입니다. 안타깝게도 대중적인 컴퓨터 중에 이 조건을 만족하는 것은 거의 없습니다(있기는 하지만 이런 고성능 하드웨어를 고려하면 복잡해지기 때문에 생략합니다). 영상을 위한 대용량 데이터의 처리 문제를 해결하기 위해서 고민하던 사람들은 놀라운 발견을 하게 됩니다.

3차원 압축 카메라가 마이클 잭슨의 발을 비추기 시작하는 순간부터 다른 장면으로 바뀌기 전까지를 한 컷^{cut}이라고 부릅니다. 동영상은 한

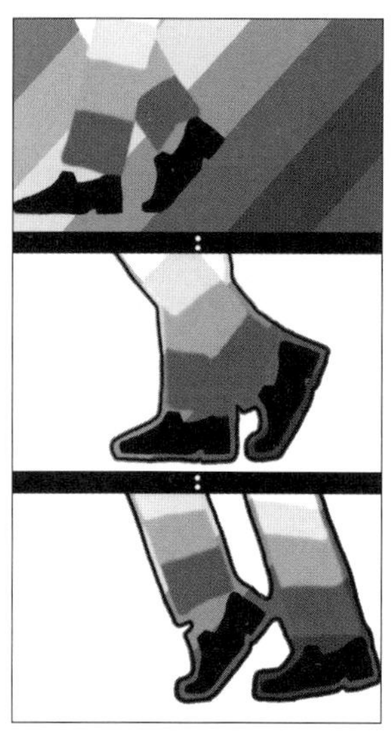

컷의 기본 이미지를 기준으로 해서 프레임마다 조금씩 변해가는 특성이 있습니다. 여러 컷을 모두 한 화면에 겹쳐놓고 본다면 변하는 부분은 얼마 되지 않는다는 것을 알 수 있습니다. 근처에 있는 픽셀끼리 비슷하고, 다음 프레임의 픽셀과도 비슷하고 각 픽셀의 밝기 정보도 역시 비슷합니다. 이 모든 것을 비교하여 데이터양을 줄이는 데 활용합니다.

그래서 그들은 한 컷의 기본 화면을 저장한 후 나머지 프레임들은 변한 부분만 저장하고 다시 보여줄 때는 기본 화면을 바탕으로 계산을 통해 차례로 다음 프레임을 만들어내어 원래 동영상을 완성하도록 했습니다. 동영상 압축에 관한 여러 복잡한 이론들은 결국 이 개념을 좀 더 체계화한 것일 뿐입니다. 이 방법을 써서 처리해야 할 데이터양을 획기적으로 줄였습니다.

하지만 아직도 문제가 많았습니다. 정적인 화면에서는 프레임끼리 내용에 거의 차이가 없어 압축률이 높지만 움직임이 격렬한 경우에는 데이터양이 별로 줄어들지 않았기 때문입니다. 속도가 느린 네트워크에서도 영상이 끊기지 않게 하려면 평균적인 데이터양 축소에 더해 '순간 최대 데이터도 제한할 방법'이 필요하다는 뜻입니다. 디지털 방식은 이 문제를 어떻게 해결했을까요? 이 지점부터 아날로그와 디지털의 철학 차이가 발생합니다.

세상에는 원본이 있습니다. 절대적인 비교의 대상이기 때문에 참고할 것이란 뜻으로 '레퍼런스reference'라고 불립니다. 다양한 분야에서 절대적인 권위를 확보하고 있는 것들이 많습니다. 영상과 음향에도 그런 것이 있습니다. 일반인은 대충 비슷하고, 다 똑같으며, 그게 그것처럼 보이지만 전문가들은 조그만 차이에도 민감합니다.

대량생산의 시대, 처음에 이미 완전한 것들이 있었으나 더 많은 사람을 만족시킬 수 있는 평균적 품질의 제품들을 대량으로 유통시키기 위한 방법이 개발됩니다. 비용은 줄어들지만 고의로 품질을 떨어뜨리기 때문에 절대적인 기준으로 봤을 때는 발전이라고 말하기 어렵습니다. 디지털이란 그게 그거라는, 대충 비슷함이란 철학의 구현이라고 말할 수 있습니다. 사람들은 말합니다. "왜 이리 까다로워? 똑같애 다 똑같애, 그냥 봐." 영상 부분에 있어서는 특히 그렇습니다.

이런 경향에 저항하는 자들도 있었습니다. 열악한 디지털 영상 장치인 LCD를 거부한 채 브라운관의 완성을 위해 몸부림치며 아날로그 HD방송에 몰입하던 소니는 TV 시장의 주도권을 빼앗기고 말았습니다. 그래도 정신을 못 차리고, 일부러 음질을 떨어뜨리는 MP3를 외면하고 CD 음질의 향상에 매달리다가 결국 디지털 시대에 몰락의 길을 걷고 있습니다. 디지털을 거부하면 죽음뿐인 것입니다.

완성도 높은 아날로그 기술을 가지고 있는 업체들 눈에는 디지털 기술이 너무도 열악해 보였습니다. 그들의 주 고객들도 디지털 제품에 거부 반응을 보였습니다. 고급 기술을 가진 업체들은 음질 나쁜 MP3, 색상 표현력에 문제가 많은 LCD와 같은 저열한 기술에 결코 투자할 수가 없습니다. 기술 혁신에 주력하고 고객의 목소리를 경청하는 전통 기업들이 매출과 수익률이 높은 '하이엔드high end 기기'에 주력하는 동안, 값싸고 음질 나쁜 MP3를 만드는 디지털 기업들은 보급형 시장을 장악한 후 고품질 디지털 제품까지 만들어내어 결국 아날로그 시장을 없애버리고 말았습니다.

이것이 소위 '혁신 기업의 딜레마'라고 말하는 것입니다. 아날로그 업체들은 내부적으로 기술과 품질 검토를 하고 시장 조사까지 했지만 디지털 기기를 개발할 이유를 찾을 수 없었습니다. 높은 가격을 받을 수 있는 아날로그 기기에 비해 디지털 기기는 수익률이 높지 않았고 품질이 나빴으며 소비자들이 원하지도 않았기 때문입니다. 마케팅팀은 디지털 제품으로 인해 기존의 저가 아날로그 제품 시장이 위협받을 것을 우려해 투자를 반대했습니다. 게다가 기존 고객에게 품질 나쁜 제품을 팔 방법을 찾지 못했습니다. 아날로그 시장 규모가 훨씬 더 컸고 여전히 성장 중이었기 때문에 그들은 결국 디지털을 무시하고 말았습니다. 이렇게 뛰어난 아날로그 기술력이 그들을 디지털 시장에서 도태시키게 된 결정적인 장해물이 되었습니다.

정상적인 경로라면 아날로그 시장을 몰아낸 파괴적인 디지털 기술은 결국 아날로그의 기술적 완성도를 뛰어넘어야 합니다. 하지만 디지털 기술은 이렇게 발전하고 있지 않습니다. 초기에는 기술적 한계로 인해 품질이 낮았지만 디지털 기술도 점차 품질이 향상되고 있었습니다. 그러나 디지털 기기들은 기술 발전의 혜택을 보지 못하고 있습니다. 시간이 지날수록 오히려 기술이 편법적으로 악용되어 비용 절감을 위한 용도로만 쓰이고 있습니다.

아날로그와는 달리 영상의 디지털화란 화질의 향상을 추구하는 것이 아니었습니다. 싼값의 저성능 하드웨어에서도 동영상을 보기 위한 방법일 뿐이었습니다. 그리하여 그들은 별로 고민 없이 금단의 선을 넘게 됩니다. 그것을 그들은 '손실압축'이라고 불렀습니다.

원본의 훼손 움직임이 격렬한 부분은 필요한 데이터 처리량이 많아집니다. 이런 '순간 최대 데이터 전송량'을 줄이기 위해서 한 컷의 기본 화면 화질을 고의적으로 떨어뜨리는 손실압축 방법을 사용합니다. 이

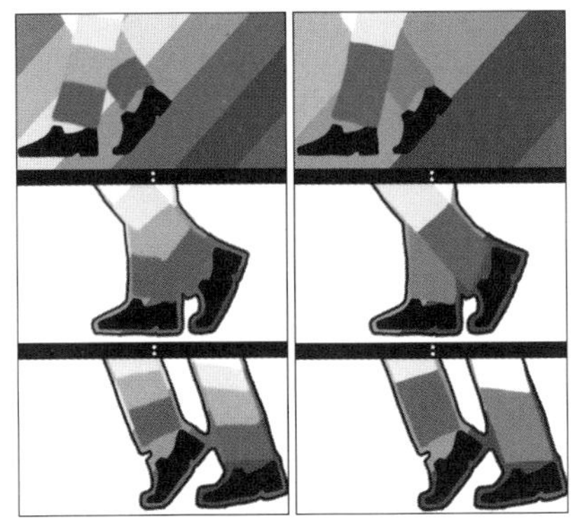

에 따라 전체 영상의 데이터 양을 획기적으로 줄일 수 있습니다. 화질이 열화되고 색상 수도 줄어들지만 대신 볼 수 있는 하드웨어 범위가 늘어납니다.

손실압축, 이 놀라운 기술은 그동안의 모든 문제를 해결해줄 수 있는 궁극의 디지털 마법이었습니다. 덕분에 전송 속도, 디스플레이 기기의 성능 등에 대한 제한이 없어졌습니다. 장비의 성능도 전혀 상관이 없었고 저장 장치의 용량도 마음껏 줄일 수 있었습니다. 일단 손실압축에 맛을 들인 영상처리 업체들은 이제 화질에는 신경도 쓰지 않고 원하는 만큼 손실량을 키우게 되었습니다. 어렵지도 않았습니다. '비트레이트'라고 불리는 초당 데이터 전송량을 조정하기만 하면 되는 일이었습니다.

과하게 손실압축한 영상도 눈으로 볼 때는 움직임이 많은 화면을 제외하면 원본과 대충 비슷하게 보이므로 크게 문제되지 않았습니다. 파일 크기를 줄여주기 때문에 오히려 환영을 받았습니다. 이렇게 해서 엠펙^{MPEG}이라 불리는 동영상 손실압축뿐만 아니라 사진 이미지의 품질도 고의적으로 떨어뜨리는 제이펙^{JPEG} 포맷도 대유행을 하게 되었습니다.

원본 동영상의 전송률을 1200Mbps라고 했을 때 단순히 무손실압축한 영상이 원본의 10분의 1 정도인 120Mbps의 전송률을 가진다고 가정합니다(실제로는 이렇게 단독으로 쓰이지 않습니다). 손실압축 방식 중에서 현재 가장 품질 좋은 블루레이의 전송률은 31Mbps인데 이것도 따지고 보면 원본에 비해 4분의 1로 손실압축되었다고 말할 수 있습니다. 블루레이는 제작 과정에서 빠른 화면의 화질이 나빠지지 않도록 후처리를 하기 때문에 거의 원본과 차이를 알기 어렵습니다. 일본의 품질 좋은 HDTV 방송이 25Mbps를 기록하고 있으며 미국의 경우 19Mbps로 방송하고 있습니다. 값이 작아질수록 화질이 나빠지지만 19Mbps정도까지는 그래도 원본과 비슷해 보일 정도로 좋은 영상입니다.

손실압축을 악용하는 자들

우리나라 방송 채널 한 개는 6MHz 크기의 주파수 대역을 가집니다. 이것을 현재의 변조 기술을 이용했을 때의 데이터 전송률로 바꾸면 27Mbps가 됩니다. 즉 지상파, 위성, 케이블의 한 채널은 27Mbps 대역폭을 가진다고 이해하면 됩니다. 지상파방송사들은 이 대역폭을 모두 다 써야 하는 아날로그 방송은 어쩌지 못했지만 디지털 채널에 대해서는 다른 생각이 있었습니다. 바로 손실압축을 좀더 많이 해서 전송률을 떨어뜨리면 한 채널에 여러 개의 방송을 보낼 수 있기 때문입니다. 이것이 소위 'MMS^{Multi Mode Service}' 라고 불리는 멀티채널방송 정책입니다.

19Mbps로 송출하는 HD방송을 13Mbps까지 떨어뜨리면 남는 6Mbps에 SD급 방송을 몇 개 추가할 수 있습니다. 그러나 시험적으로 HD방송의 전송률을 13Mbps까지 떨어뜨려 방송했다가 엄청난 비난을 듣고 중단해야 했습니다. 화질이 너무 떨어져 도저히 볼 수가 없었기 때문입니다. 그러나 방송사들은 포기하지 않았습니다. 지상파방송 국들은 욕심을 채우기 위해 이미 전송률을 17Mbps 이하로 떨어뜨렸을 뿐만 아니라 오늘도 조금씩 화질을 떨어뜨리며 국민들이 나쁜 화질에 서서히 길들여지도록 하고 있습니다.

화질 열화 현재 지상파의 HD방송은 움직임 많은 장면에서는 제대로 된 영상을 보기 힘듭니다. 소위 '깍두기 현상'이 심해 인물을 구별할 수 없을 지경입니다. 이 증상은 화면이 커질수록 더 크게 느끼게 되는데 50인치 이상이면 화질에 무심한 사람들도 도저히 참고 볼 수 없을 지경에까지 이릅니다.

하드웨어가 발전하면서 CPU도 고성능이 되어 이전에 쓸 수 없었던 복잡한 계산법의 압축 방법도 채택할 수 있게 되었습니다. 이것이 최근에 각광받고 있는 새로운 압축법[H.264]인데 전송량은 줄이고 화질은 좀더 높일 수 있게 되었습니다. 상식적으로 하자면 방송사들은 전송률을 그대로 유지하고 새 압축법으로 화질을 높여야 합니다. 그러나 현실의 그들은 좋지 못한 현재의 화질을 기준으로 삼고 새 압축법으로 전송률을 낮추는 데만 관심이 있습니다. 기술은 발전했지만 화질은 나아지지 못하는 것입니다.

다행히 케이블방송은 방송법의 규제와 이미 배포한 기존 장비의 호환성 때문에 전송 방식을 마음대로 바꿀 수 없어 아직은 지상파 HD방송을 그대로 재전송하고 있습니다. 케이블방송에서는 그나마 손대지 않은 화질의 영상을 감상할 수 있는 것입니다. 그러나 케이블방송도 전송률을 낮추어 더 많은 채널을 확보하기 위해 호시탐탐 기회만 노리고 있습니다.

IPTV는 어떨까요? 채널의 대역폭 제한이 없고 채널 수 제한도 없기 때문에 상대적으로 좋은 화질을 볼 수 있지 않을까요? 위성방송이 고화질에 초점을 맞추듯이 IPTV도 품질로 승부할 수 있을 것입니다. 그러나 IPTV에게는 또 다른 문제가 있습니다. 바로 '초고속 인터넷을 TV 전용으로 쓸 수 없다' 라는 점입니다.

IPTV의 근본적인 한계

현재 IPTV에서 지난 드라마를 다운로드해서 보는 것은 큰 문제가 되지 않습니다. 거의 불법동영상급으로 화질을 떨어뜨려 동영상 크기를 줄였기 때문에 금방 다운로드해서 볼 수 있습니다. 문제는 생방송을 실시간으로 보는 것인데 현재의 초고속 인터넷에서도 문제가 많을 뿐 아니라 지방의 열악한 인터넷 환경에서는 제대로 생방송을 보기가 힘 듭니다.

100Mbps의 초고속 인터넷에서 17Mbps의 생방송 데이터 전송은 어떻게 보면 크게 문제 되지 않는 것처럼 보입니다. 하지만 말이 100Mbps지 실제는 평균적으로 70Mbps가 꾸준히 나오기 힘듭니다. 게다가 IPTV는 실시간으로 전송이 되어야 합니다. 그렇지 못하면 컴 퓨터가 큰 파일을 다운받을 때 방송이 끊길 수 있습니다. 컴퓨터를 쓸 때 인터넷 느린 것도 못 참을 일이지만 거실의 TV가 끊기는 것은 있을 수 없는 일입니다. 때문에 IPTV의 실시간성은 반드시 확보되어야 합 니다. 편도 1차선 도로인 인터넷에서 어떻게 IPTV에만 실시간으로 데 이터가 전송되도록 할 수 있을까요? 다행히 이런 경우를 위한 해결책 이 있습니다. 그것을 인터넷의 '서비스 품질 정책^{QoS, Quality of Service}'이 라고 부릅니다.

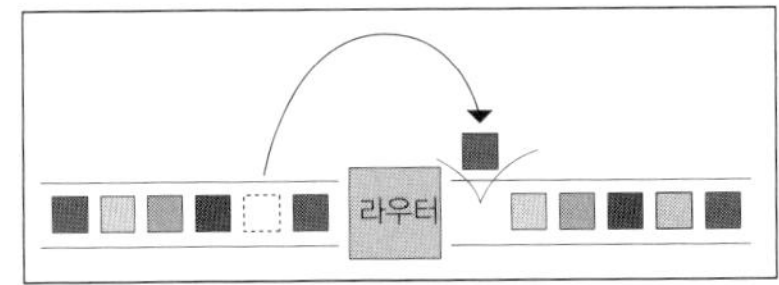

서비스 품질 정책 인터넷 선을 연결해주는 장비인 라우터는 일렬로 줄을 서서 기다리고 있는 패킷 중에서 우선순위가 높은 패킷을 먼저 보내줍니다. 차선을 늘리는 것이 아니고 다만 새치기를 허용하는 것입니다. 새치기한 프로그램은 빨라지지만 이 때문에 인터넷을 쓰는 다른 프로그램이 느려질 수 있습니다.

현재 IPTV를 보는 집에 들어가는 초고속 인터넷은 방송 데이터를 우선 처리하도록 설정되어 있습니다. 특히 지상파 실시간 방송을 시청하는 경우를 최우선으로 합니다. 실시간성을 확보하기 위해서 필요 이상의 대역폭이 낭비되고 라우터와 공유기에 부하가 많이 걸립니다. 기본적으로 100Mbps 인터넷 상품을 쓰지만 IPTV 때문에 대역폭을 손해볼 뿐만 아니라 방송 데이터를 우선 처리하는 데 바빠서 인터넷이 느려질 수가 있다는 뜻입니다. 때문에 그들은 조금이라도 부담을 줄이기 위해서 HD방송의 화질을 고의적으로 다시 떨어뜨리고 있습니다. 현재 IPTV는 케이블, 위성, 지상파 등 다른 모든 방송 방식보다 더 낮은 전송률을 사용하기 때문에 화질도 그만큼 나쁩니다.

IPTV는 전송 방식이나 압축 방식에 규제를 받지 않기 때문에 최신 압축 코덱을 사용할 수 있습니다. 그들은 지상파를 받아서 실시간으로 재인코딩(영상 포맷을 변환하는 작업)한 다음 전송하고 있습니다. 최신 압축 방식이 워낙 효율적이라서 17Mbps HD방송을 10Mbps 이하로 떨어뜨려도 화질 차이가 없다고 주장합니다. 물론 대충 보면 그게 그거고 비슷한 것 같기도 합니다. 하지만 어떠한 경우에도 손실압축을 하면서 영상 품질을 유지할 수는 없습니다.

압축은 영상을 일단 검색해서 최적의 압축 패턴을 구한 다음에 다시 한 번 읽으면서 실제 압축을 해야 품질을 높일 수 있습니다. 실시간 압축은 이런 작업이 불가능합니다. 읽으면서 바로 압축을 해야 하기 때문에 당연히 품질에 신경 쓸 시간이 없습니다. 아무리 효율이 좋다고 하더라도 17Mbps를 10Mbps 이하로 떨어뜨리면 누구나 차이를 알 수 있습니다.

　IPTV는 새로운 압축 방식이 전면적으로 도입되기 전에는 지상파를 단순 재전송해야 합니다. 이게 현실적으로 불가능하다면 재인코딩할 때 전송률을 최대한으로 높여야 합니다. 그러기 위해서는 가정까지 들어오는 인터넷의 속도를 현행 100Mbps에서 더 끌어올려야 합니다. 최소한 200Mbps급으로 만들고 대역폭의 반을 IPTV에 할당해 TV를 보는 동안에 인터넷 속도가 떨어지지 않도록 해야 합니다. 그렇게 못한다면 인터넷 속도의 일부를 TV용으로 강제 할당했다는 사실을 고지해야 합니다. 만약 여러분의 집에 IPTV를 설치했다면 50Mbps 이하의 속도로 인터넷을 쓰고 있는 것과 같습니다.

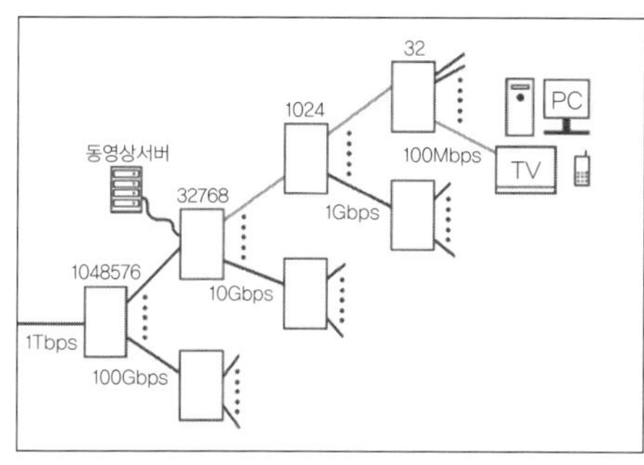

프리미엄망 IPTV 사업자들은 IPTV를 위해 케이블방송과 비슷한 방식인 멀티캐스트 채널에 특화된 전용망을 설치하고 있습니다. 여기서는 IPTV 생방송에 문제가 없지만 인터넷을 사유화함으로써 망 중립성 훼손과 같은 또 다른 중대한 문제를 만들고 있습니다.

　소비자들은 이 문제가 해결되기까지는 IPTV를 사용하지 않는 것이 좋습니다. 현재 IPTV는 가장 화질 나쁜 방송이며 가정의 인터넷 속도를 떨어뜨리고 있는 숨겨진 서비스입니다. 그러나 문제는 해결하라고 있는 것이겠지요. 사실 아파트 단지에는 기가급 광랜이 설치되어 있고 IPTV를 위해서 기존 인터넷망과 다른 전용 프리미엄망을 구축하고 있습니다. 필요하면 언제든지 일반 가정까지 기가급으로 교체해줄 수 있습니다. 압축 방식 교체도 잘하면 쉽게 될지도 모릅니다. 안 되더라도 전송률을 높이면 됩니다. 쉽지 않은 일이지만 소비자들이 목소리를 높인다면 불가능하지도 않습니다.

디 지 털 케 이 블 T V 와 I P T V
: 같 은 목 적 지 와 다 른 경 로

IPTV가 진화하면서 생방송을 위해 멀티캐스트와 같은 기술을 씀으로써 점점 디지털 케이블TV와 닮아갑니다. IPTV 사용자가 늘어날수록 내가 보지 않더라도 다른 사람이 보는 경우가 늘어나고 결국 디지털 케이블처럼 우리 아파트까지 여러 채널의 생방송 데이터가 흘러옵니다. 아파트 단지 내에 주문형 비디오를 보는 사람들이 늘어나면서 우리 집 인터넷이 느려집니다. 이건 마치 케이블 인터넷을 사용할 때 동네에 사용자 수가 많아지면서 인터넷이 느려지던 경우와 흡사합니다.

재미있는 것은 케이블TV도 IPTV와 비슷해지고 있다는 것입니다. 그들도 일부 채널을 인터넷 데이터 전송용으로 할당해서 120Mbps 초고속 인터넷을 서비스하고 있습니다. 또 일부 채널을 양방향 채널로 전향해서 사용자가 요청하는 주문형 비디오를 보낼 수 있도록 하고 있고, 물리적인 채널 수보다 많은 방송을 확보해놓고 필요에 따라 동시에 보내는 채널 종류를 조정하고 있습니다.

결국 생방송을 하는 IPTV와 VOD를 서비스하는 케이블TV는 같은 모습을 가지게 된 것입니다. 사실 네트워크 관점에서 보더라도 두 서비스는 같은 것입니다. 둘 다 모두 방송과 데이터를 보내기 위해 국가 기간망을 쓰고 있습니다. 네트워크를 이어주는 라우터도 같은 제품을 씁니다. 케이블TV는 실시간 방송에 최적화된 설정으로 쓰고 있고 IPTV는 각각 다른 요청에 최적화된 설정으로 쓰고 있을 뿐입니다. IPTV가 생방송을 위해 멀티캐스트를 추가했듯이 케이블TV는 인터넷과 양방향 방송을 위해 유니캐스트(단일 사용자만을 위한 연결 방식)를 지원하고 있습니다.

케이블TV와 IPTV가 같은 것이라면 결국 마지막 차이는 사용자들을 위한 최저보장속도뿐입니다. 케이블TV의 속도는 이미 기가급이기 때문에 인터넷 용으로 120Mbps의 대역폭을 나누어 쓸 수 있습니다. 물론 멀티캐스트에 최적화되어 있기 때문에 인터넷 사용자 증가에 효과적으로 대처하기 힘들어 아직은 초고속 인터넷의 품질이 좋지 않습니다.

케이블TV가 인터넷 서비스에 최적화되지 못하듯이 IPTV 생방송도 인터넷에 어울리지 않는 서비스 형태입니다. 케이블에 양방향성을 추가하는 형태로 IPTV 사업을 진행하는 인터넷 사업자들은 생방송보다는 개별 사용자들의 요청에 최적화된 주문형 비디오 전용으로 발전해가는 것이 좋을 것입니다.

역시 이런 주장은 힘을 얻기 어렵습니다. 치열한 경쟁 속에서 서로의 영역을 침범하며 생존을 모색하는 업체들 입장에서 사소한 문제들은 극복해가야 할 장애물에 불과하겠지요. 누가 하든 결국 생방송이 가능한 IPTV 형태가 되는 것을 대세로 본다면 그 과정에서 생기는 문제를 해결하는 것에 집중하는 편이 나을 것 같습니다.

IPTV의 기술적 문제
: 효율을 위한 방송 품질 저하

IPTV는 케이블TV에 비해 열악한 전송 품질을 가지고 있습니다. 현재 IPTV로 MBC와 같은 지상파를 실시간으로 끊김 없이 볼 수 있는 지역은 얼마 되지 않습니다. 특히 지방의 느린 인터넷에서는 실시간 방송이 불가능하며 주문형 비디오도 제대로 서비스되기 힘든 실정입니다. 이런 환경에서도 사용자를 늘리기 위해 최대한으로 화질을 떨어뜨리고 있습니다. 그래서 주문형 비디오는 DVD에 훨씬 못 미치는 화질로 전송됩니다. 지상파마저 손실압축으로 인해 화질이 손상되고 있습니다.

IPTV망의 현실 현재 최고 속도 10Mbps에 못 미치는 속도에도 주문형 비디오 IPTV를 설치해줍니다. 10Mbps급의 인터넷 최저보장속도

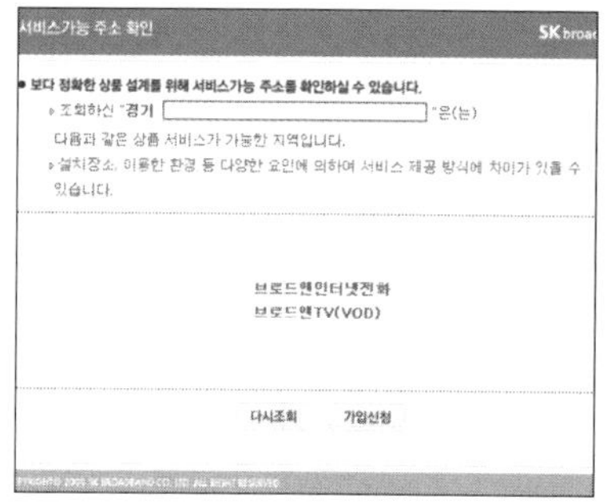

는 1.5Mbps입니다. DVD급 화질을 버퍼링 없이 보기 위해서는 10.4Mbps 정도의 속도가 나와야 하기 때문에 애초에 불가능합니다. 방송이 가능하기 위해서는 화질을 절반 이하로 떨어뜨려야 하고 인터넷을 함께 사용할 때도 불편하지 않도록 다시 반으로 떨어뜨려야 합니다. 그래서 IPTV로 보는 영화가 불법동영상의 화질보다 더 나빠지게 되었습니다.

문제는 못난 자식이 기준이 되듯 결국 IPTV로 인해 다른 방식의 방송도 하향 평준화될 것이란 점입니다. 벌써 디지털 케이블TV도 지상파 손실 재압축에 나서고 있습니다. 효율만을 생각하는 IPTV가 비용 대비 수익을 극대화하기 위해 방송 품질을 떨어뜨리고 있고 다른 모든 방식들이 이 경향을 따라가고 있는 형국입니다. TV 화면은 점점 커지고 있는데 시청자들은 점점 나빠지는 방송을 봐야 하는 것입니다. 50인치 이상의 대형 LCD TV로 보면 아무리 둔감한 사람이라도 이 변화를 눈치챌 수 있습니다. 이 정도 크기의 TV에서는 지상파 원본 영상조차도 화질이 좋지 못하다고 느끼게 되는데, 손실 재압축된 화면은 도저히 참고 볼 수 없을 정도입니다.

IPTV는 최종 사용자 속도가 100Mbps밖에 안 되기 때문에 IPTV가 활성화될수록 속도가 나빠지게 됩니다. IPTV용 프리미엄망에 대한 투자를 활성화해서 전체 속도를 높이고 최종 사용자들도 기가급으로 업그레이드할 필요가 있습니다. 다행히 이 일이 이루어지고 있습니다. KT와 LG가 현재 각자 자신들의 프리미엄망을 위해 조 단위의 돈을 쏟아붓고 있습니다.

그러나 프리미엄망에 대한 투자를 하게 되면서 이제 그 네트워크에 대한 소유권이 문제가 됩니다. 여기서 우리는 다음과 같은 질문과 만납니다. 인터넷이란 무엇인가? 인터넷은 누구의 소유인가? 프리미엄망은 누구를 위해 봉사해야 하는가?

인 터 넷 이 라 는 매 체 의 성 격 과 망 중 립 성

인터넷은 평등합니다. 누구든지 원하는 곳에서 원하는 곳으로 접속할 수 있습니다. 어떤 사이트도 특별히 우대받거나 차별받지 않습니다. 전체 인터넷을 관통하는 등뼈가 되는 '백본backbone 망'은 어떤 업체에도 공평한 속도와 접속을 보장해야 합니다. 이것이 망 중립성의 근본 개념입니다.

인터넷의 시작이 그랬고 그 이념이 직수입된 한국에서도 초창기에는 그랬습니다. 진보 성향의 정부가 들어서 있던 시기와 겹쳐 기적적으로 한동안 인터넷에서 표현의 자유와 망 중립성이 지켜졌습니다. 그러나 정부가 바뀌면서 인터넷에 대한 태도도 바뀌고 말았습니다.

권력자들은 인터넷을 불온한 매체로 인식하여 규제 중심으로 돌아서고 있고 망 중립성에 대한 이해가 없는 관료들은 기업 편에서 자의적으로 정책을 결정하고 있습니다. 이리하여 검열과 통제, 독점과 쏠림이 강화된 폐쇄적인 인터넷 환경이 만들어졌습니다.

망 중립성은 정치적인 구호가 아닙니다. 망 중립성이 보장되지 않으면 기업 간의 경쟁에서 공정한 룰이 무너집니다. 망 사업자가 네이버와 다음과 같은 특정 업체를 편들기 시작하면 ICT 산업이 왜곡됩니다.

특정 포털이 인터넷망 사업자 A의 데이터센터에서 서버를 운영한다고 해서 A업체의 초고속 인터넷을 쓰는 사용자들에게 특별히 더 빠른 속도로 서비스를 제공하면 A업체의 사용자들은 그 포털에만 주로 가게 될 가능성이 높습니다. 이렇게 되면 A업체의 인터넷 사용자를 확보하기 위해서 A의 데이터센터에 인터넷 업체가 몰릴 것이며 그 때문에 다시 A의 데이터센터를 이용하는 업체들만 성장하게 될 것입니다.

이런 위험한 일이 실제로 일어나고 있습니다. 그중의 하나가 바로 IPTV입니다. IPTV는 망 사업자들이 자사 전용의 프리미엄망을 구축한 후 자신들이 서비스하는 방송 데이터만 보낼 목적으로 만들어진 것으로 대표적인 망 중립성 위반 행위입니다.

다음 같은 인터넷 서비스 업체들은 전용망을 가지고 있지 않지만 자체 셋톱을 만들고 콘텐츠를 확보하여 IPTV 사업에 뛰어들려고 했습니다. 하지만 망 사업자들이 프리미엄망을 이들에게 개방하지 않기 때문에 불가능한 상태입니다.

인터넷 서비스 업체들이 자체 셋톱과 생방송을 포기하고 콘텐츠만 서비스하는 사업 모델을 시도하려고 해도 IPTV 사업자들이 셋톱에서 이들 업체의 콘텐츠를 볼 수 없게 해놓았기 때문에 이 또한 가능하지 않습니다.

또한 KT가 구축한 프리미엄망에 U⁺TV 셋톱을 연결해서 IPTV를 보는 것도 불가능합니다. 각 사가 구축한 프리미엄망은 자사 전용으로만 사용되고 있는 것입니다. 프리미엄망 구축비는 결국 사용자들의 비싼 사용료로 충당하게 되겠지만 그들은 프리미엄망에 대한 소유권을 결코 내놓으려 하지 않을 것입니다.

망 중립성 위반을 허용하게 되면 네트워크를 장악한 자가 인터넷을 지배하게 됩니다. 그들은 물리적인 네트워크 사용료뿐만 아니라 그 위에 흐르는 데이터 종류를 제어하고 검열까지 하고 싶어합니다. 많은 트래픽을 쓰는 자들을 골라내 비용을 더 물리고 공유기 같은 사설 네트워크 장치를 못 쓰게 만들려는 시도는 지금도 진행 중입니다.

그들은 또 접속자 개개인의 신상 정보를 확인하여 인터넷을 통제하기를 원합니다. 경쟁 업체의 데이터를 차단할 뿐만 아니라 자신들의 네트워크를 쓰는 사용자는 자사 상품만을 쓰도록 강요합니다. 그들의 궁극적인 목표는 망 사업과 방송 사업 그리고 콘텐츠 사업까지 총괄하여 모든 것을 자신들이 서비스하려는 것입니다.

현재도 휴대폰과 초고속 인터넷, 인터넷 전화와 IPTV까지 결합 상품으로 묶어 사용자를 모을 뿐만 아니라 IPTV에서 자신들이 골라주는 영상만 볼 수 있도록 만들었습니다. IPTV 프리미엄망은 철저히 이 목적을 위한 것입니다. 그 망에는 자신들에게 돈 되는 데이터만 보낼 뿐 다른 업체의 데이터, 특히 타사의 IPTV 데이터가 흐르는 것은 용납하지 않고 있습니다.

경쟁에 의한 발전을 하기에는 여태까지 한국의 시장 규모가 너무 작았습니다. 때문에 특정 업체들을 지정하여 한시적인 독점권을 부여하고 대신 시설 투자를 유도하는 정책을 써왔습니다. 이런 정부 주도형의 개발로 인해 발생하는 독점의 횡포는 적절한 규제를 통해 해결했습니다. 초고속 인터넷 사업 활성화 정책과 동시에 요금 규제 정책을 편 것이 그 일례입니다.

하지만 이런 방식은 정부가 산업 발전을 고민하고 국민의 편에서 정책을 집행한다는 것을 전제로 했을 때 의미가 있는 것입니다. 정부가 인터넷에 대한 근본적인 이해가 없이 방송 장악과 인터넷 검열이라는 다른 생각을 가지고 접근한다면 최악의 길로 가게 됩니다.

망 중립성과 같은 부분에 대한 철학과 의지가 없는 상태에서 인터넷을 규제하고, 설비투자가 가능한 자본력을 가진 업체만 사업에 참여시키는 독점 기업 위주의 정책을 펴자 IPTV가 최대의 수혜자로 떠올랐습니다. IPTV 사업자들은 케이블TV 사업자에 비해 특혜를 받고 있습니다. 방송통신위원회는 자의적인 법 해석을 하고, 민주주의적 절차조차 무시하면서 IPTV를 편파적으로 지원할 의도가 뚜렷한 법을 만들었으며, 독점의 폐해를 막을 각종 규제를 풀어버림으로로써 시장은 공룡들이 미쳐 날뛰는 난장판이 되어가고 있습니다. IPTV를 지금과 같은 방식으로 허용한다면 방송 화질 저하, 방송 공정성 훼손, 인터넷망 중립성 훼손, 인터넷 속도 저화가 심화될 것이고 결국 망 사업자에 의한 인터넷의 사유화로 귀결될 것입니다.

규제 철폐가 IPTV 사업자들에게 좋은 일처럼 보이지만 기업의 단기적인 이익 실현을 위한 경쟁구조 왜곡은 결국 장기적으로 봤을 때 공멸의 길로 이끕니다. 시장에는 반드시 공정한 경쟁이 보장되어야 합니다. 그러지 못하다면 인터넷 사업의 미래가 없기 때문입니다.

더욱 중요한 문제는 기업과 정부의 정책 결정 과정에서 소비자의 권리는 철저히 무시되고 있다는 점입니다. 첨단 방송이라는 광고를 믿고 IPTV를 선택한 사용자들은 오히려 더 낮은 화질의 방송을 봐야 합니다. 일단 한 업체의 IPTV를 선택하면 타 방송사의 콘텐츠를 볼 방법이 없습니다. 여전히 사용이 불편한 리모컨으로는 인터넷 콘텐츠를 보기가 불편해 결국 업체가 제공하는 콘텐츠 위주로 보게 됩니다. 이렇게 업체끼리 호환되지 않는 IPTV 방식은 소비자의 채널 선택권을 제한하고 중복 투자로 인한 금전적 피해는 결국 국민의 부담으로 남게 될 것입니다. 더 많은 콘텐츠를 확보한 업체를 선호하게 됨으로써 1등만 살아남는 환경을 소비자 스스로 만들 뿐입니다. 이것은 다시 유통사 위주의 시장을 형성시켜 콘텐츠 산업의 몰락을 가져오는 악순환만을 반복하게 될 것입니다.

새로운 것은 언제나 우리에게 기회로 다가옵니다. IPTV 또한 그렇습니다. 새로운 기술을 정말 제대로 사용한다면 많은 것을 꿈꿀 수 있습니다. 그러나 안타깝게도 현실은 그렇지 못합니다. 점차 되돌릴 수 있는 시점을 넘어서고 있습니다. 지금이라도 정책을 바꾸어야 합니다. IPTV가 잘못되는 것을 막고 오히려 한국을 인터넷 강국으로 올려줄 성장 동력으로 만들기 위해서는 어떻게 해야 하는지 살펴보겠습니다.

당 위 를 고 민 하 지 않 는 엔 지 니 어 들

디지털 강국이라고 자부하는 한국은 아직까지 명기로 대접받는 제품을 만들지 못하고 있습니다. 오히려 한국의 전자기기들은 출시와 동시에 버려지고 있는데 업체들이 언제나 더 높은 스펙의 다음 제품에만 관심을 가지기 때문입니다. 레퍼런스급 명기로 회사의 명예를 드높이는 일보다는 그저 양산 기술을 확보하여 낮은 가격으로 승부하고 대량 생산을 통한 점유율 확대에만 집중하고 있습니다. 스마트TV 분야에서도 마찬가지 일들이 벌어지고 있습니다.

한국의 디지털 방송 화질은 시간이 갈수록 나빠지고 있습니다. 방송사들이 채널 확대를 위해 스스로 품질을 떨어뜨리고 있으며 IPTV 업체들은 열악한 인터넷 환경에서도 실시간 방송이 가능하게 만들기 위해 또다시 화질을 열화시키고 있습니다. 좀더 좋은 화질을 고민하는 외국 방송 업체나 무손실 영상을 추구하는 영화 사업과 달리 한국은 방송 품질에 대해 아무런 고민을 하지 않습니다.

이런 부분에 대해서는 엔지니어들의 책임이 큽니다. 마케팅과 영업 팀들이 더 많은 가입자를 끌어들여 수익을 늘리기 위해 화질을 떨어뜨리자고 할 때 엔지니어들은 이에 저항하지 않았습니다. 영상 품질에 대한 최소한의 기준도 제시하지 못했을 뿐 아니라 기술을 악용하는 것도 방치하고 말았습니다. 시청자들이 가능한 좋은 품질의 영상을 볼 수 있도록 해야 한다는 당위성에 대한 고민이 없었기 때문에 수익만을 원하는 자들의 요구에 맞서 싸울 생각조차 하지 않은 것입니다. 오히려 더 낮은 화질을 구현하는 방법을 제시함으로써 적극적으로 그들의 편에 서고 있는 것이 현실입니다.

포털들이 권력자들의 검열에 협조하고 회원들의 개인정보를 법적 근거도 없이 넘겨주었듯이 기본 원칙을 지키지 않는 엔지니어들 때문에 산업이 발전하지 못하고 사용자들은 유무형의 피해를 보고 있습니다. 지금이라도 영상 품질을 떨어뜨리는 현실에 대해 문제제기를 해야 합니다. HD방송의 화질을 외국 수준으로 높여야 합니다. IPTV 실시간 방송을 무리하게 확대하는 행위도 중단해야 합니다. VOD 서비스도 다양한 품질의 영상을 준비하여 고품질을 원하는 사용자들이 화질을 선택할 수 있게 해야 합니다.

영상 품질 선택 VOD로 제공되는 영상의 품질도 좋지 않습니다. 사용자들이 기다리기 싫어한다는 이유로 파일 크기를 불법동영상 수준으로 줄였습니다. 영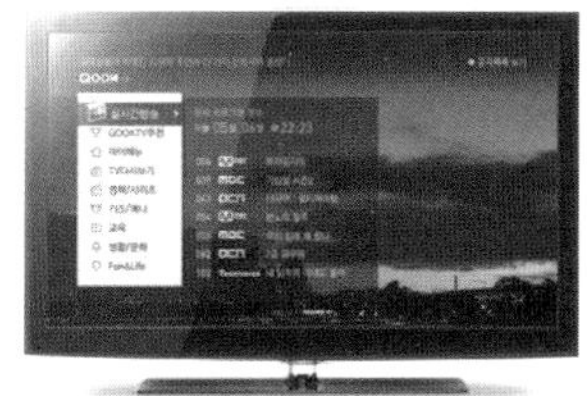화는 블루레이 화질은커녕 DVD 수준에도 한참 못 미칩니다. HD방송 1시간 분량의 영상은 8000MB 정도인데 반해 VOD는 10분의 1 수준인 800MB입니다. 이 정도면 50인치 이상의 TV에서는 화면이 뭉개져서 보기 힘들 정도입니다. 속도가 빠른 인터넷을 쓰는 사용자와 다운로드가 될 때까지 기다릴 의사가 있는 사용자를 위해서 원본과 동일한 화질의 영상도 서비스해야 합니다.

사용자 입장에서 기술을 바라보는 엔지니어들이 필요합니다. 원칙을 따르고 불의와 타협하지 않으며 당위를 고민하는 엔지니어들이 목소리를 높여야 기술적 완성도를 끌어올릴 수 있습니다. 내수품을 수출품과 같은 품질, 아니 그 이상의 좋은 품질로 만들기 위해 노력하는 업체가 많아져야 합니다. 외국의 규제로 인해 수출 제품의 품질이 더 나을 수밖에 없다는 변명도 하지 못하도록 해야 합니다. 우리나라 사용자를 우대하지 않는 업체들을 우리 기업이라고 부를 수 없기 때문입니다.

기술을 활용해 질을 떨어뜨리는 데 노력하기보다는 명기를 만드는 데 집중해야 합니다. 품질을 고민하는 업체의 좋은 제품은 기업을 살릴 뿐만 아니라 한 나라의 산업 발전을 견인할 수 있습니다. 아날로그 시대를 주도한 소니처럼 디지털 시대에 한국 기업이 그런 역할을 해야 합니다. 이런 기업이 나와야 값싼 노동력으로 대량생산 제품을 추구하는 중국의 추격을 물리칠 수 있습니다. 당위를 고민하는 엔지니어들이 많아져야 미래에 대한 희망을 찾을 수 있습니다.

한국은 TV 제조 강국입니다. 인터넷 인프라도 잘 구축되어 있습니다. 컴퓨터와 휴대 단말기 제조 능력도 뛰어납니다. 하지만 이제 설비 투자로 기득권을 챙기는 시대는 끝났습니다. MP3 플레이어에서 당하고 스마트폰에서 당했듯이 스마트TV에서도 단순 제조업체로 전락하지 않으려면 개방적인 환경을 통해 창의적인 아이디어가 출현하길 기다릴 수밖에 없습니다.

IPTV 업체들도 마찬가지입니다. IPTV는 절대 독자적으로 생존할 수 없으며 오로지 개방을 통해서만 성장할 수 있습니다. IPTV 업체들은 프리미엄망을 개방하고 콘텐츠 마켓을 단일화해서 좀더 많은 콘텐츠들이 유통될 수 있도록 해야 합니다. 이를 위해서 어떤 부분을 어떻게 개방해야 하는지 좀더 자세히 알아볼 필요가 있습니다.

프 리 미 엄 망 의   개 방

프리미엄망을 자사 IPTV용으로만 사용하는 것은 인터넷의 사유화입니다. 프리미엄망에 모든 IPTV 업체의 데이터가 평등하게 전송될 수 있도록 해야 합니다. 그러기 위해서는 표준을 확립하여 프리미엄망을 국가적으로 단일화해야 합니다. 어떤 업체의 초고속 인터넷을 쓰든 원하는 업체의 IPTV를 사용할 수 있어야 합니다. 지금도 인터넷전화는 아무 인터넷에나 연결해서 쓸 수 있습니다. 심지어 외국에 나가서도 국내에서와 같은 가격에 쓸 수 있습니다. 프리미엄망도 이렇게 개방되어야 합니다.

사실 이것은 아주 간단한 일입니다. 멀티캐스트에 대한 표준을 정하고 망 사업자들이 이것을 지키도록 하면 되는 일입니다. 실시간 방송을 위한 멀티캐스팅은 전송 데이터를 줄이기 위한 방법이기 때문에 업체들이 따르지 못할 이유가 없습니다. 각 업체들은 자사 프리미엄망이 아니면 실시간 방송을 볼 수 없는 것처럼 말하지만 기술적으로는 거짓말입니다. 마케팅적인 이유로 타 업체의 실시간 방송을 강제로 막아놓았기 때문에 안 될 뿐입니다. 업체들이 자체 규격 굳히기에 들어가서 표준화가 불가능해지기 전에 빨리 표준을 만들어야 합니다.

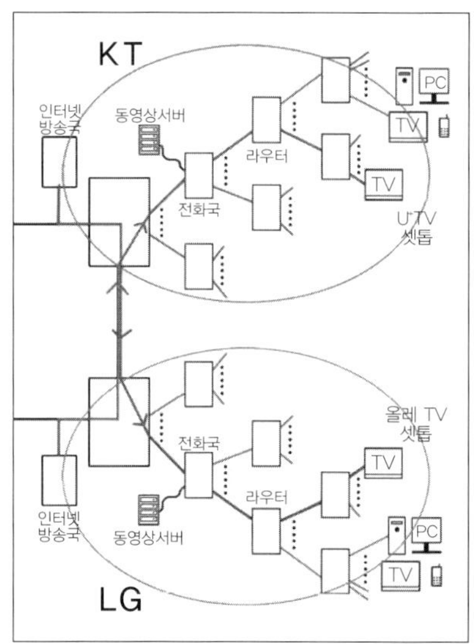

프리미엄망의 통합 KT 인터넷을 쓰는 사용자도 U⁺070을 쓸 수 있듯이 KT 프리미엄망에서 U⁺TV 셋톱을 쓸 수 있어야 합니다. 마찬가지로 LG 인터넷을 쓰는 사용자도 올레TV 셋톱으로 IPTV 생방송을 볼 수 있어야 합니다. 두 업체가 멀티캐스트 표준을 따르기만 하면 어렵지 않은 일입니다.

더 나아가 한국의 멀티캐스트 방송 방식을 세계 표준으로 만들고 이를 지원하는 국가들과 국가 단위의 멀티캐스트 망 연동을 하여, 한국에서 만든 콘텐츠가 실시간으로 번역되어 외국의 IPTV로도 볼 수 있도록 만들어야 합니다. 물론 각 나라의 방송 정책과 규제를 지켜야 하는 복잡한 문제가 있겠지만 이것은 정보 고속도로를 만든 후에 맞추어 가면 되는 문제입니다. 전 세계 IPTV 규격을 우리가 주도적으로 통일할 수만 있다면 기술적인 수익 이외에도 우리나라에서 만든 콘텐츠의 매출액 증가를 기대할 수 있습니다. 이렇게 처음부터 외국 수출을 전제로 제작하게 되면 더 좋은 콘텐츠를 만들 수 있어 한류도 더욱 위력을 떨치게 될 것입니다.

IPTV망의 개방

IPTV 셋톱은 컴퓨터이며 TV는 모니터이고 리모컨은 마우스와 같습니다. IPTV에 연결된 셋톱에서 실행되는 프로그램은 IPTV 업체의 홈페이지로만 접속하게 만들어놓은 전용 웹 브라우저와 같습니다. 이 프로그램은 업체가 정해놓은 방송 콘텐츠만을 보여주도록 설정되어 있습니다. 이것도 개방되어야 합니다.

IPTV 셋톱으로 어느 업체라도 제한 없이 접속할 수 있어야 합니다. 즉 올레 TV 셋톱으로 U⁺TV에 접속할 수 있어야 합니다. 나아가 전용망도 없고 셋톱도 없이 콘텐츠만을 가진 업체도 IPTV 사업이 가능하도록 해야 합니다.

IPTV의 초기 화면을 사용자가 설정할 수 있도록 하거나 메뉴 버튼으로 원하는 다른 IPTV나 인터넷 웹 사이트에 접속하여 어떤 콘텐츠라도 볼 수 있도록 열어주어야 합니다. 지금의 IPTV의 현실은 망 사업자가 자신의 인터넷을 쓰는 사용자들에게 네이버 같은 특정 포털 한 곳만 쓰도록 강요하고 있는 것과 같습니다. 외국의 스마트TV가 인터넷에 있는 모든 동영상을 볼 수 있도록 해주는 것과 같이 국내 IPTV에서도 사용자가 원하는 모든 동영상을 볼 수 있도록 허용해야 합니다.

특히 주문형 비디오 사업이 점점 독점적인 형태로 가고 있습니다. IPTV의 주문형 비디오 콘텐츠는 IPTV 사업자가 확보한 것밖에 없습니다. 그들이 허용하지 않는 한 아무리 보고 싶은 콘텐츠가 있어도 IPTV로 볼 수 없는 것입니다. 한 비디오 가게에 내가 원하는 비디오가 없으면 다른 비디오 가게로 가면 되지만 한 IPTV 업체에 내가 원하는 콘텐츠가 없다고 다른 IPTV 업체로 이동하기는 불가능한 일입니다.

더구나 기업의 특성상 수익성만 좇는 콘텐츠 선별과 함께 진보적이고 파격적인 콘텐츠에 대한 자체 검열을 감행할 위험이 있습니다. 이렇게 콘텐츠 선별권이 한 곳으로 집중되면 방송을 통제하기가 더 쉬워집니다. IPTV가 개방되지 않으면 언론 자유도 위협받게 될 것입니다.

리모컨마우스　　진정한 IPTV의 개방을 위해서는 편리한 입력장치가 필수적입니다. 지금과 같이 불편한 리모컨으로는 다양한 IPTV 업체로 이동하기가 힘듭니다. 편리한 검색과 메뉴 사용을 위해 이제 리모컨마우스 같은 장치로 컴퓨터 쓰듯이 IPTV를 쓸 수 있도록 해야 합니다.

수많은 채널을 가질 수 있는 IPTV의 특성을 살려, 망을 소유하고 있지 않은 콘텐츠 전문 방송국이 IPTV 사용자에게 쉽게 접근할 수 있는 기회를 제공해야 합니다. 여태까지 휴대폰의 인터넷을 이동통신사가 지배하면서 살인적인 패킷 요금으로 무선인터넷 시장을 죽여왔습니다. 주문형 비디오 시장도 IPTV 업체들이 독점하게 되면 검열과 통제로 사용자의 시청권이 제한되고 콘텐츠 독점으로 인한 가격 상승과 다양한 콘텐츠 확보가 어려워짐에 따라 시장 자체가 죽게 될 것입니다.

프리미엄망이 개방된다면 IPTV 방송국이 되고자 하는 업체들은 누구나 전용 셋톱을 소비자에게 제공하여 IPTV 사업자가 될 수 있을 것입니다. 더 나아가 셋톱까지 개방된다면 콘텐츠만 가지고도 방송국이 될 수 있기 때문에 전용 셋톱을 제공할 초기 자본이 없는 업체도 IPTV 시장에 뛰어들 수 있습니다. 이것은 소프트웨어와 콘텐츠의 폭발적 성장을 가져오는 진정한 IPTV 부흥책이 될 수 있습니다.

미래를 주도할 소프트웨어 플랫폼

새로운 분야가 나타나면 일단 투자를 할 능력이 있는 업체들부터 선정하여 그들에게 특혜를 주고 설비구축을 유도하는 하드웨어 우선적인 사고로는 이제 스마트TV뿐만 아니라 어떤 산업도 일으킬 수 없습니다. IPTV 분야는 호환되지 않는 전용망 구축으로 인해 중복 투자가 심하게 일어나고 있습니다. 뿐만 아니라 콘텐츠와 플랫폼에 대한 고민 없이 구축한 IPTV 자체가 케이블 등 기존 방송망과 아무런 차이가 없는 낡은 설비가 되고 말았습니다. 대규모 공장 증설, 대량생산 시스템이 제조업에서는 성공적이었지만 스마트TV를 포함한 미래 산업에서는 전혀 맞지 않는 방법입니다.

이렇게 가다가는 대량생산에 기반한 산업 구조와 1위 업체가 모든 것을 독식하는 독점 시스템밖에 없는 한국은 곧 중국에 따라잡히고 말 것입니다. 장하준 교수는 제조업을 무시하고 서비스 산업과 인터넷 비즈니스로 몰려드는 현상을 우려했습니다. 하지만 한국의 현실을 비판하는 그 말이 외국의 플랫폼 전쟁에 참여하지 못하고 있는 한국의 개발자와 업체 들에게는 오히려 위안으로 들릴지도 모르겠습니다. 콘텐츠와 소프트웨어 플랫폼에 대한 주도권이 전무한 우리 입장에서는 제조업 분야의 중요성을 이야기하는 그의 주장이 오히려 더 가슴에 와닿기 때문입니다. 어쩌면 기업의 정체성을 공장이라고 규정하고 있는 한국 재벌들 입장에서는 장하준 교수의 발언이 여태까지 고생한 자신들을 칭찬하는 말처럼 들릴지도 모르겠습니다.

하지만 미래는 다릅니다. 콘텐츠와 소프트웨어를 확보한 업체와 이들을 판매할 유통망을 장악한 업체, 이 모두를 엮을 플랫폼을 쥐고 있는 업체가 세상을 지배할 것입니다.

스마트TV의 미래에 대해서 너무 앞서갈 필요는 없습니다. 그렇다고 스마트TV 세상이 되더라도 현재의 모습에서 별로 달라지는 것은 없을 것이라고 방심하고 있어도 안 됩니다. 아직 아무도 스마트TV의 미래를 제시하지 못하고 있고 각자 자신들의 분야에서 주도권을 쥐고 있지 못한 상태이기 때문에 어쩌면 기발한 한 개의 아이디어, 사용자를 매료시키는 뛰어난 사용법, 비용과 효율성이 압도적으로 우수한 어떤 방식이 스마트TV의 미래를 결정할 수도 있습니다.

때문에 한국은 하루빨리 콘텐츠와 플랫폼에 투자해야 합니다. IPTV 설비구축에 들어간 수조 원을 콘텐츠 확보와 제작에 투자했다면 망 사업자들이 세계 굴지의 제작사로 변신했을지도 모릅니다. 지금이라도 늦지 않았습니다. 콘텐츠 제작자 위주의 사업을 하고 그들의 아이디어를 사업화할 수 있도록 적극적으로 지원해야 합니다. 그러기 위해서는 인터넷 지원 정책을 활성화하고 각종 규제를 철폐하며 표현의 자유를 보장해야 합니다. 또한 뛰어난 아이디어로 만들어진 인터넷 사이트들이 자생할 수 있는 환경을 제공해야 합니다. 결국 미래 산업을 이끌어가는 것은 사용자들을 매료시키는 아이디어이며 이를 통해 만들어지는 플랫폼이기 때문입니다.

스마트TV의 미래는 IPTV 같은 전송 방식이나 전용 셋톱, 내장형 스마트TV 같은 하드웨어가 아니라 오로지 새로운 아이디어로 만들어낸 플랫폼에 있습니다. 그것이 출현할 곳은 인터넷밖에 없습니다.

인 터 넷 콘 텐 츠 제 작 자 의 활 성 화

외환위기 시절, 직장에서 쫓겨난 사람들이 할 수 있는 것은 벤처뿐이었습니다. 그중에서도 돈 없이 아이디어만 가지고 뛰어들 수 있었던 것은 인터넷 사업뿐이었습니다. 인터넷의 개방성과 망 중립성 덕택에 빈 손으로 월 몇 만 원을 내고 서버를 빌려 인터넷 사이트를 개설할 수 있었던 것입니다.

사업자가 망 중립성을 지키고 IPTV망을 개방한다면 IPTV 업체뿐만 아니라 콘텐츠 제작자들에게도 새로운 가능성을 열어줄 수 있습니다. 이렇게만 된다면 IPTV는 인터넷 부흥의 또 다른 기회가 될 수 있습니다. IPTV라는 새로운 매체에 필요한 다양한 콘텐츠를 생산하는 사업이 활성화될 수 있기 때문입니다. 요즘같이 어려운 시기가 오히려 새로운 희망의 시기로 바뀔 수 있는 것입니다. 정책 입안자들이 정말로 IPTV의 활성화를 고민한다면 정부 정책도 이런 방향으로 가야 할 것입니다.

IPTV 독점권을 부여받은 망 사업자들이 자신들의 이익을 실현하기 위해서 대규모 투자가 필요한 프리미엄망을 구축했습니다. 이제 가입자만 끌어모으면 됩니다. 1600만 아날로그 케이블 가입자들이 디지털 케이블로 가지 않고 IPTV로 오게 할 수만 있다면 단기간에 수익을 낼 수도 있습니다. 유료 주문형 비디오 사업도 상당한 이익을 가져다줄 것으로 예상됩니다. 이런 꿈에 부푼 망 사업자들에게 프리미엄망을 개방하고 IPTV 사업까지 개방하라는 말은 황당하게 들릴 수 있습니다.

망 중립성이라는 것이 어찌 보면 네트워크 구축비용 한 푼 내지 않은 콘텐츠 제작자들이 IPTV 사업의 수익을 가로채기 위해 들고 나온 말도 안 되는 주장으로 보일지도 모르겠습니다. 엄청난 사업비를 쏟아부은 망 사업자들에게 회선 사용료만 받으라는 것은 너무 억울할 것입니다. IPTV 방송을 장악하고 콘텐츠 선택권도 독점하게 하는 것이 정상적인 비즈니스 룰로 보일지도 모릅니다.

하지만 앞에서 살펴보았듯이 독점은 결국 망 사업자들에도 이익이 되지 못합니다. 다 같이 살기 위해서는 아무리 아까워도 망 중립성을 지키고 개방을 기본으로 사업을 진행할 수밖에 없습니다. 망 사업자들이 독점권을 포기하면 어디서 이익을 얻을 수 있을까요?

망 사업자들은 프리미엄망 공유를 통해 중복 투자를 줄이고 대신 그 수조 원대의 자금을 이용해 경쟁력 있는 콘텐츠 업체에 투자하여 그들을 성장시키거나 전 세계에 통할 수 있는 콘텐츠를 만들 능력이 있는 제작자에게 투자하는 일을 해야 합니다. IPTV에 경쟁력 있는 콘텐츠가 많아져서 지배적인 콘텐츠 마켓이 된다면 이것을 플랫폼으로 만들어 다른 네트워크도 지배할 수 있습니다. 플랫폼을 확보한다면 전 세계를 상대로 한 마켓을 만들 수도 있습니다. 소니가 미국 영화사를 사들임으로써 블루레이와 HD DVD의 전쟁에서 우위를 차지했듯이 한국의 IPTV 사업자들이 한국 영화와 음악 등에 대규모 투자를 한다면 스마트 TV 분야에서 경쟁력을 확보할 수 있습니다. 이건 막연하거나 꿈 같은 이야기가 아닌 실현 가능한, 아니 지금 당장 해야 하는 일입니다.

얼마 되지도 않는 국내 IPTV 시장을 독점하기 위해 중복 투자로 자금을 낭비하고, 서로 상대편의 사용자를 뺏어오는 경쟁에 매달리는 것보다는 IPTV가 활성화될 수 있는 환경을 조성하는 것이 훨씬 더 큰 이익을 실현할 수 있는 방법이라고 믿습니다.

IPTV 강국을 꿈꾸며

이런 희망적인 길이 있음에도 불구하고 현실은 암담하게 흘러가고 있습니다. 정부는 IPTV 망 구축 능력을 조건으로 걸어 다음TV와 같은 콘텐츠만을 가진 업체들이 IPTV 사업에 진입하는 것을 막았습니다(다음은 VOD 위주의 넷플릭스를 모델로 삼아 컨소시엄을 만들어 IPTV 사업자 선정에 도전했으나 탈락하고 말았습니다). 프리미엄망은 자사 전용의 멀티캐스트 네트워크로 사유화되고 있습니다. 규제도 풀어버려서 다른 방송 방식에 비해 특혜를 받고 있습니다. 망 사업자들은 인터넷의 등뼈인 통신망을 장악한 뒤 포털 사이트를 자사 데이터센터에 묶어놓고 초고속 인터넷 사용자를 독점한 채 방송까지 점령하려고 하고 있습니다. 포털이 검색 시장과 콘텐츠 그리고 사용자를 독점하여 인터넷 다양성을 해치고 있듯이 IPTV에서는 망 사업자가 셋톱을 통해서 콘텐츠 선택권까지 제한하려고 하고 있습니다.

검열과 통제로 인해 상상력이 제한되면 경쟁력 있는 콘텐츠가 만들어질 수 없습니다. 망 사업자가 IPTV 방송국이 되면 콘텐츠만 가진 인터넷 방송국들이 도태됩니다. IPTV 업체가 방송 콘텐츠를 선별하게 되면 그에 순응하는 자들만 살아남게 됩니다. 콘텐츠 제작의 자유와 다양성이 사라지면 아이디어가 고갈되어 제작자들이 몰락합니다. 그와 함께 결국 사용자들도 줄어들게 될 것입니다.

넓고 넓은 정보 고속도로에 흐를 데이터가 사라지면 텅 빈 공간만 남습니다. 결국 이곳은 외국의 방송 콘텐츠가 채우게 될 것입니다. 〈600만 불의 사나이〉를 극복했던 한류를 스스로 죽이고 나면 미국과 시차 없이 〈CSI〉 시리즈를 시청할 수 있는 축복받은 '미드'의 세상이 오게 되는 것입니다.

벌써 그들의 공격이 시작되고 있습니다. 외국의 IPTV 업체들은 망 중립성을 무기로 자사 IPTV 방송을 한국에도 내보낼 수 있도록 개방하라는 압력을 넣고 있습니다. 이들은 앞으로 실시간 멀티캐스트를 위한 프리미엄망도 개방하도록 만들 것입니다. IPTV의 콘텐츠 경쟁력을 갖추었다면 바로 우리가 외국에 했을 요구입니다. IPTV의 올바른 발전을 더 이상 미루다가는 외국의 창의적인 아이디어가 구현된 콘텐츠의 공격에 시장을 모두 내주고, 결국 우리에게는 망 사용료 빼고는 아무것도 남지 않게 될 것입니다.

그 시간이 얼마 남지 않았습니다. 저는 IPTV에 대해 다음과 같은 꿈을 꿉니다. 방송 품질을 향상시키기 위해 노력하는 망 사업체, 모든 IPTV 업체에 열려 있는 IPTV 망, 다양한 콘텐츠가 넘쳐나는 마켓 플랫폼, 뛰어난 아이디어를 콘텐츠로 구현하기 위해 노력하는 창작자, 이들을 존중하고 소중히 여기는 사회, 가능성 있는 제작자를 지원하는 망 사업자, 업체들의 공정한 경쟁을 이끌어내는 정부…….

규제가 철폐된 인터넷, 전 세계를 대상으로 한 서비스의 출현이 가능한 자유로운 환경 없이는 제조업도 ICT산업도 방송도 희망이 없습니다. 기발한 아이디어로 성공한 넷플릭스처럼 한국의 인터넷 환경에서도 새로운 아이디어가 출현하여 스마트TV의 미래를 이끌어갈 수 있도록 사회의 모든 분야가 노력해야 할 것입니다.

저의 꿈은 현실성 없는 바람일 뿐일까요? 우리는 정말 잘될 수 있습니다. 그리고 반드시 그래야 합니다. 한국이 IPTV로 꿈꿀 수 있는 미래는 너무나 거대하고 아름답기 때문입니다.

멸망 속 희망을 찾아낼
당신을 기다리며

한 발짝만 떨어져서 ICT의 역사를 되돌아보면 우리가 가야 할 길은 명확하게 드러납니다.
ICT분야는 독점을 통해 시장을 장악하려는 경향이 심한 곳입니다.
시장을 지배하는 업체들은 대부분 점유율을 무기로 자신들의 기술을
표준으로 만들려고 시도했습니다.
하지만 ICT 역사를 통틀어 결국 살아남은 것은 개방과 표준을 추구하는 것뿐이었습니다.

기술의 발전은 지금 이 순간에도 정신이 없을 정도로 빨리 진행되고 있습니다. 이 글을 쓰는 동안 벌써 수많은 정보들이 갱신되었습니다. 정부와 기업은 와이브로를 버리고 차세대 이동통신 표준으로 LTE를 선택하겠다고 발표했습니다. 아이폰에 배타적이던 국내 1위 통신사가 전격적으로 아이폰을 도입하기로 결정함으로써 통신사와 제조사 간의 무한 경쟁 시대가 열렸습니다. 애플은 아이폰의 사용자 환경을 PC로까지 확장시킬 원대한 구상을 현실화하고 있습니다. 구글은 삼성과 함께 새로운 안드로이드폰 프로토타입 제품을 발표했고 휴대폰 세계 1위 기업 노키아는 MS와 손잡음으로써 윈도우폰에 사운을 걸기로 결정했습니다. 국내에도 소셜 네트워크 광풍이 몰아치고 있으며 포털들의 수성 전략 또한 빨라지고 있습니다.

이런 혼란 상황에서 미래를 예측하고 올바른 대응책을 찾아내는 것은 거의 불가능한 일처럼 보입니다. ICT에 대해 많이 알면 알수록 그 일은 더욱더 어려워집니다. 그러나 한 발짝만 떨어져서 ICT의 역사를 되돌아보면 우리가 가야 할 길은 명확하게 드러납니다. ICT분야는 독점을 통해 시장을 장악하려는 경향이 심한 곳입니다. 시장을 지배하는 업체들은 대부분 점유율을 무기로 자신들의 기술을 표준으로 만들려고 시도했습니다. 하지만 ICT 역사를 통틀어 결국 살아남는 기술은 개방과 표준을 추구하는 것뿐이었습니다.

자유와 평등이 인류가 추구하는 진보의 가치이듯이 개방과 표준은 기술 발전을 위해 꼭 필요한 원칙입니다. 지식과 기술은 인간 사회에서 공유되며 발전해왔습니다. 산업화 이후 독점의 폐해가 심해지자 특허 제도를 만들고 기술 공개를 유도했습니다. 원래 특허란 독점을 위한 것이 아니라 기술을 사회로 환원시키기 위한 장치입니다. 여기에 개방을 통해 여러 기술의 공통분모를 모아 표준을 정함으로써 더 많은 시장을 창출함과 동시에 기술의 다양성에 따른 혼란을 최소화하는 안전장치를 마련합니다. 새로운 기술은 언제나 표준을 뛰어넘기 때문에 표준 또한 끝없이 개선됐습니다. 평등이란 기반 위에서 자유를 추구할 수 있었듯이 개방과 표준도 서로 보완적인 원칙이라고 할 수 있습니다.

특정 업체에 종속적이고 은폐된 기술을 버리고 이제 모든 업체들이 함께 사용할 수 있는 개방과 표준 정책을 따라야 합니다. 이 원칙이 밑바탕이 되어야 기술 분야에 새로운 아이디어가 쉽게 출현하고 활용할 수 있는 환경이 조성됩니다. 이를 위해서는 대기업과 거대 포털 위주의 산업 정책을 포기하고 중소기업과 창의적인 아이디어를 가진 벤처 위주의 정책을 부활시켜야 합니다. 인터넷 시대를 이끌어가는 것은 뛰어난 발상을 구현한 서비스일 수밖에 없고 이것들은 대기업에서 만들어내기 힘든 것이기 때문입니다. 또한 정부는 각종 규제를 철폐하여 한국에서도 국제 표준에 맞는 서비스가 가능하도록 해야 합니다. 정치와 경제 분야에서는 창의력 증진을 최우선으로 하는 사회 분위기를 이끌어내야 합니다. 인문사회학에서는 ICT 장비를 인간 소외의 도구로 보기보다는 인간에게 기본적으로 장착된 부품이라고 보고 이들을 적극 수용하는 철학을 발견해내야 합니다.

사회가 진보적인 가치를 추구하고 있다면 기술이 사회를 좇게 되겠지만 그렇지 못하다면 오히려 기술이 사회를 이끌게 됩니다. 기술 발전을 위한 최소한의 조건을 충족시키지 못하는 사회라면 이제 개방과 표준이라는 가치를 추구하는 기술 분야, 특히 ICT 분야에서 새로운 희망을 찾을 수밖에 없습니다. 이제 ICT 세계화를 위한 인터넷 규제 철폐, 콘텐츠 경쟁력 확보를 위한 제작 환경 선진화 등 완전히 새로운 차원의 논쟁이 필요합니다. 이런 논의는 결국 우리가 추구하는 진보적 가치를 실현할 수 있는 최선의 방안이 될 수 있습니다. 사회의 모든 정책은 ICT 환경 개선을 최우선 가치로 삼고 모든 구성원들은 ICT의 발전에 일조해야 합니다. 이것이 멸망해가는 ICT를 구할 수 있는 방법일 뿐만 아니라 스마트폰으로 대변되는 새로운 시대에 진보가 추구해야 할 방향이라고 믿습니다. 이제 진보는 ICT에 있는 것입니다.

개방과 표준을 추구해야 하는 이유는 기술 혁신을 위한 것입니다.

개방과 표준을 우선하는 환경에서만 혁신이 가능할 수 있습니다. 그러나 산업 현장에서 특히 한국에서 이런 가치가 대세가 된 적은 결코 없습니다. 오늘도 이런 환경에 대한 수많은 문제 제기와 비판이 일고 있습니다. 'ICT 강국 한국'의 위상이 추락하고 있음을 고발하는 목소리와 새로운 성장 동력이 사라지는 것에 대한 안타까운 절규들이 들려옵니다.

그러나 우리에게는 시간이 없습니다. 현실의 문제를 비판하는 데 전념할 수도 없습니다. 이 모든 문제가 해결될 미래까지 기다릴 수도 없습니다. 그렇다고 훌륭한 아이디어를 가진 사람들에게 개방적이고 합리적이며 기술을 우대하는 실리콘밸리로 가라고 말할 수도 없습니다. 우리는 오늘도 새로운 아이디어를 이 땅에서 현실로 만들기 위해 노력해야 합니다.

엔지니어들은 세상이 어떻게 굴러가든 기술 혁신에 매진해야 할 사명을 가진 자들입니다. 어쩌면 그것이 유일한 탈출구일지도 모릅니다. 뛰어난 기술과 아이디어로 혁신을 주도해야 현실을 바꾸고 개방과 표준을 추구할 힘을 얻을 수 있기 때문입니다. 척박한 현실 속에서 어려움을 무릅쓰고 오늘도 연구에 몰두하는 당신의 성공을 기원합니다. 그런 당신을 위해서 제가 해 드릴 수 있는 몇 가지 조언이 있습니다.

현재 전 세계 ICT의 혁신을 주도하고 있는 업체는 어디일까요? PC 운영체제를 장악한 MS, 휴대폰용 안드로이드 운영체제까지 무료로 공개하는 개방적인 구글도 있지만 그 어떤 업체도 애플만큼 혁신적이지는 못합니다. 미래의 ICT는 아무것도 소유하지 않으려 하는 구글이 모든 것을 소유하게 될 가능성이 가장 높습니다. 하지만 지금 이 순간 최전방에서 ICT의 미래를 탐구하고 있는 것은 애플입니다.

개방과 표준의 가치를 어느 나라보다도 높이 평가하고, 망 중립성을 진지하게 고민할 정도로 현장에서 그 가치를 구현하려고 노력하는 미국에서는 애플의 폐쇄성이 비난을 받을 수 있습니다. 하지만 불법이 처벌받지 않고 가장 기초적인 상거래 원칙조차 지켜지지 않는 한국에서는 애플을 비난할 자격이 없습니다. 애플의 폐쇄성도, 구글 개방성도 한국적인 촌스러움을 한참 넘어선 페어플레이어들의 입장 차이일 뿐입니다. 지금 이 순간 한국 ICT산업이 촌스러움을 벗어날 수 있게 해주는 것은 역설적으로 그 어떤 규제에도 굴복하지 않는 애플의 비타협적인 폐쇄성입니다. 그들의 이런 태도는 사용자의 편의성 추구라는 원칙에서 나온 것이기 때문에 오히려 우리가 배워야 할 점이기도 합니다. 애플의 혁신성을 배운 후 구글의 개방성을 추구하는 것, 그것이 우리가 나아가야 할 길입니다. 또한 애플은 점유율이나 자금력이 아닌 독특한 아이디어, 뛰어난 발상으로 승부한다는 면에서 우리 개개인이 추구해야 할 내면적인 혁신의 역할 모델로서 가장 적합한 곳이라고 생각합니다.

애플은 여러 번 세상을 바꾸었습니다. 한 기업이 이렇게 여러 번 세상을 바꾸기란 힘든 일입니다. 휴대용 음향기기란 콘셉트를 독점했던 소니도 디지털 시대에 방향을 잃고 고전하고 있습니다. 그러나 애플은 30년이 지나도록 여전히 매력적인 회사로 남아 있습니다. 그들이 만든 제품 자체가 전 세계의 관심이 되고 그들의 디자인이 트렌드가 됩니

다. 잡스의 신제품 발표는 세계적인 뉴스입니다. 애플이 이렇게 혁신
을 주도할 수 있었던 이유는 무엇일까요?

원칙 1. 세상을 당신 뜻대로 움직여라

당신은 지금 막 생소한 업계에 뛰어들었습니다. 무슨 일이 일어날까
요? 그 분야의 내부 사정은 잘 모르지만 어떻게 하면 성공할 수 있을지
나름대로 생각이 있습니다. 의욕도 넘칩니다. 그러나 당신은 곧 저항
에 부딪힙니다.

관계자들은 일단 적응하는 것이 중요하다고 하면서 실패하지 않는
법부터 조언합니다. 실무자들은 당신의 의견을 속 모르는 초보자의 생
각이라고 비웃습니다. 밖에서 볼 때는 한심하게 보일지 몰라도 시장이
이렇게 굴러가는 데는 다 이유가 있으니까요. 조금씩 그들의 의견을
받아들이다보면 처음 생각들은 다 잊어버립니다. 시장의 1, 2위 업체
들이 위대해 보이기 시작합니다. 결국 대부분의 신참들은 현실의 벽에
부딪혀 길들여진 후 그저 망하지 않고 하루하루 살아갈 수 있기만 바
라게 됩니다. 애플은 어땠을까요? 애플은 달랐습니다.

애플이 뛰어든 휴대폰 시장은 이동통신 업체들의 뜻대로 움직이는
시장이었습니다. 휴대폰 스펙도 그들이 결정하고 가격까지 원하는 대
로 맞춰주어야 합니다. 그들은 통신망과 가입자를 무기로 휴대폰 제조
업체와 콘텐츠 업체를 종 부리듯 했습니다. 공짜 휴대폰을 뿌린 후에
약정 기간 동안 사용료를 받아내는 구조였기 때문에 통신 업체 입장에

서 휴대폰은 초기 비용을 높이는 성가신 물건에 지나지 않았습니다.

　사람들이 많이 찾는 인기 제품이라도 통신사의 요구를 다 들어줘야 출시가 가능합니다. 한 업체가 마음에 안 들면 언제든지 다른 업체의 인기 휴대폰으로 대체할 수 있기 때문입니다. 마찬가지로 콘텐츠 제작자들도 소프트웨어를 각 통신사에 맞추어 제작했기 때문에 다른 곳에는 팔 수도 없어 진작에 통신사들의 노예로 전락한 상태였습니다.

　오랜 기간 관행으로 굳어져 있는 이런 시장에 애플은 아이폰을 갖고 뛰어들었습니다. 그들은 통신 업체와 타협해야 한다는 전문가의 의견을 받아들이지 않았습니다. 애플이 만든 것은 '이동형 인터넷 단말기'였습니다. 몇 번의 휴대폰 제휴를 통해 통신 업체 손에 맡기면 어떤 꼴이 되는지 이미 경험했기 때문에 통신 업체를 완전히 배제하고 자신들이 직접 휴대폰을 만들었습니다. 또한 애플은 자신들이 사용 환경을 구축하는 것을 허용할 파트너들을 찾아다녔습니다. 처음이 어렵습니다. 여태까지 없던 방식을 받아들일 업체는 찾기 힘들었습니다. 하지만 여기서 굴복하면 결국 아무런 특징 없는 또 하나의 휴대폰이 될 뿐이기 때문에 그들은 포기하지 않았습니다. 결국 애플은 모든 휴대폰 제조 업체가 갈망했으나 아무도 감히 시도해볼 생각을 하지 못했던 일을 해냈습니다.

　아이폰이 성공하자 권력을 휘두르던 전 세계 이동통신 업체들이 기존의 관행을 포기하게 되었습니다. 심지어 애플은 매장에서 아이폰을 돋보이게 하기 위한 여러 가지 까다로운 조건을 요구했을 뿐만 아니라 디자인을 해친다는 이유로 아이폰에 통신사의 로고를 넣는 것도 허용하지 않고 있습니다.

이젠 서로 아이폰을 먼저 도입하려고 경쟁까지 하고 있습니다. 한 대의 휴대폰이 시장을 극적으로 변화시킨 것입니다. 이것만으로도 애플을 이동통신 시장의 반항아이며 휴대폰 제조 업체들의 구세주라고 불러줄 만합니다.

모든 분야에는 분명한 허점이 있습니다. 아직 만들어지지 않는 것, 해보지 않은 것도 많습니다. 그러나 업계의 현실에 매몰된 사람들은 이런 혁신을 이끌어내지 못합니다. 한 걸음만 더 가면 될 일을 주저하며 포기한 채 삽니다.

반면 초보자들은 상상력을 제한하는 현실을 모르기 때문에 오히려 기발한 해결책을 찾아낼 수 있습니다. 때문에 초보자 시절 업계를 처음 바라봤을 때 떠오른 창의적인 생각을 잊지 않는 것이 중요합니다. 처음에 본 것이 모든 것이며 첫번째 생각이 가장 위대하고 맨 먼저 떠오른 해결책이 결정적인 것이기 때문입니다. 처음 가졌던 생각을 굽히지 않고 당신을 길들이려는 현실에 맞서 오히려 세상을 당신 뜻대로 움직일 수 있도록 노력하는 것이 최선이라고 믿습니다.

원칙 2. 반짝이는 아이디어 하나가 모든 것을 바꾼다

MS와 애플의 차이점은 무엇일까요? 보수와 진보, 안정성과 창의성과 같은 극명하게 대비되는 개념으로 설명할 수 있습니다.

윈도우는 업무용 컴퓨터를 위한 제품이며 애플 제품은 개인용 컴퓨터로 주로 쓰입니다. MS는 운영체제와 개발 툴, 데이터베이스와 사무용 프로그램, 검색 사이트까지 운영하고 있습니다. 윈도우는 회사 업무와 서버 작업에도 투입됩니다. 따라서 모든 사람이 만족할 제품을 만들어야 합니다. 신제품이라고 사용 방법이 달라져서도 안됩니다. 있던 것이 없어져도 안 되고, 구버전에 있던 하드웨어 지원 기능이 사라져서도 안 됩니다. 호환성과 신기능이 함께 공존하고, 필요하면 옛날 방식으로 구동할 수 있도록 모든 버전의 프로그램이 다 들어 있습니다. 시간이 갈수록 점점 누더기가 되어갑니다. 이젠 MS조차 어찌할 수가 없습니다. 모든 사람을 만족시키려다가 모든 사람이 불평하는 거대한 잡탕을 만들어버린 것입니다.

애플은 이와 다릅니다. 하드웨어부터 소프트웨어까지 완전하게 통제하기 때문에 필요에 따라 CPU도 바꾸고 운영체제도 완전히 다른 것으로 대체할 수 있는 자유를 가지고 있습니다. 애플이 고민하는 것은 컴퓨터를 사용하기 쉽게 만드는 것, 즐거움을 느낄 수 있는 매력적인 컴퓨터를 만드는 것입니다. 때문에 언제나 새롭고 기발한 아이디어를 찾아다닙니다. 그들의 디자인이 ICT 제품의 트렌드가 되는 것은 이 때문입니다.

최소한의 하드웨어로 만든 애플컴퓨터가 PC 시장을 활성화했고 매킨토시 그래픽 유저 인터페이스가 PC 사용 환경을 새롭게 정의했으며 클릭휠로 MP3 플레이어 시장을 장악했습니다. 애플은 결국 손가락 하나로 제어할 수 있는 멀티터치 인터페이스로 새로운 사용 환경을 창조해냈고 앱스토어라는 콘텐츠 유통 모델로 ICT 생태계라는 개념을 정립했습니다. 그들이 만든 몇 가지 제품은 그 하나하나가 뛰어난 아이디어의 결정체로서 여전히 신선한 매력을 가지고 있습니다. 남들이 키우고 늘이고 확장할 때 애플은 줄이고 없애고 단순화했습니다. 애플은 반짝이는 아이디어를 찾아내기 위해서 끝없이 노력하고 있는 매력적인 회사입니다.

원칙 3. 싸우기 전에 먼저 내공을 길러라

애플의 차기 제품을 예측해보기로 할까요? 지금까지 애플은 사람들에게 기대 이상의 만족을 주는 제품을 만들어왔습니다. 애플이 어떤 제품을 만들어낼지 추측해보는 것은 그 자체가 즐거움입니다.

노트북보다 작고 스마트폰보다 큰 휴대용 컴퓨터를 미니노트북이라고 부릅니다. 싼 가격과 휴대성 때문에 인기가 있었지만 사용이 불편하고 성능이 낮아 제대로 활용되지 못하고 있습니다. 이 분야에 애플이 뛰어들 것이라는 소문이 있었습니다. 어떠신가요? 갑자기 매력적인 어떤 기계가 떠오르지 않나요? 맞습니다. 바로 아이패드가 이런 기대에 부응한 새로운 태블릿 제품이었습니다.

MS의 빌 게이츠가 꿈에 그렸던 태블릿 컴퓨터를 스티브 잡스가 완성했습니다. 아이패드는 세 살짜리 아이와 70세를 넘긴 노인도 쉽게 쓸 수 있는 콘텐츠 소비용 기기의 완결판이었습니다. 아이패드로 인해 책과 신문 그리고 잡지 등 모든 인쇄 매체의 유통 방식이 완전히 달라져버렸습니다. 또한 아이패드는 발표와 동시에 모든 기능이 완성되어 있는 애플 특유의 완벽한 제품의 전형이었습니다.

애플에 반해 MS는 경쟁 업체가 새로운 제품을 들고 나오면 언제나 치사하게 대응을 해왔습니다. 일단 자기들이 더 뛰어난 것을 곧 출시할 것이라고 발표부터 합니다. 만들지도 않은 베이퍼웨어 제품으로 사용자들을 현혹하는 것입니다. 사람들은 혹시나 하는 마음으로 이것을 기다립니다. 이 때문에 경쟁사의 매출이 극적으로 떨어지지만 약속했던 제품은 몇 년이 지나도 나올 줄을 모릅니다. 기대는 점점 커지는 반면 스펙은 점점 낮아져 결국 기존 제품의 단순 업그레이드 판이 나옵니다. 실망한 사용자들의 원성이 높아지지만 뭐 상관은 없습니다. 이미 경쟁 업체는 망해서 사라졌으니까요.

하지만 애플은 오늘도 획기적인 제품을 만들기 위해 노력하고 있습니다. 잡스가 그것을 들고 화려하게 등장하려면 수년간의 힘든 개발 기간이 필요합니다. 뛰어난 아이디어를 구현하고, 현실적인 가격으로 제조할 수 있어야 합니다. 처음부터 버그 없는 제품이 되도록 하기 위해서 철저한 테스트도 거칩니다. 일단 출시한 다음 사용자가 문제를 발견하면 그제서야 고쳐주는 타 업체들과 달리 애플은 처음부터 완성도 높은 제품을 출시하기 위해서 많은 노력을 해왔습니다.

아이폰이 나오기까지 애플도 많은 시행착오를 거쳤습니다. 초기 개인형 PDA '뉴턴'은 끔찍한 성능과 무게 그리고 가격 때문에 철저하게 실패했습니다. 그 후 모토롤라와 함께 만든 MP3 기능이 있는 휴대폰도 시장의 외면을 받았습니다. 이 모든 과정을 거쳐 애플은 사용자가 원하는 것을 만들기 위해서는 자신들이 전권을 가져야 함을 깨달았습니다.

애플이 이동통신 업체에 자기주장을 당당히 할 수 있었던 힘은 어디서 나왔을까요? 애플이라는 브랜드의 힘과 잡스의 개인적인 카리스마도 작용했겠지만 아이폰이 뛰어난 성능을 가지고 있었기 때문에 가능한 일이었을 것입니다. 낮은 가격과 홍보로 성능 나쁜 제품을 팔 수는 있겠지만 그런 방식은 오래갈 수 없습니다. 뻣뻣하던 통신 업체도 아이폰을 직접 본 후에는 애플이 원하는 대로 해줄 수밖에 없음을 깨달았던 것입니다.

결국 기댈 수 있는 것은 자신의 실력뿐입니다. 이것이 있은 후에야 운도 기대할 수 있습니다. 운이란 실력을 기른 성실한 자들을 위한 마지막 축복에 불과하기 때문입니다.

초 심 으 로 돌 아 가 는 방 법

애플의 혁신에 대한 수많은 분석이 있었고 저도 위에서 세 가지 원칙을 설명했지만 결국 저는 그들이 '초심을 유지했던 것'이 가장 큰 요인이라고 생각합니다. 모든 사람이 쉽게 컴퓨터를 쓸 수 있는 세상을 만들고자 했던 그 정신 말입니다. 그러기 위해서는 사용법도 단순해야 합니다. 휴대용 단말기의 입력 방식에 혁명적 변화를 가져온 '손가락만으로 모든 작업을 처리'할 수 있는 아이폰의 인터페이스는 이런 철학적 바탕이 있었기 때문에 가능했습니다. 복잡함을 줄여 단순화하고, 사용하기 어려운 것은 좀더 쉬운 대안을 찾아냈습니다. 결과물을 놓고 따져보면 이것이 여태까지 애플이 한 일의 전부입니다.

그러나 다른 업체들은 남들보다 하나라도 더 많은 기능을 넣기를 원했고, 다양한 사용자의 기호를 동시에 만족시키려 했습니다. 누더기가 된 결과물은 그저 그런 제품이 되고 말지요. 애플도 어리석었던 적이 많았지만 결국에는 제대로 방향을 잡아 여기까지 왔습니다.

이제 이 긴 글의 끝에 왔습니다. 제가 이 글에서 말하고자 하는 바는 무엇이었을까요? 애플, 구글, 트위터, 페이스북, MS, 스마트폰, 스마트 TV…… 이 모든 것은 잊으셔도 좋습니다. 저는 멸망하는 한국 ICT산업을 구원하고 진보에 발맞출 만한 창의력 있는 아이디어를 가진 개인들의 각성을 위해서 이 글을 썼습니다. 그러나 저는 천재를 기다리고 있는 것이 아닙니다. 제가 말하는 것은 누구나 노력하면 달성할 수 있습니다. 정신없이 변화하는 세상에서 진보를 이루어낸 사람은 눈앞의 변화보다는 자신의 내면으로 들어가 스스로를 갈고닦는 사람들, 바로 자신의 아이디어에 인생을 거는 사람들이기 때문입니다. 저는 여러분이 이 책을 덮고 나서 바로 다음 내용을 기억하기를 원합니다.

발전하기 위해서는 목표가 있어야 합니다. 삶의 목표가 순간순간 부딪히는 모든 판단의 기준이 되어야 합니다. 누구나 이런 목표를 가지고 있지만 현실에 매몰되다보면 잊고 살게 마련입니다. 목표를 위해 노력하는 혁신적인 사람이 되기 위해서는 초심으로 돌아가려는 노력을 의식적으로 할 필요가 있습니다. 어떻게 초심으로 돌아갈 수 있을까요? 저는 그 한 방법으로 '여행'을 권합니다.

여행을 통해 홀로 있는 시간을 만들 수 있다면 깊은 몰입이 가능합니다. 일상에서 벗어날수록 자유로운 사고가 가능해 창의적인 생각을 할 수 있습니다. 멀리 갈수록 좀더 대담한 아이디어를 떠올릴 수 있습니다. 길을 가다보면 살아온 날들이 보이고 순수했던 시절에 품었던 생각들이 기억납니다. 거기에는 잃어버리고 있었던 당신의 본모습이 있습니다. 여행은 자신을 찾아가는 여정이지요. 현실의 내 위치는 보잘것없지만 자유로운 나는 어떤 것에도 구애받지 않고 큼직한 생각을 할 수 있습니다.

"올해 꼭 하기로 했지만 흐지부지돼버린 일들이 많았어, 돌아가면 다시 해봐야겠다."

"고마움을 모르고 살았어. 앞으론 사람들에게 좀더 잘해줘야지."

"이렇게 살 순 없어. 이젠 정말 회사를 떠나 내 일을 시작해야겠다."

세상과 맞서려고 했을 때 품었던 마음들, 그것들이 다시 생생하게 기억납니다. 마음이 급해집니다. 시간을 낭비하고 있었음을 느낍니다. 다시 시도해볼 여러 가지 아이디어들이 떠오릅니다. 현실의 벽에 부딪혀 포기했었지만 이젠 달라질 수 있습니다. 재도전할 수 있다는 자신감이 솟아납니다. 세상을 변화시키고 싶어서 마음이 뜨거워집니다. 여행을 일찍 끝내고 빨리 돌아가고 싶어집니다. 그러나 조급해하지 마세요. 느긋하게 여행을 마치고 돌아와도 늦지 않으니까요.

만약 불붙은 열정을 가슴에 담아올 수 있다면 그 여행은 성공한 것입니다. 초심으로 돌아갈 수만 있다면 못 해낼 것이 없습니다. 삶의 목표를 성취하기 위해서라면 어떤 어려움도 참아낼 수 있는 사람으로 변하니까요. 젊은 시절 인도로 무전여행을 떠났던 스티브 잡스가 가슴에 품고 온 것도 그런 것일 것입니다. 수많은 혁신을 이루어낸 잡스의 삶의 방향은 그때 이미 결정되었던 것인지도 모르겠습니다.

멸망해가는 한국의 ICT를 구하고 진보의 희망을 찾아낼 당신, 당신의 각성을 기원합니다.

어느 날 문득, 머릿속에 떠오른 생각들이 저를 괴롭힙니다. 이 고통은 그것들을 문자화할 때까지 사라지지 않습니다. 그동안 머리를 가볍게 하기 위해서 세상에 대해, 인간에 대해 수많은 글을 썼습니다. 이 책을 씀으로써 ICT에 대한 저의 고민이 더 이상 머릿속을 어지럽게 하지 않을 것입니다. 물론 이 한 가지 이유 때문에 글을 쓴 것은 아닙니다. 글을 쓸 때마다 그것들을 책으로 만들 수 있으면 좋겠다고 생각했습니다. 하지만 제가 쓴 글 그 어느 하나도 완성된 한 권의 책으로 만들고 싶다는 저의 소망을 충족시켜주지는 못했습니다.

끝없이 글쓰기에 매달려왔으나 언제나 제 글은 거부당했습니다. 항상 뭔가 부족했고 모자랐으며 아쉬웠기 때문일 것입니다. 그렇게 긴 세월이 흘렀습니다. 이제 더 이상 저에게는 글을 쓸 여력이 남아 있지 않았습니다. 절망의 끝, 모든 것을 포기해야 할 때쯤에 와서야 작은 희망의 불빛이 보였습니다. 언젠가는 내 글을 알아줄 편집자가 있을 것이라는 막연한 믿음이 현실이 된 것입니다. 수많은 실패의 경험으로 인해 위축된 제 마음은 감사의 글을 쓰는 이 순간에도 제 글이 책으로 나올 것이라고 전혀 믿지 못하고 있습니다.

저를 발견해줌으로써 불가능해 보였던 기적이 일어날 수 있게 해준 북하우스 김경태 편집장님께 감사를 드립니다. 별 볼일 없는 원고를 교정하느라 고생하신 김효근 님을 비롯한 편집부 일동과 디자이너들께도 감사를 드립니다.

아직도 여전히 훌륭한 엔지니어이신 이유현 선배에게 감사를 드립니다. 이 글의 많은 부분은 선배의 통찰력 있는 조언이 없었다면 결코 나올 수 없었을 것입니다.

거의 십 년 동안 출판에 관해 조언을 해준 윤장래 사장님께도 감사를 드립니다. 끝까지 저를 포기하지 않고 격려해준 덕분에 제가 글을 계속 쓸 수 있었습니다.

하늘에 계실 어머니께도 감사드립니다. 이 세상 그 누구보다도 제 책을 자랑스럽게 생각하셨을 텐데 출판 직전에 돌아가시는 바람에 그만 기회를 놓치고 말았습니다. 비록 늦었지만 책이 나오면 산소에 들러 꼭 보여드리고 싶습니다.

가망 없는 글쓰기에 매달려 생계에 위협을 가했음에도 저를 믿고 이해해준 아내에게도 고맙다고 말하고 싶습니다. 사실 제가 존재할 수 있었던 유일한 이유는 아내를 만났기 때문입니다. 고생시킨 딸과 아들

들에게도 물론 고맙다고 말해야겠지요? 고마워, 너희들이 내가 살아
가는 이유란다.

　모자란 나를 항상 변함없이 따뜻하게 맞아주는 고향 친구 이기호에
게도 고맙다고 말하고 싶습니다. 기호, 세상에 절망할 때에도 네가 있
어 나는 언제나 든든했다.

2011년 3월

김인성

한국 IT산업의 멸망

ⓒ 김인성 2011

1판 1쇄   2011년 4월 1일
1판 3쇄   2012년 4월 10일

지은이   김인성
펴낸이   김정순
책임편집   김효근
디자인   방상호
마케팅   김보미 임정진 박정우

펴낸곳   (주)북하우스 퍼블리셔스
출판등록   1997년 9월 23일 제406-2003-055호

주소   121-840 서울시 마포구 서교동 395-4 선진빌딩 6층
전자우편   editor@bookhouse.co.kr
홈페이지   www.bookhouse.co.kr
전화번호   02-3144-3123
팩스   02-3144-3121

ISBN   978-89-5605-522-0 03320

이 도서의 국립중앙도서관 출판시도서목록(CIP)은 e-CIP 홈페이지
(http://www.nl.go.kr/ecip/default.php)에서 이용하실 수 있습니다. (CIP제어번호 : CIP2011001256)

＊ 본문에 포함된 사진 및 통계, 기사, 인용문 등은 저작권과 출처 확인 등을 거쳤습니다.
   그 외 저작권에 관한 문의사항은 북하우스 편집부로 해주시기 바랍니다.